Frank Hauser
Tobias Schmidtner

Deutschlands Beste Arbeitgeber

Frank Hauser

Tobias Schmidtner

Deutschlands
Beste Arbeitgeber

Bibliografische Information der Deutschen Bibliothek:
Die Deutsche Bibliothek verzeichnet diese Publikation in der
Deutschen Nationalbibliografie; detaillierte bibliografische Daten
sind im Internet über **http://dnb.ddb.de** abrufbar.

Gesamtbearbeitung: Judith Wittmann
Lektorat: Dr. Renate Oettinger
Druck: Druckerei Joh. Walch, Augsburg

1. Auflage 2005
© 2005 FinanzBuch Verlag GmbH
Frundsbergstraße 23
80634 München
Tel. 089 651285-0
Fax 089 652096
info@finanzbuchverlag.de

Die Autoren erreichen Sie unter:
hauser@finanzbuchverlag.de

ISBN 3-89879-130-0

www.finanzbuchverlag.de
Gerne übersenden wir Ihnen unser Verlagsprogramm!

Inhalt

ANHANG

Arbeitsplatzqualität und Unternehmenskultur als Wettbewerbsfaktoren

Vorwort von Wolfgang Clement,
Bundesminister für Wirtschaft und Arbeit,
zum Buch *Deutschlands Beste Arbeitgeber*

Die Situation der deutschen Unternehmen bietet derzeit ein uneinheitliches Bild: Auf der einen Seite belasten immer noch Schlagzeilen von Insolvenzen und dramatischen Sanierungsaktionen die öffentliche Wahrnehmung. Auch Restrukturierungsanstrengungen oder Kostensenkungsprogramme fügen sich hier ein.

Auf der anderen Seite stehen wachsende Unternehmensgewinne und die auf dem Weltmarkt unter Beweis gestellte Wettbewerbsfähigkeit des Exportweltmeisters Deutschland. Tatsächlich mehren sich die Anzeichen dafür, dass nach Jahren der Restrukturierung und Kostensenkung für viele Unternehmen die Themen Wachstum und Innovation wieder verstärkt auf die Tagesordnung gesetzt werden.

Um im internationalen Wettbewerb unsere aktuelle Position zu sichern, müssen wir heute und in der Zukunft die Innovationen in Wirtschaft und Gesellschaft weiter beschleunigen. Die Politik ist hier gefordert, die notwendigen Rahmenbedingungen zu setzen. Hier ist einiges in Gang gekommen, insbesondere bei der Modernisierung der sozialen Sicherungssysteme und der steuerlichen Entlastung der Unternehmen.

Zudem unterstützt die Bundesregierung die Wirtschaft mit zahlreichen speziellen Innovationsprogrammen. Herausheben möchte ich auch die vom Bundeskanzler gemeinsam mit Vertretern aus Wirtschaft, Wissenschaft, Gewerkschaften und Verbänden Anfang 2004 gestartete Initiative „Partner für Innovationen". Diese Initiative wird dazu beitragen, Innovationshemmnisse abzubauen, die Innovationskraft des Mittelstandes zu stärken, technologische Kompetenzen zu entwickeln und zukunftsfähige Konzepte der betrieblichen Bildung zu fördern, und im Ergebnis zu einer breiten Mobilisierung von Engagement und kreativem Potenzial in allen Bereichen der Gesellschaft führen.

Entscheidend ist aber, dass die eigentlichen Innovationen, die unsere Wettbewerbsfähigkeit auch morgen begründen können, in den Unternehmen von den Mitarbeitern erdacht und umgesetzt werden.

Neuere Untersuchungen hierzu zeigen, dass jedes zweite deutsche Unternehmen mit seiner eigenen Innovationskraft unzufrieden ist und diese in den nächsten drei Jahren spürbar verbessern will. Als wichtigstes Innovationsziel nennen die Unternehmen einen höheren Mehrwert für die Kunden, gefolgt von der Reduktion der Produkt- und Dienstleistungskosten und der Erhöhung der Innovationseffektivität. Starken Nachholbedarf sehen viele in der Förderung von Kreativität und der Verbreitung von Wissen. Um dies zu verbessern, wollen sie mehr Anreize für Mitarbeiterinnen und Mitarbeiter zur Weitergabe von Wissen und Ideen schaffen und ein effektiveres Wissens- und Ideenmanagement etablieren.

In der Managementliteratur ist unbestritten, dass Unternehmen bei den Produkt- und Dienstleistungsinnovationen umso innovativer sein können, je besser sie auch die Qualität ihrer Arbeitsbedingungen und ihre Unternehmenskultur gestalten. Dahinter steckt die Überzeugung, dass Menschen und nicht Maschinen Innovationen schaffen und für den Unternehmenserfolg stehen.

Eine wachsende Zahl von Unternehmen macht sich diese Erkenntnis zu Eigen und betrachtet Arbeitsplatzqualität und Unternehmenskultur als Treiber für die eigene Wettbewerbsfähigkeit.

Ein Beleg hierfür ist der Erfolg von Wettbewerben wie „Deutschlands Beste Arbeitgeber", der als deutsche Version des US-amerikanischen Wettbewerbs „Best Companies to Work for" seit drei Jahren vom *Great Place to Work® Institute Deutschland* und dem Kölner Beratungsinstitut *psychonomics* in Kooperation mit der Zeitschrift *Capital* durchgeführt wird. Auch die Teilnehmer und Preisträger des diesjährigen Wettbewerbs verdeutlichen mit ihren Unternehmenskonzepten und Unternehmenskulturen, dass eine konsequente Orientierung an der Arbeitsplatzqualität und damit an den Mitarbeitern sich für die Unternehmen nachhaltig auszahlt. Dies zeigen auch Ergebnisse einer Langzeitstudie, die den „Best Companies to Work for" in den USA eine deutlich bessere Börsenbewertung zuschreiben als dem Marktdurchschnitt.

Ich freue mich, dass es in Deutschland zahlreiche Unternehmen gibt, die für die Mitarbeiterinnen und Mitarbeiter ein „great place to work" und dabei wirtschaftlich außerordentlich erfolgreich sind. Ich begrüße die

Kooperation mit der Initiative *Neue Qualität der Arbeit*, die mithelfen soll, dass die innovativen Unternehmenskonzepte der Unternehmen, die sich diesem Wettbewerb stellen, möglichst beispielgebend für viele andere Unternehmen sind und eine breite Umsetzung erfahren.

Gern nehme ich den Vorschlag aus dem diesjährigen Wettbewerb *Deutschlands Beste Arbeitgeber* auf, den Dialog zwischen Wirtschaft und Politik weiterzuentwickeln. Wir brauchen viele Unternehmen, die ein „*great place to work*" sind, und wir wollen ein Deutschland, das ein „great place to live" ist.

Ihr

EINLEITUNG

Es ist für Unternehmen an sich nichts Ungewöhnliches, miteinander in Wettbewerb zu stehen. Wenn es bei diesem Wettbewerb allerdings um die Qualität und Attraktivität der Unternehmen als Arbeitgeber geht und die eigenen Mitarbeiter maßgeblich in der Jury „mitwirken", dann ist das durchaus etwas Besonderes. Nicht zuletzt auch vor dem Hintergrund einer immer noch angespannten wirtschaftlichen Lage und einer hohen Zahl von Arbeitssuchenden.

Der Great Place to Work® Wettbewerb *Deutschlands Beste Arbeitgeber* wurde im Jahr 2004/2005 bereits zum dritten Mal durchgeführt. Die Tatsache, dass sich wieder deutlich mehr als 100 namhafte große, mittlere und auch weniger bekannte kleinere Unternehmen der anspruchsvollen Bewertung durch ihre Mitarbeiter stellten, weist darauf hin, dass die Themen Arbeitsplatzkultur, Mitarbeiterorientierung und Arbeitgeberattraktivität für diese Unternehmen keine „Schönwetterthemen" und auch keine „Luxusbeschäftigung" sind. Diese Unternehmen haben erkannt, welchen Einfluss eine positiv erlebte Arbeitsatmosphäre auf das Engagement und die Leistung der Mitarbeiter und damit auf den Unternehmenserfolg hat.

Daher richten diese Unternehmen ihr Management gezielt darauf aus, das Potenzial jedes Mitarbeiters durch ein förderliches Arbeitsumfeld zum beiderseitigen Gewinn fruchtbar werden zu lassen. Verstärkt wird diese Motivation dadurch, dass das derzeitige Überangebot an Arbeitskräften insgesamt bereits heute den in vielen Branchen und Regionen bestehenden Bedarf an Fachkräften qualitativ nicht vollständig decken kann und sich diese Situation noch verschärfen wird. Innerhalb weniger Jahre wird die Gewinnung und Bindung qualifizierter und motivierter Mitarbeiter aufgrund der demografischen Entwicklung für viele Firmen zum strategischen Engpass. Hier werden solche Unternehmen deutliche Vorteile haben, die dann bereits eine förderliche und attraktive – und in diesem Sinne wettbewerbsfähige – Arbeitsplatzkultur entwickelt haben.

Das vorliegende Buch stellt die Siegerunternehmen des Wettbewerbs *Deutschlands Beste Arbeitgeber 2005* vor. Das Management von 110 in Deutschland ansässigen Unternehmen stellte sich dem Votum derer, die die Qualität ihrer Arbeitsplätze am besten beurteilen können: ihrer Mitarbeitern. Vertrauen in das Management, Identifikation mit der eigenen Tätigkeit und dem Unternehmen und die Zusammenarbeit als Team sind die zentralen Themen, die zählen. Insgesamt etwa 25.000 Mitarbeiterinnen und Mitarbeiter gaben in ausführlichen anonymen Befragungen ihre Urteile ab. Zusätzlich wurden Programme und Maßnahmen der Unternehmen im Personalbereich von der Aus- und Weiterbildung über die interne Kommunikation bis hin zur Gewährleistung von Chancengleichheit bewertet. Eine vergleichbare Analyse von diesen Umfangs und mit dieser Beteiligung gibt es in Deutschland kein zweites Mal.

Die Liste der Wettbewerbssieger ist vielfältig und reicht von der deutschen Niederlassung des IT-Riesen Microsoft über den Gaskonzern E.ON Ruhrgas bis zum Medizintechnikhersteller Guidant. Ganz unterschiedliche Unternehmensgrößen und Branchen sind unter den besten Arbeitgebern vertreten. Ein Teil der Unternehmen war bereits im letzten Jahr unter den besten Arbeitgebern. Hier wurden die Darstellungen der letztjährigen Veröffentlichung aktualisiert. Der andere Teil der Unternehmen wie der Bekleidungsversandhändler Lands' End, Tchibo oder der Mobilfunkanbieter O$_2$ Germany sind neu unter den besten Arbeitgebern. Alle Gewinner und der Wettbewerb selbst werden in diesem Buch ausführlich vorgestellt.

In Teil I erfährt der Leser das Wesentliche zu den Hintergründen und Inhalten des Great Place to Work® Wettbewerbs *Deutschlands Beste Arbeitgeber*. Robert Levering, Mitbegründer des *Great Place to Work® Institute* in den USA, gibt Einblick in die Entstehung des Konzeptes, das auch dem deutschen Wettbewerb zu Grunde liegt. Dem folgt eine Erläuterung des Wettbewerbsmodells, die mit übergreifenden Ergebnissen des Wettbewerbs und Beispielen aus den Unternehmen verknüpft wird. Zudem werden Anregungen gegeben, in zeitgemäßer Form über das Thema Karriere nachzudenken.

Teil II enthält detaillierte Informationen zu den Unternehmen der Top-50-Liste *Deutschlands Beste Arbeitgeber 2005*. Neben Unternehmensportraits zur Tätigkeit und Struktur werden die zentralen Wettbewerbsergebnisse der einzelnen Unternehmen dargestellt. Als Neuerung der diesjährigen Ausgabe beantworten Vorstände und Personalverantwortliche der Siegerunternehmen Fragen zu ihren persönlichen Anforderungen an motivierende Arbeitsbedingungen, geben Karriereempfehlungen und verraten ihre Leitsätze für ein erfolgreiches Management. Anforderungen der Unternehmen an Bewerber sowie eine tabellarische Übersicht von Unternehmensfakten wie Einstiegsgehalt, Altersstruktur und Kontaktdaten runden die einzelnen Unternehmensdarstellungen ab.

Der Leser erhält so die Chance, 50 attraktive Arbeitgeber näher kennen zu lernen und vieles über die Möglichkeiten der Entwicklung einer positiven und produktiven Arbeitsplatzkultur in Deutschland zu erfahren. Akademiker und Facharbeiter, Berufseinsteiger und Führungskräfte können für sich interessante Arbeitgeber entdecken. Personalexperten und Firmenchefs erhalten wichtige Informationen, was die Konkurrenz in puncto Personalarbeit und Mitarbeiterorientierung anders oder sogar besser macht.

Als Autoren möchten wir gerne Danke sagen: allen Unternehmen, die sich dem Wettbewerb gestellt haben, den Mitarbeitern, die sich an den Befragungen beteiligt haben, und den Managern, die sich Zeit für die persönlichen Fragen nahmen. Natürlich gehört auch der psychonomics AG, die das Great Place to Work® Institute in Deutschland vertritt und dieses Buch unterstützt hat, dem gesamten *Great Place to Work® Team* und nicht zuletzt den Kooperationspartnern des Wettbewerbs, dem Wirtschaftsmagazin *Capital*, der *ASSTEL Versicherungsgruppe* und der Initiative „Neue Qualität der Arbeit (INQA)" unser herzlicher Dank. Persönlicher Dank gebührt *Ansgar Metz* für die Recherche und Verfassung der einleitenden Unternehmensportraits sowie seine gesamtredaktionelle Beratung und Unterstützung, *Dr. Volker Casper* für den Beitrag zum Thema Karriere sowie *Jasmina Vranjkovic* und *Rouzbeh Tavakkoli* für ihre redaktionelle Mitarbeit.

Frank Hauser   Tobias Schmidtner

A Great Place to Work

Interview mit Robert Levering,
Great Place to Work® Institute Inc., USA

Das inhaltliche und methodische Grundkonzept, mit dem das Great Place to Work® Institute Deutschland jährlich den Wettbewerb *Deutschlands Beste Arbeitgeber* durchführt, wurde am 1990 gegründeten Great Place to Work® Institute Inc. in den USA entwickelt. Seit 1998 veranstaltet das Institut in den USA den Wettbewerb „100 Best Companies to Work for in America" in Kooperation mit dem Wirtschaftsmagazin Fortune. Nach Europa und Deutschland gelangte das Wettbewerbskonzept durch eine Initiative der EU-Kommission im Jahr 2002 zur Ermittlung der 100 besten Arbeitgeber Europas. Das folgende Interview mit Robert Levering, dem Mitgründer des Instituts, gibt Aufschluss über Entstehung und zentrale Inhalte des Great Place to Work® Konzeptes.

Herr Levering, Sie beschäftigen sich seit Jahrzehnten mit den Themen Arbeitsplatzkultur und attraktive Arbeitgeber. Wie sind Sie dazu gekommen?

Robert Levering: Zu Beginn meiner Laufbahn als Wirtschaftsjournalist vor etwa 30 Jahren schrieb ich vornehmlich Reportagen über „schlechte" Arbeitgeber, Streikkonflikte und Gerichtsverfahren, in denen Angestellte gegen ihre Arbeitgeber prozessierten. Hinzu kamen eigene negative Erfahrungen mit einem Arbeitgeber im Verlagswesen und eine große Unzufriedenheit vieler meiner Freunde und Bekannten mit ihren Chefs und Arbeitgebern. Auf die entgegengesetzte Thematik „attraktiver" Arbeitgeber bin ich in gewisser Weise erst zufällig gestoßen. Als mich 1981 eine Verlegerin anrief und fragte, ob ich daran interessiert sei, ein Buch mit dem Titel *„The 100 Best Companies to Work for in America"* zu schreiben, glaubte ich zunächst, sie würde scherzen. Ich war damals überzeugt, dass es nicht mal zehn, geschweige denn 100 gute Arbeitgeber in den USA gibt. Stattdessen schlug ich ihr vor, *„The 100 Worst Companies to Work for in America"* zu schreiben. Sie lachte und gab mir zu verstehen, dass sie und ihr Verlag nicht genügend Anwälte hätten, ein solches Buch wirklich umzusetzen. Schließlich stimmte ich ihrem Konzept zu, obwohl ich zunächst skeptisch blieb.

In den folgenden drei Jahren reisten mein Kollege und Co-Autor Milton Moskowitz und ich auf der Suche nach guten Arbeitgebern quer durch die USA. Wir besuchten mehr als 150 Unternehmen, die uns überwiegend von Journalisten und Wirtschaftsprofessoren empfohlen wurden.

In diesen Firmen interviewten wir Mitarbeiter, Manager und Geschäftsführer. Zu unserer Freude und positiven Überraschung fanden wir Dutzende Unternehmen, deren Mitarbeiter von ihrem Management und deren positiver Personalpraxis begeistert waren.

Das Buch, das auf dieser Basis entstand, war auf Anhieb ein großer Erfolg. Kurz nachdem es Buch 1984 veröffentlicht wurde, stand es bereits auf der Bestsellerliste.

Wie kam es dazu, dass sich aus Ihren Arbeiten eine anerkannte Methode und ein weltweites Netzwerk von Forschungsinstituten entwickelte?

Robert Levering: Aufgrund des Erfolgs des Buches haben mich viele Menschen gefragt, was die besten Unternehmen gemeinsam auszeichnet. Ich kam so zu dem Entschluss, ein weiteres Buch zu schreiben, das diese Frage grundlegend beantworten sollte.

Hierzu untersuchte ich die 20 besten Unternehmen aus dem Buch „The 100 Best Companies to Work for in America" sehr genau. Anfänglich ließ ich mich dabei von dem Gedanken leiten, dass es ganz bestimmte HR-Praktiken seien, die diese Unternehmen gemeinsam hatten, beispielsweise die Gewinnbeteiligung der Mitarbeiter. Es zeigte sich aber, dass es Beispiele „guter" Arbeitgeber gab, die keine Gewinnbeteiligung anboten, während negativ bewertete Arbeitgeber ihre Mitarbeitern durchaus am Unternehmensgewinn beteiligen konnten. Es wurde also immer deutlicher, dass es eines anderen, differenzierteren Ansatzes bedurfte.

Als ich mich weiter mit dem Interviewmaterial beschäftigte, fiel mir besonders auf, dass die Befragten häufig die gleichen Schlüsselbegriffe verwendeten, wenn sie über ihre Arbeitgeber sprachen. Die Aussagen der Mitarbeiter wiesen in gleicher Weise auf das Vertrauen und die Zuversicht in ihre Arbeitgeber hin. Glaubwürdigkeit, Kompetenz und Integrität sowie der Umstand, dass ihre Führungskräfte ihnen in beruflichen wie persönlichen Belangen mit Respekt begegneten, waren bestimmende Elemente. Fairness in puncto Bezahlung, Lohnzusatzleistungen, Chancengleichheit und Beförderung war ein weiterer wichtiger Topos.

Diese Aussagen standen in starkem Widerspruch zu dem, was die Mitarbeiter sagten, die ich in meiner Zeit als Wirtschaftjournalist interviewte, als ich es vornehmlich noch mit schlechten Arbeitgebern zu tun hatte.

Zusammenfassend kam ich zu dem Schluss, dass die zentrale Differenz im Vertrauen zwischen Mitarbeitern und den Führungskräften liegt. In meinem Buch *A Great Place to Work – What makes some employers so good – and most so bad*", definierte ich einen „great place to work" als einen sehr guten Arbeitsplatz, an dem man „...denen vertraut, für die man arbeitet, stolz ist auf das, was man tut, und Freude hat an der Zusammenarbeit mit anderen". Fehlendes Vertrauen war hingegen für „schlechte" Arbeitgeber besonders charakteristisch.

Meine Annahme, dass Vertrauen das zentrale Merkmal sehr guter Arbeitgeber ist, hat sich seit 1988, als das Buch zum ersten Mal veröffentlicht wurde, immer wieder bestätigt.

In der Folgezeit zeigte sich, dass es viele Unternehmen gab, die daran interessiert waren, ihre Arbeitsplatzkultur zu verbessern. Die Organisationspsychologin Dr. Amy Lyman und ich entschlossen uns 1990, ein Forschungs- und Beratungsinstitut zu gründen, das die Unternehmen in dem Vorhaben unterstützen sollte, ihre Arbeitsplatzkultur positiv zu verändern.

Zusammen entwickelten wir den Trust Index© Fragebogen, der spezifisch das Vertrauen zwischen Management und Belegschaft abbildet. Das Instrument wurde seitdem in weltweit über 5.000 Unternehmen eingesetzt. Es dient zudem als Grundlage, um in derzeit 26 Ländern Europas, Süd- und Nordamerikas und Asiens die nationalen und supranationalen „Beste Arbeitgeber"-Listen zu ermitteln. Die besondere Rolle des Vertrauens als Wesenskern ausgezeichneter Arbeitgeber konnte in all diesen Ländern bestätigt werden.

Welche Gründe sprechen aus einzelwirtschaftlicher Sicht dafür, in Unternehmen auf eine ausgeprägte Vertrauenskultur zu setzen?

Robert Levering: Die Unternehmen, die wir bislang untersucht und ausgezeichnet haben, übertreffen ihre Mitbewerber typischerweise in puncto Produktivität und Profitabilität.

Erst kürzlich im März 2005 ergab erneut eine Studie der New Yorker Russell Investment Group, dass das Portfolio, das seit 1998 aus den jeweiligen „Best 100" gebildet wurde, den Ertrag des Portfolios S&P 500 aus vergleichbaren Unternehmen im Zeitraum 1998–2004 um mehr als das Dreifache übertrifft. Ähnliche Studien existieren auch für Großbritannien und Brasilien: Sie bestätigen die Ergebnisse und Tendenzen, die wir beobachten können, seit „100 Best Companies to Work for in America" erstmals vor 20 Jahren veröffentlicht wurde.

Will man die Ursachen verstehen, warum ausgezeichnete Arbeitgeber erfolgreicher sind, sollte man sich noch einmal die Rolle und Wirkung des Vertrauens als dem zentralen Baustein den zentralen Baustein eines „great place to work" vergegenwärtigen.

In Unternehmen, in denen starkes Vertrauen ausgeprägt ist, sind die Mitarbeiter eher bereit, mit ihren Führungskräften zu kooperieren, als in einem Umfeld, das durch Misstrauen beherrscht wird. Da der Widerstand der Mitarbeiter gegenüber Veränderungen zudem in der Regel geringer ausgeprägt ist, wenn sie ihren Führungskräften vertrauen, sind die Mitarbeiter generell eher gewillt, notwendige Veränderungen und neue Ziele zu akzeptieren.

Darüber hinaus ist unter Vertrauensbedingungen auch die Bereitschaft größer, Risiken auf sich zu nehmen. Daher sind diese Unternehmen in der Regel auch innovationsfreudiger. Zudem genießen ausgezeichnete Arbeitgeber einen sehr guten öffentlichen Ruf als Arbeitgeber innerhalb ihrer Branche und in ihrer Region. Sie haben daher üblicherweise auch mehr Bewerber und können somit aus einem größeren Pool qualifizierter Bewerber auswählen. Schließlich ist auch die Fluktuation wesentlich niedriger. Geringere Fluktuation geht wiederum einher mit geringeren Recruiting-Kosten und niedrigeren Aufwendungen für Ausbildungs- und Trainingsmaßnahmen. Ergebnis ist nicht zuletzt ein größerer Stamm erfahrener und hochqualifizierter Arbeitskräfte. Dies sind alles plausible Aspekte, die zu einer höheren Produktivität und Profitabilität der Unternehmen beitragen.

Kann es jedes Unternehmen schaffen, ein ausgezeichneter Arbeitgeber zu werden?

Robert Levering: Auf der Basis unserer breit angelegten Studien kann ich diese Frage mit einem grundsätzlichen „Ja" beantworten. Wir haben Spitzenunternehmen in vielen Ländern und in nahezu allen Branchen untersucht. Es existieren keine prinzipiellen Beschränkungen, ein ausgezeichneter Arbeitgeber zu werden. Allerdings zeigt sich, dass die wichtigste Bedingung für das Gelingen der Prozesse, die zu einer Verbesserung der Arbeitsplatzqualität führen, zweifellos das ernst gemeinte Commitment des Top-Managements ist, ihr Unternehmen in ein noch besseres umwandeln zu wollen.

Das Commitment des Managements ist eine notwendige, nicht aber bereits hinreichende Bedingung. Denn ein Unternehmen und seine Mitarbeiter zu führen ist ein komplexes Unterfangen. Die Beziehung zu den Mitarbeitern ist dabei nur ein Aspekt vieler – mitunter auch widerstreitender – Aufgaben der Führung.

In diesem Zusammenhang erscheint es daher notwendig, noch einmal auf die wichtige Rolle hinzuweisen, die Artikel und Bücher wie das vorliegende Buch *Deutschlands Beste Arbeitgeber* dabei einnehmen können. Denn erst durch ihre Lektüre und den darauf basierenden Austausch können Fach- und Führungskräfte aller Ebenen erfahren, was in Unternehmen in puncto Mitarbeiterorientierung und Arbeitsplatzqualität alles möglich sein kann. So können sie lernen, was ihre Kollegen, die tagtäglich vor ähnlichen Herausforderungen stehen, anders und eventuell besser machen. Sie lernen Unternehmen kennen, die erfolgreich sind und gleichzeitig ein ausgezeichnetes Umfeld für diejenigen schaffen, die diesen Erfolg erst ermöglichen: die Mitarbeiter!

Zur Person Robert Levering

Robert Levering, geboren 1944, ist einer der Gründer des Great Place to Work® Institute Inc., USA, und Mitautor von „Best Companies to Work for in America", das jährlich vom Wirtschaftsmagazin *Fortune* veröffentlicht wird.

Er arbeitet seit den 1980er-Jahren an der Thematik ausgezeichneter Arbeitsplatzkulturen („Great Places to Work") und hat dazu mehrere erfolgreiche Bücher veröffentlicht. Zudem ist er ein gefragter Redner zu dieser Thematik.

Ausgewählte Buchveröffentlichungen (zum Teil mit Milton Moskowitz):

* A Great Place to Work: What Makes Some Employers so Good and Most so Bad (überarbeitete Ausgabe 2000)
* Everybody's Business: A Field Guide to the 400 Leading Companies in America (1991)
* The Computer Entrepreneurs (1985).
* The 100 Best Companies to Work for in America (1984)

Vertrauen, Stolz und Teamgeist machen Unternehmen zu den besten Arbeitgebern

„Jeder Arbeitstag ist eine Bereicherung fürs Leben. Es macht immer wieder aufs Neue Spaß, bei diesem Unternehmen zu arbeiten."; „Wir sind ein tolles Team! Jeder freut sich zum Beispiel nach dem Urlaub, wieder „nach Hause" zu kommen!"; „In meiner bisherigen Berufslaufbahn hatte ich noch niemals so faire und menschlich wertvolle Vorgesetzte wie in diesem Unternehmen."

Viele Leser werden wahrscheinlich zunächst ihren Augen nicht trauen, wenn sie solche Aussagen von Mitarbeiterinnen und Mitarbeitern über ihre jeweiligen Unternehmen lesen. Waren die Botschaften aus den Unternehmen auch im vergangenen Jahr nicht überwiegend ganz andere, und sind sie es nicht noch jetzt? War und ist nicht überwiegend die Rede von Vertrauensverlust gegenüber dem Management, Sorge um den Verlust des Arbeitsplatzes, geringer emotionaler Bindung und nachlassender Einsatzbereitschaft?

Die Stimmen oben zeigen, dass es sich auch gänzlich anders verhalten kann. Sie stammen von Mitarbeitern aus Unternehmen, die zu den Siegern im Wettbewerb *Deutschlands Beste Arbeitgeber 2005* gewählt wurden. Anonym und repräsentativ befragt, bewerteten Mitarbeiter* dabei systematisch ihre Unternehmen. Hierbei konnten sie auch in ihren eigenen Worten angeben, was es Positives über ihre Unternehmen zu sagen gibt. Die Stimmen oben stammen also mitten aus dem Unternehmensalltag.

Was charakterisiert diese Unternehmen, die diese zum Ausdruck kommende Begeisterung und Identifikation bei ihren Mitarbeitern wecken können? Was machen sie anders als die vielen anderen Unternehmen, denen es im

---

* Der Lesbarkeit wegen verwenden wir in diesem Buch generell männliche Personenbezeichnungen.

guten Fall gelingt, mit ihren Mitarbeitern eine nüchtern gehaltene Zweck-gemeinschaft zu erreichen, bei denen nicht selten eine mehr oder weniger ausgesprochene Leidensgemeinschaft Realität ist? Eine angemessene Be-zahlung gehört als nahe liegendes Merkmal sicherlich dazu und auch – heu-te besonders wichtig – ein möglichst hohe Arbeitsplatzsicherheit. Doch das ist bei weitem nicht alles, geschweige denn entscheidend, um diese beson-dere Beziehung zwischen Mitarbeitern, Management und Unternehmen herzustellen, die seitens der Mitarbeiter durch eine besondere Identifikati-on und Einsatzbereitschaft gekennzeichnet ist und für jedes Unternehmen als Wettbewerbsvorteil und Erfolgsfaktor gelten kann.

Im vorhergehenden Artikel beschreibt Robert Levering, der Mitbegründer des Great Place to Work® Institute, dass sich solch besondere Unternehmen durch drei zentrale Merkmale auszeichnen: Vertrauen der Mitarbeiter in das Management, Stolz auf die Tätigkeit und Freude an der Zusammenarbeit mit den Kollegen. Von diesen Kernqualitäten geht auch das Great Place to Work®-Konzept aus, das auch Grundlage des Wettbewerbs *Deutschlands Beste Arbeitgeber* ist. Hier wird im Überblick dargestellt, was die Entwick-lung von Vertrauen, Stolz und Freude bei der Arbeit auf Seiten der Unter-nehmen beziehungsweise seitens der Führungskräfte und des Personalma-nagements erfordert.

Die fünf Qualitäten eines ausgezeichneten Arbeitgebers

Das wichtigste Merkmal eines „great place to work" ist das Vertrauen zum Management. Um dieses zu erreichen, sind aus Sicht der Mitarbeiter drei Qualitäten gefragt: *Glaubwürdigkeit*, *Respekt* und *Fairness*.

Für die wahrgenommene *Glaubwürdigkeit* des Managements spielt die Ge-staltung der Kommunikation im Unternehmen eine zentrale Rolle. Leitprin-zipien sind hier im Sinne eines „Great Place to Work" Offenheit, Transpa-renz und Erreichbarkeit des Managements. Konkret geht es darum, wann, in welcher Form und in welchem Umfang die Mitarbeiter über relevante Sach-verhalte und Entwicklungen informiert werden. Von gleicher Bedeutung ist, wann, worüber und bei wem die Mitarbeiter sich selbst informieren können. Neben Rundschreiben, schwarzen Brettern, Intranet-Angeboten und E-Mails gehören bei den besten Arbeitgebern meist regelmäßige Meetings und eine ausdrückliche Open-Door-Policy auch des Top-Managements zum Standard. Vor allem bei größeren Unternehmen sind die Kommunikation und der direkte Kontakt zwischen Mitarbeitern und Top-Management eine besondere Aufgabe, da es hier im Arbeitsalltag nur selten zur direkten Begegnung kommt. Dabei ist es hier nicht weniger wichtig, dass die Führungsspitze weiß, wie die Situation an der Basis ist, und umgekehrt die Mitarbeiter aus erster Hand erfahren, was die Leitung bewegt. Eine Reihe von Unternehmen schafft daher systematische Möglichkeiten für diesen Austausch: Der Essener Gaskonzern E.ON Ruhrgas AG veranstaltet beispielsweise bereits seit 1977 ein monatlich stattfindendes Informationsgespräch zwischen Vorstand und zufällig ausgewählten Mitarbeitern aller Ebenen.

Zur *Glaubwürdigkeit* gehören aber auch die erlebte Kompetenz des Managements und seine Integrität. Wer Entscheidungen befolgen soll, muss erkennen können, dass die Führungskräfte klare Ziele verfolgen und die Maßnahmen zur Zielerreichung gut und konsistent aufeinander abgestimmt sind. Im Sinne der Mitarbeiterorientierung gehört hierzu insbesondere, wie viel Verantwortung der einzelne Mitarbeiter oder das Arbeitsteam erhält. Die Integrität des Managements zeigt sich daran, ob Versprechen und Zusagen eingehalten werden und Worten auch Taten folgen. Auch die ethische Dimension des gesamten Handelns des Managements ist Gegenstand der Bewertung. Der Berufsstand Manager sieht sich hier einer zunehmend kritisch urteilenden Öffentlichkeit gegenüber. Und in Zeiten, in denen viele Mitarbeiter um ihre Arbeitsstelle bangen und viele ihren Arbeitsplatz verloren haben, wird besonders genau hingeschaut, ob die Top-Entscheider bei aller Herausforderung durch den globalen Wettbewerb ehrlich und verantwortungsvoll handeln. Sehr bedeutsam ist dabei auch die Frage, ob Mitarbeiter darauf vertrauen können, dass eine Kündigung nur als letzter Ausweg gewählt wird.

Respekt zeigt sich darin, dass die berufliche Entwicklung der Mitarbeiter gezielt gefördert wird. Dazu trägt wesentlich die Ausgestaltung der Aus-, Fort- und Weiterbildungsmaßnahmen bei. Die SICK AG, Sensortechnologieanbieter aus Waldkirch bei Freiburg und diesjähriger Sonderpreisträger „Lebenslanges Lernen", beeindruckt hier unter anderem durch die Förderung aller Mitarbeiter im Rahmen eines umfassenden Entwicklungssystems, das von der Erstausbildung über weitere Bildungsabschlüsse während des Erwerbslebens bis zum Eintritt in das Rentenalter greift. Zur beruflichen Förderung gehört aber auch eine Feedback-Kultur, in der gute Arbeit und besonderer Einsatz entsprechend gewürdigt werden. Trotz der grundlegenden Bedeutung für die Aufrechterhaltung der Einsatzbereitschaft ist ein positives Feedback offenbar keine Selbstverständlichkeit. Einige Unternehmen unterstützen die Feedback-Kultur dann auch dadurch, dass sie eigene Geld- und Zeitbudgets schaffen, in anderen werden Preise oder Titel für besondere Leistungen verliehen. Der Mobilfunkanbieter O_2 Germany honoriert beispielsweise besondere Erfolge wie ein abgeschlossenes anspruchsvolles Projekt mit einem *Recognition Award* in Form eines Sachpreises, der sich an den Freizeitinteressen des Preisträgers orientiert. Respekt erfahren die Mitarbeiter weiter in der Art und Weise, in der sie vom Management in für sie relevante Fragen einbezogen werden, sowie im Umgang mit eigenen Ideen und Vorschlägen. Schließlich spielen für das Erleben von Respekt solche Aspekte eine tragende Rolle, die zur Gestaltung einer ausgewogenen Lebens- und Arbeitssituation beitragen. Hierzu gehören etwa flexible Arbeitszeiten, Kinderbetreuung und Gesundheitsförderung bis hin zu unbürokratischer und schneller Hilfe in persönlichen Notsituationen. Im Zusammenhang mit der beruflichen Förderung und dem Eingehen auf die spezielle Lebenssituation wurde auch der diesjährige Sonderpreis „Chancengleichheit der Geschlechter" vergeben. Der Pharmahersteller Lilly Deutschland zeigt überzeugend, wie Frauen mit Möglichkeiten zur flexiblen Arbeitszeitgestaltung und speziellen Förderprogrammen effektiv in ihrer Karriere unterstützt werden können, und erhielt zum zweiten Mal in Folge den diesen Sonderpreis „Chancengleichheit der Geschlechter".

Im Hinblick auf die *Fairness* im Unternehmen muss bei ausgezeichneten Arbeitgebern zunächst gelten, dass grundsätzlich alle Mitarbeiter unabhängig von ihrer Position als vollwertige Mitglieder behandelt werden und die Chance auf Anerkennung haben. Es geht auch um die Frage, ob die Mitarbeiter durch Vergütungsprogramme und Sonderleistungen ausgewogen am wirtschaftlichen Erfolg beteiligt werden. Hier bieten die Unternehmen neben Grundvergütung und leistungsorientierter Vergütung zum Teil auch Beteiligungsmodelle an, die die Mitarbeiter zum Mit-Unternehmer oder Partner machen, wie etwa beim Multitechnologieherstellers W. L. Gore & Associates. Wichtig für die Dimension *Fairness* ist darüber hinaus, dass Einstellungs- und Beförderungsentscheidungen neutral und unvoreingenommen nach möglichst objektiven Kriterien getroffen werden. Schließlich sollte ein fairer Arbeitgeber von jeglicher Art der Diskriminierung frei sein, und es sollten klare Verfahren existieren, nach denen mit Beschwerden umgegangen wird oder Unstimmigkeiten verhandelt werden. Ford-Financial Services demonstriert eindrucksvoll, wie ein Unternehmen nicht nur Diskriminierung vermeiden kann, sondern systematisch die Vielfalt der Mitarbeiter aufgreifen, fördern und zum Nutzen im Unternehmen und im Markt gestalten kann. Das Unternehmen wurde daher mit dem Sonderpreis „Förderung von Vielfalt" ausgezeichnet.

Im Bereich Stolz geht es um die Identifikation der Mitarbeiter mit ihrem Unternehmen, ihrem Team und ihren Aufgaben. Grundlage für den *Stolz* auf die eigene Tätigkeit ist die Wahrnehmung des einzelnen Mitarbeiters, dass sich seine persönlichen Leistungen und Beiträge im Unternehmen bemerkbar machen. Die Identifikation der Mitarbeiter mit den Erfolgen ihres Arbeitsteams kann gestärkt werden, indem den Teams Entscheidungsspielräume und Verantwortung übertragen werden. Weitere Möglichkeiten sind die Vergabe von Preisen für besondere Teamleistungen oder teamorientierte Prämien. Besonderer wirtschaftlicher Erfolg, aber auch soziales und kulturelles Engagement tragen – insbesondere bei direkter Beteiligung der Beschäftigten – zur Identifikation mit dem gesamten Unternehmen bei und erhöhen die Bindung der Mitarbeiter. So unterstützt beispielsweise das Pharmaunternehmen Janssen-Cilag aus Neuss zahlreiche gemeinnützige Projekte und Initiativen wie den Kindernetzwerk e.V. für Kinder und Jugendliche, die an seltenen Erkrankungen leiden, oder durch die Einverständnis der Mitarbeiter, als Knochenmarkspender bereitzustehen.

Ein ausgezeichneter Arbeitsplatz ist schließlich gekennzeichnet durch eine ausgeprägte *Teamorientierung* unter den Kollegen. Dazu gehört das Erleben des Einzelnen, bei der Arbeit „man selbst" sein zu können und so im Kreis der Kollegen grundsätzlich willkommen zu sein. Der allgemeine Umgang und die Atmosphäre sind freundlich, und die Mitarbeiter kooperieren nicht nur mit lediglich geringen Reibungsverlusten miteinander, sondern „ziehen an einem Strang". Zudem werden besondere Anlässe und Erfolge gemeinsam im Kollegenkreis gefeiert. Die Menschen haben so Freude an der Zusammenarbeit und bleiben dem Unternehmen eng verbunden. Die Unternehmen unterstützen dieses Zusammengehörigkeitsgefühl durch „Willkommenspakete" oder Begrüßungsprogramme für Einsteiger oder die Finanzierung gemeinsamer Feiern oder Veranstaltungen vom Betriebsausflug über das Sommerfest bis zur Firmenolympiade. Das Dortmunder IT-Beratungshaus finanziert beispielsweise die Teilnahme seiner laufbegeisterten Mitarbeiter am New-York-Marathonlauf und fördert ein Badminton- und Schwimmteam.

Der Wettbewerb
Deutschlands Beste Arbeitgeber

Auf Basis dieser Qualitätskriterien eines „Great Place to Work" wurde der Wettbewerb *Deutschlands Beste Arbeitgeber 2005* durchgeführt. Teilnehmen konnten alle Unternehmen mit mindestens 100 Mitarbeitern in Deutschland. Zur Ermittlung der Besten führten das Great Place to Work® Institute und die psychonomics AG als Forschungspartner bei allen Teilnehmern eine Mitarbeiterbefragung und eine Befragung des Managements zu Maßnahmen und Programmen im Personalbereich (Personalkultur-Audit) durch. In Unternehmen mit bis zu 250 Mitarbeitern erhielten alle Mitarbeiter einen Fragebogen, in Unternehmen mit bis zu 5.000 Mitarbeitern waren es 250 und in Unternehmen mit über 5.000 Mitarbeitern 500 per Zufall ausgewählte Mitarbeiter. Im Rahmen des Personalkultur-Audits wurde auch Dokumentationsmaterial wie Unternehmensbroschüren, Leitlinien oder Mitarbeiterfibeln ausgewertet. Der Durchführungszeitraum der Befragungen lag insgesamt flexibel zwischen Juni und November 2004.

Die Ergebnisse aus Mitarbeiterbefragung und Audit wurden so zusammengefasst, dass das Urteil der Mitarbeiter zu zwei Dritteln und das Kultur-Audit zu einem Drittel die Gesamtbewertung bestimmten. Wenn im Great Place to Work® Wettbewerb also die besten Arbeitgeber ausgewählt werden, sitzen in der Jury vor allem diejenigen, welche die Unternehmen am besten kennen: die Mitarbeiter selbst.

Die Durchführung und die grundsätzlich hohe Bedeutung einer repräsentativen Mitarbeiterbefragung bedingen, dass am Wettbewerb nur solche Unternehmen teilnehmen, die ein eindeutiges und nachhaltiges Bekenntnis zu ihrer Mitarbeiterorientierung nach außen, aber insbesondere auch gegenüber ihren Mitarbeitern abgegeben möchten und können. Im abgeschlossenen Wettbewerb waren dies 110 Unternehmen. An diese wurden mehr als 36.000 Fragebögen versandt. Mit etwa 25.000 Mitarbeiter beteiligten sich knapp 70 Prozent an der Befragung. Von diesen ambitionierten Teilnehmern konnten sich 50 Unternehmen qualifizieren, die als Spitzenunternehmen in Sachen Arbeitsplatzqualität gelten können. Diese Unternehmen werden in diesem Buch ausführlicher vorgestellt. Die anderen Unternehmen bleiben der Wettbewerbsphilosophie entsprechend anonym.

Der *Beste Arbeitgeber*-Wettbewerb stellt in Deutschland die größte und in ihrer Art bedeutendste Studie zur Qualität und Attraktivität von Arbeitsplätzen dar. Ähnliches gilt für nahezu alle anderen 25 Länder, in denen vergleichbare Wettbewerbe auf Basis des Great Place to Work® Konzeptes durchgeführt werden. Allein der europäische Wettbewerb „Best Workplaces in Europe" auf Basis nationaler Wettbewerbe in 15 europäischen Ländern baut auf der Teilnahme von insgesamt knapp 1.000 Unternehmen auf (www.greatplacetowork-europe.com).

Ergebnisse der besten Arbeitgeber

Die Mitarbeiter der 50 Siegerunternehmen geben ihren Arbeitgebern ganz überwiegend ausgezeichnete Noten. 90 Prozent der Befragten bewerten ihr Unternehmen als „sehr guten Arbeitsplatz", und 86 Prozent geben an, dass es Freude macht, in ihrem Unternehmen zu arbeiten. Dies zeigt, dass die zu Beginn zitierten Kommentare aus den Siegerunternehmen keine Einzelstimmen sind.

Auch die Zufriedenheit hinsichtlich der weiteren Merkmale zeigt, dass es den Unternehmen gelingt, den Bedürfnissen der Mitarbeiter gerecht zu werden: 86 Prozent der Mitarbeiter erleben, dass das Management der Qualität der Arbeit der Mitarbeiter vertraut, mit der Kommunikation des

Managements sind im Durchschnitt der Top 50-Unternehmen noch 75 Prozent der Befragten zufrieden.

Besonders gute Ergebnisse erreichen *Deutschlands Beste Arbeitgeber* im Bereich *Stolz* beziehungsweise Identifikation. In den Siegerunternehmen ist nichts von einem Verlust an Motivation und Engagement der Mitarbeiter zu spüren. 90 Prozent der befragten Mitarbeiter geben an, dass ihre Arbeit eine besondere Bedeutung für sie hat und nicht einfach nur ein „Job" ist. 89 Prozent der Befragten sind bereit, einen zusätzlichen Einsatz zu leisten, falls die Arbeit dies erfordert, und 89 Prozent sind stolz, anderen erzählen zu können, dass sie für ihr Unternehmen arbeiten. Es gibt wohl kaum eine glaubhaftere Werbung für ein Unternehmen. Zu den Stärken der besten Arbeitgeber gehört auch die wahrgenommene Kompetenz des Managements: 87 Prozent der Befragten sind hier von der Leistung ihres Managements überzeugt. Angesichts der erwähnten Vertrauenskrise zwischen Management und Mitarbeitern ist zudem positiv festzuhalten, dass auch die Integrität der Manager bei den Siegerunternehmen gut bewertet wird: 88 Prozent der befragten Mitarbeiter halten die Geschäftspraktiken ihres Managements für ehrlich und ethisch vertretbar, 82 Prozent der Befragten glauben, dass das Management Kündigungen nur als letzten Ausweg wählen würde. Gute Nachrichten gibt es insbesondere auch für Neueinsteiger bei den besten Arbeitgebern: Mehr als 90 Prozent der Mitarbeiter fühlten sich als neue Mitarbeiter willkommen.

Aber auch unter den besten Arbeitgebern gibt es noch Verbesserungspotenzial. Nur etwa 60 Prozent der Mitarbeiter fühlen sich ausreichend in Entscheidungen einbezogen, die ihre Arbeit betreffen. Ein ähnlich großer Teil sieht sich beim Ausgleich zwischen Berufs- und Privatleben – der viel zitierten Work-Life-Balance – vom Unternehmen ermutigt. Für verhältnismäßig viele Unternehmen ist es zudem schwierig, Beförderungen zufrieden stellend zu regeln: Auch hier sind nur knapp 60 Prozent der Mitarbeiter überzeugt, dass tatsächlich diejenigen befördert werden, die es am meisten verdienen.

Grundsätzlich darf man aber sicher sagen, dass es den Siegerunternehmen des Wettbewerbs gelingt, eine für alle Beteiligten sehr positive Arbeitsplatzkultur zu entwickeln: Die Mitarbeiter sind zufrieden und engagiert, die Unternehmen profitieren von den daraus resultierenden Effekten einer höheren Produktivität und Kundenzufriedenheit.

Der Weg zu einer gewinnbringenden Arbeitsplatzkultur

Es lohnt sich also, in die Arbeitsplatzqualität zu investieren und eine positive Arbeitplatzkultur zu entwickeln. Dabei gilt: Jedes Unternehmen kann ein sehr guter Arbeitgeber, ein „Great Place to Work" werden. Die Unterschiedlichkeit der Unternehmen, die in diesem Buch vorgestellt werden, mag dafür als Beleg dienen. Für den Weg zu einem sehr guten Arbeitgeber wiederum lässt sich sagen, dass keiner mit dem anderen identisch ist. Ähneln sich auch häufig die der Kultur zugrunde liegenden Werte und tauchen auch bestimmte Instrumente und Verfahren immer wieder auf, so unterscheiden sich sowohl der Weg, den die Unternehmen nehmen, als auch die insgesamt entstehenden Gestalten mitunter deutlich. Um zum Ziel zu gelangen, sind das ernst gemeinte Commitment des Top-Managements und ein individueller – je nach Ausgangsbasis mitunter längerer – Entwicklungsprozess im Unternehmen erforderlich. Vor allem ist aber eine Investition in das erforderlich, was sehr gute Arbeitgeber am Ende immer ausmacht und doch gerade im Management oft schwer fällt: Vertrauen! Es ist unserer Überzeugung nach für alle Beteiligten gewinnbringend. Daher erachten wir es als wünschenswert, wenn viele Unternehmen diesen Weg gehen, und wir hoffen, dass die *guten Beispiele* in diesem Buch dazu Anregung und erste Orientierung geben.

Der folgende Beitrag verdichtet und kommentiert die Aussagen und Empfehlungen, die die Top-Führungskräfte der 50 Siegerunternehmen Fach- und Führungskräften für ihre berufliche Laufbahn geben.

Bilderbuchkarriere, Zick-Zack-Karriere oder keine Karriere?

von Dr. Volker Casper

Anregungen für einen (selbst-)bewussten Umgang mit der eigenen Karriere

Traditionellerweise wird unter „Karriere" eine erfolgreiche Berufslaufbahn verstanden, die sich durch kontinuierlichen Aufstieg, permanenten Zuwachs an Einfluss, Macht und Ansehen sowie nicht zuletzt auch deutliche Gehaltssteigerungen auszeichnet. Solcherart „Bilderbuchkarriere" zu machen wird – glaubt man entsprechenden Prognosen – in Zukunft schwieriger werden, zumal auch im einzelnen Unternehmen verortete klassische Karriereverläufe tendenziell an Bedeutung verlieren. Nicht mehr der hierarchische Aufstieg bei einem einzigen Arbeitgeber wird das zukünftige Karrierebild prägen, sondern diskontinuierliche, stark individualisierte „Zick-Zack-Karrieren", die vor allem durch unterschiedlich lange Beschäftigungszeiten in verschiedenen Unternehmen auf unterschiedlichen Funktionsebenen gekennzeichnet sind. Darüber hinaus begrenzen flache und auf Flexibilität ausgerichtete Organisationsformen die Karriereoptionen und Karrierewege. Möglicherweise eröffnen sich in Zukunft aber auch neue Wege und Strategien für erfolgreiche Karriereverläufe.

Aus dieser Entwicklung ergibt sich die Konsequenz, dass die Verantwortung für die Karriere mehr und mehr von der Organisation auf das Individuum verschoben werden könnte. Daher lohnt es, auf die persönlichen Erfahrungen erfolgreicher Manager zurückzugreifen. Vorstände, Geschäftsführer und Personalleiter der 50 Siegerunternehmen des Great Place to Work® Wettbewerbs *Deutschlands Beste Arbeitgeber 2005* wurden in diesem Zusammenhang befragt, welche Karriereempfehlungen sie jungen Fach- und Führungskräften mit auf den Weg geben können. Die vielfältigen Ergebnisse werden im folgenden Beitrag in verdichteter Form dargestellt.

Karriereempfehlungen der Wettbewerbssieger
Deutschlands Beste Arbeitgeber 2005

Derjenige, der sich mit einer möglichen eigenen Karriere beschäftigt, sollte zu Beginn und im Verlauf gründlich klären, ob er seine berufliche Entwicklung wirklich auf eine Karriere hin ausrichten will. Denn die mit der persönlichen Berufswelt zwar verknüpfte bei Weitem aber nicht davon abhängige eigene Lebenszufriedenheit, baut nicht zwingend auf der Entwicklung einer Karriere auf. Viele Arbeitnehmer auch in verantwortlichen Positionen machen daher durchaus einen „sehr guten Job", ohne sich aber weit über das erforderliche Maß hinaus zu engagieren. Sie bleiben – von ihrer Grundtendenz, wie es leicht missverständlich klingen kann – eher „freizeitorientiert", verzichten auf Karrieremöglichkeiten, und dies oft ganz bewusst. Andere wiederum konzentrieren ihre beruflichen Talente nicht auf die mit dem Karrierebegriff assoziierten Merkmale. Sie bevorzugen alternative Arbeitsfelder abseits größerer Wirtschafts-, Verwaltungs- oder Wohlfahrtseinrichtungen, die Karrieren im genannten Sinne überhaupt erst ermöglichen.

Wer sein berufliches Streben hingegen auf eine Karriere ausrichtet, sollte sich bewusst sein, dass er die Arbeit mit all ihren positiven wie negativen Aspekten ins Zentrum seines Lebens stellt. Denn ganz gleich wie zukünftige Karrieremuster im Einzelnen aussehen werden: Überdurchschnittlich hohes Engagement und das Bestreben, in jeder Situation das Beste zu geben, werden zentrale Karrierebausteine bleiben.

Anfänglich ist dabei eine individuelle Karrieredefinition ausschlaggebend, die sowohl individuelle Karrierewünsche als auch gesamtwirtschaftliche sowie organisable Möglichkeiten und Anforderungen berücksichtigt. Hierzu ist es notwendig, die eigenen Fähigkeiten, Stärken und Interessen genau zu kennen. Insbesondere das Wissen um die eigenen Stärken ermöglicht die Adressierung von Lernfeldern, in denen die meisten Ressourcen eingesetzt werden sollten. So können später herausragende Leistungen erbracht werden.

Der Wille zum lebenslangen Lernen erscheint als zentraler übergreifender Karrierefaktor: Es bedarf einer stabil hohen Lernmotivation über die gesamte Berufslaufbahn, um die eigenen Kompetenzen beständig auszubauen und das eigene Wissensfundament kontinuierlich zu erweitern. Dazu zählen neben den allgemeinen und spezifischen Wissensfeldern aus Studium oder Ausbildung die kontinuierliche Aneignung von überdurchschnittlichem Produktwissen, Prozess- und Ablaufkenntnissen sowie nicht zuletzt auch ein tief gehendes Verständnis der sozialen Zusammenhänge des jeweiligen Unternehmens. Mit der Motivation zu lebenslangem Lernen sollte ein hohes Maß an Flexibilität verbunden sein, das auch anderweitig karriereförderlich eingesetzt werden kann. Sich flexibel auf neue Situationen einstellen zu können, Veränderungen im Kern als Herausforderung und nicht als Bedrohung zu erleben sowie Erneuerung als ein Prinzip des Lebens zu verstehen sind ausschlaggebende Voraussetzungen, um auf der Karriereleiter nach oben zu steigen. Das gegenwärtige Wirtschaftsleben, das sich in immer stärkerem Maße global organisiert und von permanentem Veränderungsdruck gekennzeichnet ist, stellt hier hohe Anforderungen. Flexibilität ist daher im kognitiven, emotionalen wie auch im raumzeitlichen Sinne gefragt.

Herausforderungen suchen, annehmen und gestalten

Karrierewillige sollten proaktiv Neuland betreten und bereit sein, Risiken einzugehen. Dies bedeutet auch, gezielt nach Herausforderungen zu suchen, denen das bestehende Kompetenzspektrum zunächst noch nicht ganz gewachsen scheint. Ein Rat, dem allerdings nur mit Bedacht gefolgt werden sollte. Geht es doch nicht darum, dass sich Karrierekandidaten permanent überfordern. Anspruchsvolle Ziele müssen realistisch und damit erreichbar bleiben. Nur so sind notwendige Erfolgserlebnisse gewährleistet, und nur so können sich die karrierefördernden Effekte entfalten.

Unrealistisch hoch angesetzte Ziele führen hingegen zwangsläufig zu Frustrationserlebnissen. Erfolgt dies systematisch, gehen damit Demotivation und eine Infragestellung der eigenen Selbstwirksamkeit einher. Selbstwirksamkeit bedeutet: Inwiefern bin ich davon überzeugt, mit Hilfe meiner Kompetenzen mir selbst gesteckte Ziele erreichen zu können? Hohe Selbstwirksamkeitserwartungen ermöglichen das Setzen anspruchsvoller Karriereziele und begünstigen die Bereitschaft, Herausforderungen anzunehmen. Dies wirkt sich positiv auf die Karriereentwicklung aus. Der Effekt kehrt sich allerdings um, wenn hohe Karriereziele auf Basis niedriger Selbstwirksamkeitserwartungen formuliert werden.

Unmittelbar mit der Vorstellung der eigenen Selbstwirksamkeit verbunden ist das „Bild von sich selbst", das so genannte „Selbstkonzept". Dieses Bild ist das Ergebnis der selbst wahrgenommenen Begabungen, Fähigkeiten, Motive, Einstellungen und Werte. Je transparenter und bewusster dieses Selbstbild ist, desto gezielter können karriereförderliche Maßnahmen eingeleitet werden. Dies kann zum Beispiel in Form einer Stärkenförderung, eines Einstellungswandels oder der Steigerung intrinsischer Motivationsanreize erfolgen.

Wesentlich ist: Selbstwirksamkeit und Selbstkonzept sind handlungswirksame Bedingungen und bestimmen, was zukünftig als herausfordernd angesehen wird und wie die Handlungsergebnisse beurteilt werden. Vor diesem Hintergrund wird empfohlen, seine Karriere nur grob zu planen. „Nicht zu viel auf einmal" lautet die besondere Devise. Denn: „Wer zu ehrgeizig ist, riskiert irgendwann, von den eigenen Ellbogen blockiert zu werden." Das Planen der Karriere sollte daher auf kleine, kontrollierbare Schritte fokussieren, die flexibel angepasst werden können, ohne dass der Karrierekurs aus den Augen verloren wird. Damit zielt Karriereplanung in erster Linie auf die Übernahme wichtiger konkreter Aufgaben und die vorausschauende, schrittweise Erweiterung von Verantwortungsbereichen.

Eine Garantie für die Erreichung langfristiger Karriereziele gibt es allerdings nicht. Dies gilt auch für diejenigen, die klassische Basisbausteine positiver Karrieren erfüllen: guter Studienabschluss, umfassende Fremdsprachenkenntnisse, Stationen im Ausland, Projekt- und Führungserfahrung.

Auch wenn es alltagssprachlich heißt, Karriere „macht" man, so ist diese im Ganzen letztlich doch genauso wenig planbar wie das Leben selbst. Karriere ist nicht zuletzt auch das Ergebnis eines dynamischen sozialen Prozesses.

Soziale Prozesse beachten, Networking üben

In sozialer Perspektive werden Karrieren zwischen den Protagonisten eines Unternehmens ausgehandelt: Vorgesetzte, Personalentwickler und Mitarbeiter. Insbesondere, wenn es um höhere Stufen der Karriereleiter geht. Hier ist es wichtig, unternehmenspolitisches Geschick auszubilden und einzusetzen, sodass die Loyalität entscheidender Fürsprecher gesichert wird, wichtige Beziehungen aufgebaut und Allianzen geknüpft werden. Maßgeblich für diese Aufgaben sind die eigene soziale Kompetenz und insbesondere die Kommunikationsfähigkeiten. „Die Fähigkeit, sich in sein Gegenüber „einzudenken" und entsprechend zu kommunizieren, ist die essentielle Voraussetzung für wachsende Verantwortung. Kommunizieren bedeutet nicht zuletzt Zuhören, nur so entwickelt man ein „feines Gespür" für die Politik und Kultur eines Unternehmens. Gerade dieser soziale Aspekt von Karrieren macht sie nur bedingt planbar. Unvorhersehbares und per se nicht Planbares spielen eine nicht zu unterschätzende Rolle. Der Einzelne kann jedoch dafür sorgen, dass sich solche „Zufälle" entwickeln können, und für seine eigenen Zufallsoptionen sorgen. Ein wichtiger Baustein solcher Optionen ist das Engagement in unternehmensinternen und -externen Netzwerken.

Gerade der Gedankenaustausch mit „diverse minds" ist eine wichtige Quelle für Information und Inspiration. Netzwerkarbeit ist ein langfristiges Projekt, das aufstrebende Führungskräfte frühzeitig starten sollten. Erst über einen längeren Zeitraum können das karriereförderliche Potenzial und das notwendige Vertrauen aufgebaut werden. Dabei sollte als Regel befolgt werden: Erst geben, dann nehmen.

Unternehmenskultur beachten
Karrierefenster nutzen

Der Rahmen einer individuellen Karriereentwicklung wird durch die Kultur eines Unternehmens gesetzt. Daher sollten Karriereaspiranten die Passung der persönlichen Werte und Normen mit denen des Unternehmens überprüfen. Wer sich mit der Kultur eines Unternehmens nicht identifizieren kann, wird es schwer haben, in diesem Unternehmen seine Karriere voranzutreiben. Falls dies bewusst wird, ist es oft sinnvoller, das Unternehmen zu wechseln, als sich „festzubeißen". Jedem Karrierewilligen sei geraten, sich gründlich mit der Kultur eines Unternehmens auseinander zu setzen, indem er unter anderem grundlegende Unternehmens- und Führungsleitbilder studiert. Auch die Personalentwicklungsprogramme geben Hinweise, welchen Wert die Förderung von Mitarbeitern in dem jeweiligen Unternehmen hat. Die Chancen, die Förderungsprogramme bieten, sollten aktiv genutzt werden. Denn: Jede Karrierechance hat ihr besonderes Zeitfenster, permanent öffnen und schließen sich diese Fenster in unserem Berufsleben. Wichtigste Voraussetzung zur Nutzung solcher „Karriere-Slots" ist wiederum ein möglichst transparentes Selbstkonzept. Auf dieser selbst-bewussten Basis ist die Wahrnehmung geschärft, Chancen zu erkennen und zu nutzen. Konkret bedeutet dies: Als Karriereaspirant kenne ich meine Stärken und Schwächen. Sobald sich die Möglichkeit ergibt, meine Stärken durch Weiterbildungsmaßnahmen, herausfordernde neue Aufgaben oder interessante Kontakte weiter auszubauen, trete ich aktiv an meine Führungskraft heran und überzeuge sie, dass die vorliegende Möglichkeit genutzt werden sollte und ich der geeignete Kandidat dafür bin.

Sensibel für Karrierefenster zu sein hat deshalb eine hohe Bedeutung, da diese im umgrenzten Zeitraum in gleicher Form nicht wiederkehren. Dies gilt im Übrigen auch für die Möglichkeit, interkulturelle Erfahrungen zu machen, die grundlegend für Karriereschritte in multinationalen Unternehmen sind. Das Credo erfahrener Manager lautet daher: *Karriereaspiranten, schärft eure Wahrnehmung, erkennt eure Chancen und nutzt sie.*

Persönlichkeit entwickeln

Karrieren werden von unserer gegenwärtigen kurzlebigen Zeit geprägt. Damit sind kurzfristige Erfolge zu Motoren der Karriereentwicklung geworden. Manche Karriereaspiranten, die kurzfristige Erfolge schaffen, steigen so schneller als früher auf und besetzen unter Umständen schon in jungen Jahren – und oft auch früher, als ihnen vielleicht wirklich lieb sein mag – geschäftsführende Managerposten. Auf der Strecke bleibt nicht selten die Persönlichkeitsentwicklung, da die relevante Entwicklungszeit hierfür schlichtweg zu kurz ist. „Persönlichkeit ist entgegen ihrer Begrifflichkeit weniger das Ergebnis von Selbstbewusstsein und Ich-Entwicklung, sondern ein kognitives Phänomen: Ein Mensch wird als Persönlichkeit wahrgenommen, wenn er Ruhe ausstrahlt, Verantwortung übernimmt, Entscheidungen umsetzt, partnerorientiert arbeitet, zuhört, Interesse an anderen zeigt, umgänglich ist und Fehler eingesteht." Diese mit dem Begriff Persönlichkeit verbundenen Merkmale sind an ein hohes Maß an Selbstreflexion gebunden. Nicht immer lässt sich dieses notwendige Maß an Selbstreflexion in Eigenregie entwickeln; daher empfehlen Manager der 50 Wettbewerbssieger, einen Mentor zu nutzen. Im Verlauf der beruflichen Entwicklung sollte sich jeder – wenn möglich im Unternehmen – einen Mentor, eine echte Persönlichkeit, zu der Vertrauen besteht, suchen und ihn oder sie gelegentlich um Rat fragen. Ein Mentor ist in der Lage, einem den inhaltlichen Karrierepfad aufzuzeigen und vor allem die eigene Persönlichkeit bewusster zu machen. „Auf meinem Weg habe ich durch den zusätzlichen Blickwinkel von außen mich mehr und mehr kennen lernen dürfen. Auch wenn manche Erfahrungen und Kenntnisse schwer bzw. schwer zu akzeptieren waren, bin ich für diesen „inneren Weg" dankbar. Die Kenntnisse über meine eigene Person und wie ich mich vor allem in das Arbeitsleben hineinprojiziere, ermöglichen es mir heute mit Integrität, Situationen besser einzuschätzen, andere Menschen und ihre Bedürfnisse wichtig zu nehmen und die richtige Unterstützung zu bieten. bzw. meiner Bereitschaft Verantwortung zu tragen standzuhalten." Eine mentorielle Beziehung aufzubauen basiert auf dem aktiven Herangehen des Ratsuchenden an potenzielle Mentoren. Zeigt eine Person Interesse an einer Mentorentätigkeit, so ist die Form des Mentoring abzuklären. Es versteht sich von selbst, dass sowohl Mentor als auch Mentee verantwortungsvoll mit dieser Beziehung umgehen. Eine karriereförderliche Unterstützung muss nicht auf eine Person begrenzt sein, ebenso kann diese von mehreren Personen für spezifische Fragestellungen geleistet werden.

Abschließend sei der Versuch eines Fazits zum (selbst-)bewussten Umgang mit dem Thema Karriere erlaubt: Gegenwärtige Karriereentwicklungen erscheinen komplex, manchmal paradox, aber auch bis zu einem gewissen Grad beeinflussbar. Klassische und „neue" Karrieremuster schließen einander dabei nicht aus.

Die Empfehlungen von Vertretern der Wettbewerbssieger *Deutschlands Beste Arbeitgeber 2005* machen insgesamt deutlich, dass „Karriere machen" heutzutage vor allem eines bedeutet: sich selbst zu finden. Daher gelten die Worte des französischen Malers Henri Matisse:

„Man muss sicher auf festem Boden gehen können, ehe man mit dem Seiltanzen beginnt."

Teil II

Die Gewinnerunternehmen

Das Feld der Sieger des Wettbewerbs *Deutschlands Beste Arbeitgeber* ist auch im Jahr 2005 bunt gemischt: Neben bekannten Unternehmen wie SAP, Microsoft und Boehringer Ingelheim finden sich relativ unbekannte Firmen wie Innovex und science + computing. Neben Unternehmen mit 10.000 Mitarbeitern wie Tchibo und Peek & Cloppenburg stehen solche mit etwa 100 Mitarbeitern wie Sapient oder Meta Design. Gemeinsam sind allen Unternehmen das nachhaltige Engagement für eine positive und wertschätzende Kultur im Unternehmen und die entsprechend positive Bewertung durch die Mitarbeiter.

Zu jedem Unternehmen findet der Leser jeweils fünf Beschreibungen beziehungsweise Beiträge.

1.) Zu Beginn jedes Beitrags geben allgemeine Informationen einen Überblick über Tätigkeit, Herkunft und Struktur.

2.) Das Unternehmen aus Great Place to Work® Sicht zeigt die zentralen Ergebnisse in den fünf Dimensionen des Great Place to Work® Modells:

Glaubwürdigkeit

⮑ Offene und uneingeschränkte Kommunikation durch das Management

⮑ Kompetente Organisation personeller und materieller Ressourcen

⮑ Integrität und Konsistenz bei der Umsetzung von Zielsetzungen

Respekt

⮑ Unterstützung der beruflichen Entwicklung und Anerkennung von Leistungen durch das Management

⮑ Zusammenarbeit mit den Mitarbeitern bei relevanten Entscheidungen

⮑ Berücksichtigung der individuellen, persönlichen Lebenssituation der Mitarbeiter

Fairness

⮑ Ausgewogene Behandlung aller Mitarbeiter im Hinblick auf Vergütung und Anerkennung

⮑ Keine Bevorzugung Einzelner im Rahmen von Einstellung und Beförderung

⮑ Keine Diskriminierung und die Möglichkeiten zur Beschwerde

Stolz

⮑ Auf seine persönliche Arbeit und seinen individuellen Beitrag

⮑ Auf die Arbeit seines Teams oder seiner Arbeitsgruppe

⮑ Auf die Produkte und Dienstleistungen der Organisation sowie deren Stellung in der Gesellschaft

Teamorientierung

⮑ Möglichkeit, man selbst zu sein

⮑ Freundliche und einladende soziale Atmosphäre im Unternehmen

⮑ Teamgeist, „Familiensinn"

Jede Dimension enthält ausgewählte Ergebnisse des Wettbewerbs. Es handelt sich um eine Kombination aus statistischen Werten, Kommentaren der Mitarbeiter sowie Konzepten und Maßnahmen, die charakteristisch sind für jedes Unternehmen. Punkte verdeutlichen die Gesamtbewertung der jeweiligen Dimension: Acht Punkte sind maximal erreichbar. Dieser Wert symbolisiert ein ausgezeichnetes Ergebnis. Drei Punkte verdeutlichen eine gute Leistung. Diese Wertung markiert zugleich das Minimum, um in den Kreis der 50 Sieger aufgenommen zu werden.

3.) Die Unternehmensfakten helfen besonders den Wechselwilligen. Sie bekommen auf einen Blick alle wichtigen Informationen wie Standort und Niederlassungen, gefragte berufliche Qualifikationen und die Internetadresse, um bei Interesse selbst mehr über das Wunschunternehmen zu recherchieren. Für Hochschulabsolventen sind zudem die Einstiegsgehälter der jeweiligen Arbeitgeber eine nützliche Information.

4.) „Drei Fragen an ..." geben einen Eindruck von den Erfahrungen und Prinzipien der Frau oder des Mannes an der Spitze des Unternehmens oder an der Spitze der Personalarbeit.

5.) Die Bewerberanforderungen legen dar, worauf es dem Unternehmen bei neuen Mitarbeitern besonders ankommt. Dazu gehören Sprachkenntnisse, Kundenorientierung, aber auch der Spaß an Mode oder Vertrieb.

3M Deutschland GmbH, Neuss

MULTITALENT MIT VIEL FREIRAUM

Für die vielen Unternehmen in einem Unternehmen gilt als durchgängiges Prinzip: Freiräume nutzen und eigenverantwortlich arbeiten.

Die 3M Deutschland GmbH mit Hauptsitz in Neuss ist eine Tochter des US-amerikanischen Multi-Technologie-Konzerns 3M. Der breiteren Öffentlichkeit ist das Unternehmen insbesondere durch „Post-it"-Haftnotizen, „Scotch"-Klebebänder oder „Scotch-Brite"-Haushaltsprodukte bekannt. Das komplette 3M-Produktspektrum ist jedoch bedeutend breiter. Es umfasst mehrere zehntausend Produkte, verteilt auf sieben Geschäftsbereiche, die überwiegend im B2B-Sektor liegen: Display und Grafik, Elektro und Kommunikation, Endverbraucher und Büro, Gesundheitswesen, Industrie, Sicherheit und Schutzfunktionen sowie Transport.

3M steht für „Minnesota Mining & Manufacturing" und wurde 1902 in St. Paul / Minnesota gegründet. In Deutschland ist der Mischkonzern seit 1951 vertreten. Zur 3M Deutschland GmbH zählen neben der Hauptverwaltung in Neuss auch die Produktionsstätten in Hilden und Kamen, die Zweigniederlassung der 3M Medica und das Customer Technical Center in Neuss sowie das europäische Distributionszentrum in Jüchen.

Im Jahr 2004 beschäftigte 3M Deutschland 2.827 Mitarbeiter, weltweit zählte 3M im gleichen Zeitraum 66.740 Beschäftigte. Der Konzernumsatz belief sich auf 20 Milliarden US-Dollar, wovon 1,1 Milliarden Euro durch 3M Deutschland erwirtschaftet wurden.

Im Wettbewerb *Deutschlands Beste Arbeitgeber 2005* belegt die 3M Deutschland GmbH Gesamtrang 26 unter den Top 50-Arbeitgebern und Platz 13 in der Kategorie der Unternehmen von 501 bis 5.000 Mitarbeitern in Deutschland.

Unternehmensergebnisse aus dem Wettbewerb 2005

7–8 Punkte: ausgezeichnet, 5-6 Sterne: sehr gut, 3-4 Sterne: gut.

Glaubwürdigkeit

Teil der gelebten Unternehmenskultur bei 3M ist es, dass die Mitarbeiter bei der Erledigung ihrer Arbeit große Freiräume erhalten und das Management in ihre Selbständigkeit und das Qualitätsverständnis der Mitarbeiter vertraut. Die Befragungsergebnisse bestätigen dies: 86 Prozent der Mitarbeiter bringen zum Ausdruck, dass sie viel Verantwortung erhalten. Weiterhin legt das Unternehmen großen Wert auf eine offene Informations- und Kommunikationspolitik. Über Intranet und E-Mail, dem unternehmenseigenen Sender 3M TV und der Mitarbeiterzeitung 3M intern wird die Belegschaft fortlaufend über Aktuelles aus dem Unternehmen informiert. Regelmäßige Treffen auf allen Ebenen geben zusätzliche Möglichkeiten zum persönlichen Austausch mit Kollegen und Management. Jeder Mitarbeiter ist dem Prinzip verpflichtet, Informationen konsequent zu teilen, um optimale Ergebnisse für das Unternehmen zu erzielen und anderen in ihrer Entwicklung zu helfen.

Respekt

Das Unternehmen setzt auf die Spontanität, den Ideenreichtum und die Gestaltungskraft seiner Mitarbeiter. So wird beispielsweise jedem Mitarbeiter aus der Forschungs- und Entwicklungsabteilung eingeräumt, 15 Prozent seiner Arbeitszeit auf Projekte zu verwenden, die auf die eigene Initiative und Forschungskreativität zurückgehen und zurzeit nicht aktiv vom Unternehmen gesponsert werden. Des Weiteren kommt der flexiblen Arbeitszeitgestaltung eine große Rolle zu. Überdurchschnittliche 83 Prozent der Mitarbeiter bekunden, dass sie sich freie Zeit nehmen können, wenn sie dies für notwendig halten. Ein weiteres Merkmal des Unternehmens ist eine ausgeprägte Kultur der Anerkennung von Leistung und Einsatz. Firmeninterne „Awards", die 3M jährlich für besonders erfolgreiche Teamarbeit vergibt, sind ebenso erwähnenswert wie das Programm *Spot Recognition*, das beinhaltet, dass die Führungskräfte über ein Budget zur spontanen Gratifikation ihrer Mitarbeiter verfügen. Auch die Rahmenbedingungen der Arbeit stimmen. So bestätigen überdurchschnittliche 92 Prozent der Befragten, dass die Mitarbeiter die notwendigen Mittel erhalten, um ihre Arbeit gut zu erledigen.

Fairness

Die finanzielle Vergütung bei 3M liegt über dem Branchendurchschnitt, und so bestätigen überdurchschnittliche 77 Prozent der Mitarbeiter, dass sie für die geleistete Arbeit angemessen bezahlt werden. Von den zahlreichen Lohnnebenleistungen ist vor allem die betriebliche Altersvorsorge hervorzuheben, die ebenfalls deutlich über dem Industriestandard liegt und zu der keine Mitarbeiterbeiträge erhoben werden. In puncto Neutralität und Gerechtigkeit zeigt sich 3M besonders progressiv bei der Integration der weiblichen Mitarbeiter im Rahmen der Karriereentwicklung und -förderung. In allen Programmen für Potenzialträger und Führungskräfte stieg in den zurückliegenden Jahren kontinuierlich der Anteil der Teilnehmerinnen. Bereits jetzt stellen Frauen bis zu ein Drittel der Geförderten. Eindrucksvolle 96 Prozent der Befragten stimmen der Aussage „Die Mitarbeiter werden unabhängig von ihrem Geschlecht fair behandelt" zu. Ein hohes Maß an Eigenverantwortung und flache Hierarchien ermöglichen jedem Mitarbeiter, sich in wichtige Arbeitsabläufe einzubringen. Die Wettbewerbsergebnisse bestätigen: 94 Prozent der Befragten erleben, dass sie unabhängig von ihrer Position als vollwertiges Mitglied behandelt werden.

Stolz

Der mit 85 Prozent weit überdurchschnittliche Anteil der Befragten, die in Betracht ziehen, bis zu ihrem Ruhestand bei 3M zu arbeiten, spricht für eine hohe Verbundenheit mit ihrem Arbeitgeber. Durch die Unterstützung diverser sozialer Programme fördert das Unternehmen zusätzlich die Identifikation der Mitarbeiter. So wird 3M beispielsweise durch die gezielte Förderung zahlreicher Schulen im Umfeld der Standorte seiner gesellschaftlichen Verantwortung gerecht. Die Mitarbeiter erkennen dieses Engagement an: Bemerkenswerte 90 Prozent der Befragten loben die Art und Weise, in der das Unternehmen einen Beitrag für die Gesellschaft leistet.

Teamorientierung

Aufgrund der komplexen Organisationsstruktur und der Vielzahl an Branchen, in denen das Unternehmen tätig ist, kommt es bei den Beschäftigten zu häufigen Wechseln zwischen Abteilungen oder Geschäftsfeldern. Der 3M-Geist erleichtert Neuanfang und Integration ins Team: Überdurchschnittliche 91 Prozent der Befragten fühlen sich bei einem Wechsel gut aufgenommen. Letztlich steht die gute Zusammenarbeit für alle Beteiligten im Vordergrund, und es herrscht eine angenehme Arbeitsatmosphäre, was auch von 93 Prozent der Befragten bestätigt wird. Auch das Feiern kommt bei 3M nicht zu kurz: Jährlich treffen sich Mitarbeiter und ihre Angehörigen aus zahlreichen Nationen zum gemeinsamen Feiern und geben den 3M-Familien- und Sommerfesten einen internationalen Flair.

Drei Fragen an ...

Josef Mrozek, Personal- und Arbeitsdirektor, 51 Jahre

Was muss Ihnen ein Unternehmen persönlich bieten, damit Ihnen die Arbeit Freude macht?
Ein hohes Maß an Verantwortung, Freiraum und eine Unternehmenskultur, die Leistung anerkennt und die persönliche Entwicklung fördert.

Welche Empfehlung für die Karriereentwicklung können Sie aufgrund Ihrer Erfahrung jungen Fach- und Führungskräften mit auf den Weg geben?
Mutig sein und bereit sein, die eigene Komfortzone zu verlassen.

Wie lautet Ihr persönlicher Leitsatz für erfolgreiches Management?
Sich selbst treu bleiben, persönliche Integrität wahren und respektvoll mit Mitarbeitern zusammenarbeiten.

Bewerberanforderungen

Was muss ein Bewerber mitbringen, damit er zu 3M Deutschland passt?
Über die fachliche Qualifikation hinaus legen wir großen Wert auf eine positive Grundhaltung Neuem gegenüber. Sie sollten sich in einer Arbeits-

atmosphäre wohl und gefordert fühlen, die durch Freiräume, Engagement, Eigeninitiative und Verantwortung gekennzeichnet ist. Die Übernahme von Projekten, Teamarbeit sowie Kommunikation und Kooperation sind für unsere Mitarbeiter genauso selbstverständlich wie die eigenverantwortliche Gestaltung ihrer Weiterbildung.

Unternehmensfakten

Unternehmensname	3M Deutschland GmbH
Branche	Mischkonzern
Zahl der Mitarbeiter in 2004 in Deutschland	2.827
Gesamtmitarbeiter in 2004 (international/konzernweit)	66.740
Umsatz im Jahr 2004 national	circa 1.100 Millionen Euro
Umsatz im Jahr 2004 international	20 Milliarden US-Dollar
Firmensitz	Carl-Schurz-Str. 1 41453 Neuss
Homepage	international: www.3m.com national: www.3m.com/de
Beschäftigte Berufsgruppen (nach ihrer Häufigkeit)	Gewerbliche Mitarbeiter in Produktion und Lager, Vertrieb & Marketing, Ingenieure, Chemiker bzw. Naturwissenschaftler, Mitarbeiter im Bereich Logistik
Anfangsgehalt für Einsteiger (nach Berufsgruppen gereiht)	Vertrieb) Marketing) Ø 40.000 Euro Ingenieure u. Naturwissenschaftler)

Durchschnittliches Jahresgehalt nach fünf Jahren (gereiht nach Berufsgruppen)	Vertrieb) Marketing) Ø 65.000 Euro Ingenieure u. Naturwissenschaftler)	
Bewerberinformationen	Silvia Wegh Personalrecruitment Carl-Schurz-Str. 1 41453 Neuss Tel.: 02131-142255 www.3Mjobs.de	
Weiterbildungsstunden pro Jahr für die größte Berufsgruppe	Produktionsmitarbeiter circa 25–40 Stunden Angestellte circa 40–80 Stunden	
Anteil der Mitarbeiter unter 35 in Prozent	24,0 Prozent	
Frauenanteil in Prozent	28,7 Prozent	

adesso AG, Dortmund

a d e s s o

INFORMATIONS- DIENSTLEISTER MIT VIELEN NETZEN

Direkte Kommunikation, flexible Netzwerkstrukturen und das Engagement des Einzelnen werden begleitet von konsequenter Unterstützung des Teamgeistes.

Die adesso AG mit Stammsitz in Dortmund ist ein IT-Dienstleister und Beratungshaus im Bereich Electronic Business. Im Zentrum der Aktivitäten steht die Unterstützung von Unternehmen bei der effizienten Gestaltung von Geschäftsprozessen unter Anwendung modernster informationstechnischer Möglichkeiten. Das Leistungsportfolio umfasst dabei die strategische und technologische Unternehmensberatung sowie die Entwicklung und Implementierung von Individual-Software. Zu den Auftraggebern von adesso zählen schwerpunktmäßig Versicherungen, Rückversicherungen, Banken sowie staatliche Lotteriegesellschaften. Die 1997 gegründete nichtbörsennotierte adesso AG unterhält neben Dortmund weitere Standorte in Berlin, Frankfurt, Köln und München. Zum Unternehmensverbund von adesso gehören eine Reihe von Beteiligungen wie beispielsweise die e-Spirit GmbH und die Comema AG. Darüber hinaus kooperiert das Unternehmen mit zahlreichen Universitäten und Forschungseinrichtungen. Die adesso AG verzeichnete 2004 einen Umsatz von 13,4 Millionen Euro und beschäftigte 172 Mitarbeiter.

Im Wettbewerb *Deutschlands Beste Arbeitgeber 2005* belegt die adesso AG Gesamtrang 25 unter den Top 50-Arbeitgebern und Platz 11 in der Kategorie der Unternehmen von 100 bis 500 Mitarbeitern in Deutschland.

Unternehmensergebnisse aus dem Wettbewerb 2005

7–8 Punkte: ausgezeichnet, 5-6 Sterne: sehr gut, 3-4 Sterne: gut.

Glaubwürdigkeit

Die folgende Aussage eines Mitarbeiters beschreibt die Beziehung zwischen Führungskräften und Mitarbeitern auf eine treffende Art und Weise: „Bei uns wird eine Open-Door-Policy gelebt, wir sind das gar nicht anders gewohnt, die Vorstände sind jederzeit ansprechbar, auch zwischen Tür und Angel." Das Angebot an direkten Kommunikationsmöglichkeiten wird von den Mitarbeitern wahrgenommen und mit einem hohen Maß an Selbstverständlichkeit genutzt. In der Befragung bestätigen eindrucksvolle 94 Prozent der Befragten die Aussage: „Das Management ist gut erreichbar und unkompliziert anzusprechen." In diesem Zusammenhang findet in regelmäßigen Abständen von zwei bis vier Wochen an allen Standorten ein *Jour Fixe* in Form eines Frühstücks statt, auf dem der Vorstand über Änderungen beim Personal, neu akquirierte Projekte sowie wichtige Betriebsergebnisse berichtet. Die Protokolle zu diesen Veranstaltungen werden dabei stets im Intranet hinterlegt und allen nicht Anwesenden zugänglich gemacht. Ein weiteres herausragendes Merkmal sind die flexiblen organisatorischen Regelungen, die dafür sorgen, dass netzwerkartige Einheiten entstehen, die eigenverantwortlich arbeiten und sich gegenseitig mit Ressourcen und Know-how unterstützen. Die Befragten würdigen das ihnen so entgegengebrachte Vertrauen. 91 Prozent bestätigen, dass das Management auf die gute Arbeit der Mitarbeiter vertraut, ohne sie ständig zu kontrollieren.

Respekt

Mitarbeiter fordern und fördern ist bei adesso Programm. Durchschnittlich 35 Weiterbildungsstunden pro Jahr bietet das Unternehmen den Diplom-

Informatikern und damit der größten Berufsgruppe im Unternehmen. Im Rahmen des für alle verbindlich geltenden Jahresgesprächs werden für jeden Mitarbeiter individuelle Weiterbildungziele vereinbart. Dazu gehören fachliche und technische Schulungen, Seminare und Konferenzteilnahmen. Zusätzlich bietet adesso seinen Mitarbeitern Soft-Skill-Schulungen an, die auf Bildungsthemen wie Kommunikation, Präsentation, Rhetorik, Projekt-, Zeit- und Konfliktmanagement eingehen. Diese Angebote richten sich an Mitarbeiter aller Hierarchieebenen und finden zu großen Teilen während der regulären Arbeitszeit statt. Ambitionierte Mitarbeiter, die eine Promotion oder einen MBA anstreben, werden darüber hinaus durch individuelle Freistellungen bis hin zu mehrmonatigen Sabbaticals unterstützt. Zur Gratifikation herausragender Leistungen und besonderen Einsatzes unterhält das Unternehmen ein Prämienprogramm. Mitarbeiter, die eine besondere Anerkennung verdient haben, können hierbei vom verantwortlichen Projektleiter nach Projektabschluss für eine Prämierung vorgeschlagen werden, über die das Management dann letztlich entscheidet. In puncto innerbetriebliche Zusammenarbeit dominiert bei adesso die Projektarbeit. Das Management lässt den Mitarbeitern große Entscheidungsspielräume und unterstützt eine offene Fehlerkultur. Überdurchschnittliche 90 Prozent der Befragten bestätigen, dass vom Management anerkannt wird, dass bei der Arbeit auch Fehler passieren können.

Fairness

Zahlreiche Programme ergänzen die materielle Partizipation der Mitarbeiter am Unternehmenserfolg. So haben beispielsweise alle Mitarbeiter die Möglichkeit, über Direktversicherungen oder eine betriebliche Pensionskasse die steuerlichen Vorteile der Entgeltumwandlung auszunutzen. Die adesso AG hat mit Versicherungsunternehmen und einer Pensionskasse spezielle Tarifvereinbarungen ausgehandelt. Ebenfalls werden Zuschüsse zum Kantinenessen gezahlt und allen Mitarbeitern kostenlose Getränke und Snacks zur Verfügung gestellt. Des Weiteren erhalten alle Vollzeitmitarbeiter ein Mobiltelefon zur freien Verfügung und mit dem 24.12. und 31.12. zwei arbeitsfreie Tage ohne Urlaubsabzug. Hoch gelobt wird in den Mitarbeiterkommentaren auch der kostenlose Hemdreinigungsdienst. Großen Zuspruch und lobende Erwähnung erhält außerdem die jährlich organisierte vier- bis fünftägige Sommerreise mit allen Mitarbeitern, die inklusive sämtlicher Kosten finanziert wird. Zielorte waren bislang Mallorca, Tunesien, Ibiza, Kreta, die Türkei und Polen. Bei adesso ist man der Meinung, dass Neutralität und Gerechtigkeit sich durch formale Regelwerke weder erzwingen noch fördern lassen. Aus diesem Grund verzichtet das Unternehmen auf Leitfäden und Beauftragte und setzt auf eine konsequente Vermittlung der Werte von Toleranz und Wertschätzung kultureller Vielfalt. Diese Politik scheint ihr Ziel nicht zu verfehlen. Imponierende 100 Prozent der Befragten geben an, dass die Mitarbeiter unabhängig von Nationalität oder ethnischer Herkunft fair behandelt werden. Weitere 92 Prozent loben den fairen Umgang untereinander und geben an, sich unabhängig von ihrer Position als vollwertiges Mitglied behandelt zu wissen. 90 Prozent der Befragten bestätigen weiterhin, dass unter den Mitarbeitern verdeckte Machenschaften und Intrigen als Mittel um etwas zu erreichen unterlassen werden.

Stolz

Das Unternehmen zählt in Bezug auf das technologische und fachliche Know-how der Berater und Entwickler zu den führenden Unternehmen der Branche und konnte nicht zuletzt aus diesem Grund die zurückliegende Krise der IT-Branche ohne wirtschaftliche Einbußen und personellen Abbau überstehen. adesso weiß um die Bedeutung seiner hochqualifizierten Mitarbeiter und engagiert sich aus diesem Grunde intensiv im Bereich der Nachwuchsförderung. Regelmäßig zeichnet es seinen kreativen Nachwuchs aus. Diese Bemühungen sind von Erfolg gekrönt, denn die Identifikation der Mitarbeiter mit dem Unternehmen stimmt. Beeindruckende 99 Prozent der Befragten bestätigen die Bereitschaft, einen zusätzlichen Beitrag zu leisten, um die Arbeit zur Zufriedenheit aller zu erledigen.

Teamorientierung

Spaß und das Zusammengehörigkeitsgefühl der Belegschaft genießen bei adesso einen hohen Stellenwert. Die gemeinsame Sommerreise erfreut sich großer Beliebtheit, ebenso die aufwändig inszenierte Weihnachtsfeier und das als adesso-Vendetta bekannte Fußballturnier. Sportliche Fitness, verbunden mit einem ausgeprägten Teamgeist, liegen dem Unternehmen besonders am Herzen. So unterstützte das Unternehmen beispielsweise die Teilnahme der adesso-Laufbegeisterten am New-York-Marathon, sponsert City-Läufe und fördert ein Badminton- und Schwimmteam. Der Umgangston im Unternehmen wird als stets freundlich und direkt beschrieben, alle – auch die Vorstände – werden mit „Du" angesprochen. 98 Prozent der Befragten bestätigen demnach auch, dass sie in einer freundlichen Atmosphäre arbeiten. Weitere 95 Prozent der Belegschaft geben an, dass man sich auf die Bereitschaft der Mitarbeiter zur Zusammenarbeit verlassen kann.

Drei Fragen an ...

Dr. Rüdiger Striemer, Mitglied des Vorstandes, 36 Jahre

Was muss Ihnen ein Unternehmen persönlich bieten, damit Ihnen die Arbeit Freude macht?

Für mich ist von Bedeutung, dass ein Unternehmen Rahmenbedingungen für eine stark ausgeprägte hierarchiefreie Teamarbeit bietet. Wichtig ist eine Atmosphäre, die das Engagement des Einzelnen fördert, sein Bewusstsein für den Wert des eigenen Beitrags und den Respekt vor der Leistung der anderen schärft. Dies ermöglicht ein kooperatives und gleichzeitig professionelles Arbeiten für alle Beteiligten, unabhängig von der organisatorischen Ebene.

Welche Empfehlung für die Karriereentwicklung können Sie aufgrund Ihrer Erfahrung jungen Fach- und Führungskräften mit auf den Weg geben?

Das wichtigste Karrierewerkzeug ist Kommunikation. Egal ob Kunde, Kollege oder Vorgesetzter: Die Fähigkeit, sich in sein Gegenüber „einzudenken" und entsprechend zu kommunizieren, ist die essentielle Voraussetzung für wachsende Verantwortung.

Wie lautet Ihr persönlicher Leitsatz für erfolgreiches Management?

Erreichbar sein und zuhören können. Jeder Mitarbeiter soll die Möglichkeit haben, mit dem Management unkompliziert kleine und große Probleme zu besprechen. Die Lösung ergibt sich dann meist im Dialog. Als Manager sollte man nicht dem Irrtum verfallen, Dialog durch Entscheidungsfreude ersetzen zu können. Auch das ist am Ende eine Frage des Respekts.

Bewerberanforderungen

Was muss ein Bewerber mitbringen, damit er zu adesso passt?

Die adesso AG bietet ihren Mitarbeitern abwechslungsreiche und anspruchsvolle Aufgaben in einem jungen und dynamischen Arbeitsumfeld. Unser Arbeitsstil ist geprägt durch Erfahrungsaustausch, gegenseitige Unterstützung und Offenheit. Unsere Mitarbeiter sind erwiesene Experten in fachlichen und technischen Domänen. Dementsprechend suchen wir Mitarbeiter, die durch ihre fachlichen Qualifikationen überzeugen, teamorientiert und kommunikationsstark sind. Bewerber passen zu uns, wenn sie sich durch hohes Engagement, viel Eigenverantwortung sowie durch kunden- und zielorientiertes Handeln auszeichnen. Sicheres Auftreten und die Bereitschaft zur kontinuierlichen persönlichen und fachlichen Weiterbildung sind weitere wesentliche Voraussetzungen.

Unternehmensfakten

Unternehmensname	adesso AG
Branche	IT-Services, Beratung, Softwareentwicklung
Zahl der Mitarbeiter in 2004 in Deutschland	172
Gesamtmitarbeiter in 2004 (international/konzernweit)	211
Umsatz im Jahr 2004 national	13,4 Millionen Euro
Umsatz im Jahr 2004 international	keine Angaben
Firmensitz	Stockholmer Allee 24 44269 Dortmund
Homepage	www.adesso.de
Beschäftigte Berufsgruppen (nach ihrer Häufigkeit)	Diplom-Informatiker, Diplom-Wirtschaftsinformatiker, Fachinformatiker, Diplom-Betriebswirte, kaufmännische Angestellte, studentische Mitarbeiter
Anfangsgehalt für Einsteiger (nach Berufsgruppen gereiht)	keine Angabe

Durchschnittliches Jahresgehalt nach fünf Jahren (gereiht nach Berufsgruppen)	keine Angabe
Bewerberinformationen	www.adesso.de Tel.: 0231-930 9330 E-Mail: jobs@adesso.de
Weiterbildungsstunden pro Jahr für die größte Berufsgruppe	Es gibt einen Richtwert von circa 35 Stunden pro Mitarbeiter und Jahr.
Anteil der Mitarbeiter unter 35 in Prozent	67,5 Prozent
Frauenanteil in Prozent	19,1 Prozent

AIDA Cruises, Rostock

KREUZFAHRER MIT KREATIVITÄT

Ein unkonventioneller Zugang zum Management und ein gutes Betriebsklima schaffen bei AIDA Cruises die Basis für kreatives und eigenverantwortliches Arbeiten.

AIDA Cruises mit Hauptsitz in Rostock und Nebensitzen in Hamburg und im hessischen Neu-Isenburg ist ein Kreuzfahrtunternehmen, das als Reederei und Reiseveranstalter auf Clubschiffen weltweit Seereisen in Regionen wie Mittelmeer, Kanaren, Nord- und Ostsee, Karibik und Mittelamerika bietet.

Die erfolgreiche Firmengeschichte nahm ihren Anfang mit der Taufe des ersten AIDA Schiffes 1996. Seitdem ist die AIDA-Flotte beständig gewachsen und besteht heute aus vier Clubschiffen: AIDAcara, AIDAvita, AIDAaura und AIDAblu. Für 2007 und 2009 ist der Betrieb von zwei weiteren Clubschiffen geplant, die auf der Meyer-Werft in Papenburg gebaut werden. Damit soll die Bettenkapazität der AIDA-Flotte bis 2010 von 5.400 auf insgesamt 9.400 steigen. AIDA Cruises ist im deutschsprachigen Raum mit einem Marktanteil von circa 35 Prozent nach Umsatz (2004: 370 Millionen Euro) und Passagieren (2004: 211.000) Marktführer im Bereich Kreuzfahrten.

Im Jahr 2004 waren etwa 2.300 Mitarbeiter aus 25 Ländern bei AIDA Cruises beschäftigt, davon etwa 300 zu Land und rund 2.000 an Bord der Clubschiffe. Das Unternehmen arbeitet bundesweit mit über 10.000 Touristikpartnern zusammen.

Im Wettbewerb *Deutschlands Beste Arbeitgeber 2005* belegt AIDA Cruises Gesamtrang 43 unter den Top 50-Arbeitgebern und Platz 18 in der Kategorie der Unternehmen mit bis zu 500 Mitarbeitern in Deutschland.

Unternehmensergebnisse aus dem Wettbewerb 2005

7-8 Punkte: ausgezeichnet, 5-6 Punkte: sehr gut, 3-4 Punkte: gut.

Glaubwürdigkeit

„Ich finde es super, dass man mit der Führungsebene und dem Management so toll klar kommt! Einfach spitze!", lobt ein Mitarbeiter sein Verhältnis zum Management. Und dies ist kein Einzelfall: Generell ist man bei AIDA Cruises bestrebt, einen unkonventionellen Zugang zur Geschäftsführung und zu den Führungskräften als Standard zu etablieren. Trotz der dezentralen Betriebsstruktur gelingt dies auch: 77 Prozent aller Befragten bestätigen, dass das Management gut erreichbar und unkompliziert anzusprechen ist. So lädt die Geschäftsführung beispielsweise zwei- bis dreimal jährlich zu Mitarbeiterversammlungen ein, um über den Geschäftsplan zu berichten und einen Rück- und Ausblick zur Unternehmensentwicklung zu geben. Dabei besteht stets auch die Möglichkeit, mit der Geschäftsführung in Dialog zu treten. Des Weiteren werden fortlaufend über diverse Meetings aktuelle Themen an die Belegschaft kommuniziert. Eine zweisprachige Mitarbeiterzeitung informiert darüber hinaus über aktuelle Geschehnisse „zu Land oder zur See".

Respekt

Zum Leitbild der AIDA Cruises gehört das Selbstverständnis, dass Schulung und Weiterbildung als wichtiger Teil des Arbeitsprozesses verstanden werden. Für die fachliche und persönliche Entwicklung der Mitarbeiter sorgt insbesondere das Team der internen Personalentwicklung, zu deren Aufgaben Karriereberatung, Potenzialerfassung und die Umsetzung von Entwicklungsprogrammen gehören. Grundlage ist das jährliche individuelle Entwicklungsgespräch bei dem Führungskräfte gemeinsam mit ihren Mitarbeitern die aktuelle Arbeitssituation präzise analysieren und Perspektiven für die weitere Entwicklung festlegen. Gemeinsam getroffene Zielvereinbarungen schließen diese Gespräche ab. Da die Mitarbeiter auch im Rahmen dieser Gespräche aufgefordert sind, Verbesserungsvorschläge, Ideen und ein unmittelbares Feedback an ihre Führungskräfte weiterzugeben, eignet sich das Entwicklungsgespräch genauso wie die jährliche Mitarbeiterbefragung zur institutionalisierten Verbesserung von Arbeitsprozessen sowie der innerbetrieblichen Zusammenarbeit. Das Unternehmen bringt seinen Respekt gegenüber den Mitarbeitern außerdem durch die erstklassige Gestaltung der Arbeitsräumlichkeiten und Arbeitsmittel zum Ausdruck. Überdurchschnittliche 91 Prozent der Mitarbeiter geben an, die notwendigen Mittel und die Ausstattung zu erhalten, um ihre Arbeit gut zu erledigen. Weitere 86 Prozent der Befragten bestätigen den positiven Beitrag der Gebäude und Einrichtungen zu einer guten Arbeitsumgebung. Einige der Befragten kommen darüber regelrecht ins Schwärmen: „Ich arbeite in einem wunderschönen Ambiente: Die Farben und Tageslichtverhältnisse und der herrliche Ausblick auf das Meer machen unseren Arbeitsbereich zu einem echten Erlebnis", heißt es in einem Mitarbeiterkommentar.

Fairness

Die größte Berufsgruppe der Reiseverkehrskaufleute erhält ein Gehalt, das über dem Tarif liegt. Daneben bietet das Unternehmen diverse Sozialleistungen wie etwa eine betriebliche Altersvorsorge, vergünstigte private Versicherungen sowie Sonderkonditionen, beispielsweise bei der Buchung von Seereisen oder Hotelaufenthalten. In puncto Neutralität und Gerechtigkeit liegt eine spezifische Stärke des Unternehmens im fairen und unvoreingenommen Umgang miteinander. So berichtet ein Befragter: „Die Zusammenarbeit der einzelnen Bereiche ist sehr gut. Mit bis zu 15 verschiedenen Nationalitäten innerhalb der Besatzung gibt es keinerlei Probleme – im Gegenteil." Auch die Wettbewerbsergebnisse bestätigen dies eindrucksvoll: 96 Prozent der Befragten sagen aus, dass die Mitarbeiter unabhängig von Nationalität oder ethnischer Herkunft fair behandelt werden.

Stolz

„Die Arbeit bei AIDA ist einzigartig. Wir vertreiben Produkte voller Gefühl. Ich bin stolz darauf, bei einem so bekannten Unternehmen zu arbeiten", bringt ein Befragter seine Begeisterung und Identifikation zum Ausdruck. Insgesamt geben 90 Prozent der befragten Mitarbeiter an, stolz darauf zu sein, anderen erzählen zu können, wo sie arbeiten. Dies ist unter anderem auf den vom Unternehmen beanspruchten Markenbekanntheitsgrad von 85 Prozent zurückzuführen; das Image von AIDA Cruises als innovatives Unternehmen wird proaktiv gepflegt. Hierzu zählen auch das Engagement des Unternehmens in Bezug auf die Lehrlingsausbildung in der Ostsee-Region und der Einsatz gegen Fremdenfeindlichkeit. So unterstützt die Geschäftsführung in Zusammenarbeit mit der Deutschen Seereederei eine Kampagne gegen Rassismus und jede Art von Gewalt.

Teamorientierung

Die Aussage „Wir fühlen uns hier wie eine Familie und haben einen guten Teamgeist" erfährt die Zustimmung von 85 Prozent, und eindrucksvolle 91 Prozent der Befragten bestätigen die Aussage „Wir haben hier eine freundliche Arbeitsatmosphäre" – Wettbewerbsergebnisse, die die außergewöhnliche Qualität des Betriebsklimas belegen. Mit diversen Feierlichkeiten und Betriebsausflügen, zu denen auch die Angehörigen der Mitarbeiter eingeladen sind, unterstützt das Unternehmen die Bildung von Freundschaften innerhalb der Kollegenteams. Ein jährliches Highlight stellt das prestigeträchtige Drachenbootrennen in Warnemünde dar, bei dem auch ein AIDA-Team antritt, das zuvor durch gezieltes Training vom Unternehmen unterstützt wird. Des Weiteren engagiert sich ein Lauftreff bei diversen Veranstaltungen in der Region und tritt ebenfalls als Mannschaft an.

Drei Fragen an ...

Michael Thamm, Präsident, 41 Jahre

Was muss Ihnen ein Unternehmen persönlich bieten, damit Ihnen die Arbeit Freude macht?
Neben interessanten und herausfordernden Aufgaben und einer großen Flexibilität in der persönlichen Gestaltung der Arbeit zählen auch vielfältige Weiterentwicklungsmöglichkeiten und Karriereperspektiven im In- und Ausland zu den wesentlichen Aspekten, die ein Unternehmen bieten sollte. Selbstverständlich gehört dazu auch die Honorierung von guten Leistungen und Erfolgen. Wir, also die Geschäftsleitung bei AIDA Cruises, wissen, dass unser Unternehmenserfolg entscheidend von dem Engagement, dem Können und der Motivation der Mitarbeiterinnen und Mitarbeiter abhängt. Eine unserer Hauptaufgaben ist es daher, Instrumente zu schaffen, die diese Eigenschaften fördern, also die Eigeninitiative anregen, Leistung honorieren und dabei gleichzeitig ertragsorientiert ausgerichtet sind. Unsere Führungskultur, flache Hierarchien, unser Betriebsklima, die vertrauensvolle Zusammenarbeit und die Liebe zu unserem einzigartigen Produkt prägen unsere tägliche Arbeit und liefern die Basis für unseren Erfolg und unsere Freude an der Arbeit.

Welche Empfehlung für die Karriereentwicklung können Sie aufgrund Ihrer Erfahrung jungen Fach- und Führungskräften mit auf den Weg geben?

Für die Entwicklung der eigenen Karriere müssen in der Regel mehrere Dinge zusammenkommen. Neben den eigenen Kompetenzen spielen sicherlich auch die Voraussetzungen im Unternehmen eine ganz wichtige Rolle. Heutzutage bieten Unternehmen Führungskräfteentwicklung an und fördern ihre Talente ganz gezielt. Dabei darf man sicherlich eines nie vergessen: sich aktiv einzubringen und die Weiterbildungsangebote bzw. Förderprogramme zu nutzen. Zur Weiterbildung gehört auch die Erweiterung der Praxiserfahrung durch die Übernahme von nationalen und internationalen Aufgaben, Projekten oder Sonderaufgaben, die Teilnahme an bereichsübergreifenden Arbeitskreisen. Ein wichtiger Erfolgsfaktor bei der individuellen Förderung spielt auch das Coaching durch Experten oder durch die Führungskraft.

Wie lautet Ihr persönlicher Leitsatz für erfolgreiches Management?

Unsere Mitarbeiterinnen und Mitarbeiter sind unser Erfolg. Wir müssen verstehen, dass wir uns immer wieder neu motivieren müssen, indem wir das, was wir tun, immer wieder konstruktiv in Frage stellen. Selbstzufriedenheit ist der Anfang vom Ende. Unser kostbarstes Gut sind dabei unsere Marke AIDA, das Engagement und die Qualität unserer Mitarbeiterinnen und Mitarbeiter sowie unsere Kreativität.

Bewerberanforderungen

Was muss ein Bewerber mitbringen, damit er zu AIDA Cruises passt?

An Bord unserer Schiffe und an unseren Standorten in Rostock, Neu-Isenburg und Hamburg gibt es eine Vielzahl an Job- und Karrieremöglichkeiten. Besonderen Wert legen wir auf eine entsprechende fachlich fundierte Ausbildung im gewünschten Bereich. Idealerweise können Sie entsprechende Weiterbildungen und für die Positionen an Bord auch erste Schiffserfahrungen nachweisen. Sie sollten eigenverantwortlich und gern im Team arbeiten. Gute Englischkenntnisse, Dienstleistungsorientierung, Empathie und Aktivität runden Ihr Profil ab. Als professionelle Fach- oder Führungskraft haben Sie bei uns optimale Einstiegs- und Entwicklungsmöglichkeiten.

Unternehmensfakten

Branche	Tourismus – Kreuzfahrtbranche
Zahl der Mitarbeiter in 2004 in Deutschland	301 Mitarbeiter an den Standorten in Deutschland
Gesamtmitarbeiter in 2004 (international/konzernweit)	2.000 Mitarbeiter an Bord der AIDA-Schiffe
Umsatz im Jahr 2004 national	370 Millionen Euro
Umsatz im Jahr 2004 international	keine Angaben
Firmensitz	Am Strande 3d 18055 Rostock
Homepage	www.aida.de
Beschäftigte Berufsgruppen (nach ihrer Häufigkeit)	Nautiker, Techniker, Hotelfachleute, Restaurantfachleute, Köche, Tourismusbetriebswirte, Reiseverkehrskaufleute
Anfangsgehalt für Einsteiger (nach Berufsgruppen gereiht)	Mitarbeiterebene: 23.000–31.000 Euro Managerebene: 31.000–45.000 Euro
Durchschnittliches Jahresgehalt nach fünf Jahren (gereiht nach Berufsgruppen)	Mitarbeiterebene: 31.000–40.000 Euro Managerebene: 40.000–75.000 Euro
Bewerberinformationen	www.aida.de

Weiterbildungsstunden pro Jahr für die größte Berufsgruppe	Land-Mitarbeiter circa 24 Stunden.
Anteil der Mitarbeiter unter 35 in Prozent	71,4 Prozent
Frauenanteil in Prozent	63,8 Prozent

Boehringer Ingelheim Pharma GmbH & Co. KG, Ingelheim

ARZNEI AUS GUTEM HAUSE

Gegenseitiges Vertrauen und persönliches Engagement in familiärer Atmosphäre sind das Erfolgsrezept des Pharmazeutik-Unternehmens Boehringer Ingelheim Pharma.

Boehringer Ingelheim Pharma ist ein global aufgestellter Pharmakonzern. Kerngeschäft ist die Erforschung, Entwicklung, Produktion sowie der Vertrieb von Arzneimitteln in den Geschäftsbereichen Humanpharma und Tiergesundheit. Das im Jahr 1885 von Albert Boehringer in Ingelheim am Rhein gegründete Familienunternehmen gehört derzeit zu den Top 10 der Pharmabranche in Deutschland und zu den Top 20 weltweit. National ist Boehringer Ingelheim derzeit an drei Standorten vertreten: In Ingelheim sind neben der Konzernzentrale die Pharma-Fertigung in Deutschland und die Produktion sowie der Vertrieb von Pharma-Wirkstoffen für den weltweiten Unternehmensverbund angesiedelt. In Biberach in Baden-Württemberg konzentrieren sich die deutschen Forschungs- und Entwicklungsaktivitäten im Bereich Medizin sowie Biotechnologie. In Dortmund entwickelt und vertreibt die Boehringer-Tochter „microParts" Produkte der Mikrosystemtechnik für die Biomedizin.

Boehringer Ingelheim Pharma beschäftigte 2004 in Deutschland rund 9.000 Mitarbeiter, weltweit waren es über 35.000 Beschäftigte in 152 Einzelgesellschaften auf allen Kontinenten. Der Umsatz in Deutschland lag im Bilanzjahr 2004 bei rund 1,926 Milliarden Euro. Der weltweite Konzernumsatz lag bei 8,157 Milliarden Euro.

Im Wettbewerb *Deutschlands Beste Arbeitgeber 2005* belegt Boehringer Ingelheim Pharma und Tiergesundheit (Vetmedica) in Deutschland Gesamtrang 15 unter den Top 50-Arbeitgebern und Platz 2 in der Kategorie der Unternehmen über 5.000 Mitarbeitern in Deutschland. Das Unternehmen nahm bereits zum dritten Mal am Wettbewerb teil.

Zusätzlich konnte sich das Unternehmen auf der europäischen Liste „100 Beste Arbeitgeber in Europa 2005" platzieren.

Unternehmensergebnisse
aus dem Wettbewerb 2005
7-8 Punkte: ausgezeichnet, 5-6 Punkte: sehr gut, 3-4 Punkte: gut.

Glaubwürdigkeit

„Offene Kommunikation" ist Bestandteil des Leitbildes von Boehringer Ingelheim Pharma. Die Mitarbeiter werden über Rundschreiben, das Intranet, die Mitarbeiterzeitung, interne Aushänge und spezielle Broschüren umfassend über relevante Projekte und geschäftliche Entwicklungen informiert. Darüber hinaus findet in persönlichen Gesprächen zwischen Führungskräften und Mitarbeitern ein gezielter Informationsaustausch statt. Dabei loben die Mitarbeiter die „persönliche Art", mit der das Top-Management ihnen im direkten Kontakt begegnet. Spezielle Zielkonferenzen für Führungskräfte unterstützen systematisch diese Transparenz. Die Befragungsergebnisse spiegeln dieses Bild wider: 81 Prozent der Mitarbeiter erleben, dass das Management klare Vorstellungen von den Zielen der Organisation und davon, wie diese erreicht werden können, hat. Des Weiteren bemühen sich die Führungskräfte bei Boehringer Ingelheim sichtlich um Integrität und Vertrauenswürdigkeit. Dies wird auch dadurch zum Ausdruck gebracht, dass sich das Unternehmen dem Standort Deutschland verpflichtet fühlt und den Mitarbeitern das Gefühl vermittelt, einen sicheren Arbeitsplatz zu haben. Die Belegschaft lobt dieses Engagement: Herausragende 93 Prozent der Mitarbeiter sind der Überzeugung, dass das Management Kündigungen nur als letztes Mittel wählen würde.

Respekt

Die BI-Academy bietet umfangreiche Weiterbildungsmöglichkeiten, insbesondere zu Themen wie Führung, Selbstmanagement, Kommunikation und Sprachen. Die Zusammenarbeit mit Industrie- und Handelskammern und verschiedenen Fachhochschulen bietet im fachlichen Bereich qualifizierte Aus-, Fort- und Weiterbildungsmöglichkeiten. Für besonders Motivierte fördert der Pharmahersteller auch berufliche Zusatzqualifikationen wie den „Bachelor of Science" an der Fachhochschule Bingen oder den „Executive Master of Business Administration" an der Universität Mainz. Ideen und Verbesserungsvorschläge der Mitarbeiter werden dezentral begutachtet, die kurzen Entscheidungswege führen zu einer hohen Beteiligung. Überdurchschnittliche 73 Prozent bescheinigen ihrem Management, dass es in ernsthafter Weise Vorschläge und Anregungen sucht. Flexible Arbeitszeitregelungen, das Angebot von Kinderkrippen und ein integriertes Gesundheitsmanagement fördern die überdurchschnittlich positive Bewertung der Work-Life-Balance. Die körperliche Sicherheit am Arbeitsplatz wird von 99 Prozent aller Befragten als sicher eingeschätzt.

Fairness

Besonders positiv werden die umfangreichen Sozialleistungen im Hause Boehringer Ingelheim Pharma bewertet. Das Spektrum von betrieblicher Altersversorgung von Firmendarlehen über Jubiläumsleistungen und Pensionärsfeste bis zu diversen Sport- und Freizeitangeboten erfreut 93 Prozent der Mitarbeiter. In gleicher Weise wird die Beteiligung an den Unternehmensgewinnen beurteilt. 77 Prozent – 15 Prozentpunkte über dem Mittel der Top 50-Unternehmen – denken, dass sie angemessen an den Gewinnen der Organisation beteiligt werden. Ähnlich stark loben die Mitarbeiter das transparente und gerechte Gehaltssystem und auch die Höhe der Vergütung. Gleichbehandlung, Diskriminierungsverbot, kulturelle Vielfalt und die Gestaltung behindertengerechter Arbeitsplätze sind als ausdrückliche Elemente der Personalarbeit formuliert und werden umgesetzt. 84 Prozent erleben, dass sie bei Boehringer Ingelheim unabhängig von ihrer Position als vollwertiges Mitglied behandelt werden.

Stolz

„Der unverwechselbare Charakter: Der Mitarbeiter ‚ist wer' in einem engagierten, verständnisvollen, verantwortungsbewussten Familienunternehmen", formuliert ein Mitarbeiter, zu den Besonderheiten seines Arbeitgebers befragt. Umfangreiche Investitionen in die deutschen Standorte festigen die Verbundenheit zwischen Firma und Belegschaft. Auch das gesellschaftlich verantwortungsbewusste Handeln des Unternehmens trägt zur Identifikation der Mitarbeiter bei. Beispielsweise können sich Jugendliche ohne Ausbildungsplatz bei Boehringer Ingelheim Pharma im Rahmen eines zwölfmonatigen Praktikums qualifizieren. Hervorzuheben ist außerdem das Engagement des Unternehmens bei der Bekämpfung der Immun-schwächekrankheit AIDS in Entwicklungsländern.

Teamorientierung

Trotz der Größe des Unternehmens fühlen sich die Mitarbeiter „einer großen Familie zugehörig": „Die Arbeitsatmosphäre und der Umgang der Mitarbeiter untereinander sind ungewöhnlich gut und werden ausdrücklich durch das Management gefördert – trotz des kompetitiven Umfelds der Branche", äußert sich ein Mitarbeiter. Auch neue Mitarbeiter werden schnell und freundlich integriert. Die Aussage: „Als neuer Mitarbeiter fühlt man sich hier willkommen" wird von 92 Prozent der Befragten bejaht. Der Abschluss wichtiger Projekte oder die Einweihung neuer Produktionsanlagen sind gern genutzte Anlässe zum Austausch über gemeinsame Erfolge und zum gemeinsamen Feiern. Ein internationaler Club mit derzeit 200 Mitgliedern trägt dazu bei, die Integration ausländischer Fach- und Führungskräfte zu beschleunigen, und hilft ihnen, soziale Netzwerke aufzubauen.

Drei Fragen an ...

Mark Hagmann , Personalleiter, 42 Jahre

Was muss Ihnen ein Unternehmen bieten, damit Ihnen die Arbeit Freude macht?
Entscheidende Aspekte sind für mich der Inhalt der Aufgabe, die Möglichkeit, etwas zu gestalten und voranzubringen, sowie die Art der Zusammenarbeit. Die Zusammenarbeit bei Boehringer Ingelheim ist geprägt von gegenseitigem Vertrauen und großen Freiheitsgraden für die Mitarbeiter. Die Delegation von Aufgaben, Verantwortung und Entscheidungsbefugnis hat einen hohen Stellenwert; hiermit werden Abläufe nicht nur effizienter und schneller gestaltet, sondern auch den Mitarbeitern die Möglichkeit gegeben, ihre Ideen einzubringen, mitzugestalten und sich selbst weiterzuentwickeln. Die flache Hierarchie unterstützt dies und ermöglicht Kommunikation und Abstimmung hierarchieübergreifend auf kurzen Wegen.

Welche Empfehlung für die Karriereentwicklung können Sie aufgrund Ihrer Erfahrung jungen Fach- und Führungskräften mit auf den Weg geben?
Wichtig ist, durch die Wahrnehmung unterschiedlicher Aufgaben das eigene Wissen und die Erfahrung auf eine breite und solide Basis zu stellen. Zu schnelle Stellenwechsel sind hierfür nicht förderlich. Ich habe gute Erfahrun-

gen damit gemacht, mich immer vollständig auf meine jeweilige Aufgabe zu konzentrieren und nicht permanent über einen möglichen nächsten beruflichen Schritt nachzudenken; dies hilft, die Aufgabe wirklich gut zu machen. Persönliches Engagement, Herzblut in der Sache und immer etwas mehr zu tun, als erwartet wird, sind ebenfalls gute Wegbegleiter.

Wie lautet Ihr persönlicher Leitsatz für erfolgreiches Management?

Authentizität, Glaubwürdigkeit und gegenseitiges Vertrauen sind für mich unerlässlich für erfolgreiches Management. Das Vertrauen seiner Mitarbeiter, Kollegen und Vorgesetzten muss man sich als Führungskraft verdienen und durch sein Handeln immer wieder zeigen, dass einem dieses Vertrauen zu Recht entgegengebracht wird.

Bewerberanforderungen

Was muss ein Bewerber mitbringen, damit er zu Boehringer passt?

Ausgewiesene Fachkompetenz; die Fähigkeit, schneller zu lernen als andere; Neugier und Gestaltungswille; „Lust" an der Zukunft (Pionierarbeit, Ideen einbringen und umsetzen, Kreativität); Begeisterungsfähigkeit für Themen/Projekte und den Umgang mit Menschen; Leistungswille und Selbstbewusstsein; Zuhören und dabei unterschiedliche Interessen und Emotionen wertschätzen können.

Unternehmensfakten

Unternehmensname	Boehringer Ingelheim Pharma GmbH & Co.KG
Branche	Pharma
Zahl der Mitarbeiter in 2004 in Deutschland	9.026
Gesamtmitarbeiter in 2004 (international/konzernweit)	35.529

Umsatz im Jahr 2004 national	1,926 Milliarden Euro
Umsatz im Jahr 2004 international	8,157 Milliarden Euro
Firmensitz	Binger Str. 173 55216 Ingelheim Birkendorfer Str. 65 88397 Biberach
Homepage	www.boehringer-ingelheim.com www.boehringer-ingelheim.de
Beschäftigte Berufsgruppen (nach ihrer Häufigkeit)	Tarifmitarbeiter 7.571 außertariflich eingestufte Mitarbeiter 1.455
Anfangsgehalt für Einsteiger (nach Berufsgruppen gereiht)	Tarif chemische Industrie; promovierte Chemiker 54.000 Euro per annum
Durchschnittliches Jahresgehalt nach fünf Jahren (gereiht nach Berufsgruppen)	13 Monatsgehälter plus erfolgsabhängiger Bonus; die gehaltliche Entwicklung erfolgt leistungsabhängig und individuell
Bewerberinformationen	Ansprechpartner und Vakanzen finden Sie auf unserer Homepage unter www.boehringer-ingelheim.de
Weiterbildungsstunden pro Jahr für die größte Berufsgruppe	Im Jahr 2004 haben insgesamt 2.500 Mitarbeiter an 302 internen Maßnahmen für Fortbildung teilgenommen, 1.600 Mitarbeiter nahmen an 116 Maßnahmen zur Team- und Organisationsentwicklung teil.
Anteil der Mitarbeiter unter 35 in Prozent	33,0 Prozent
Frauenanteil in Prozent	46,4 Prozent

Booz Allen Hamilton GmbH, Düsseldorf

Booz | Allen | Hamilton

Beraten mit Vielfalt und Tradition

Das traditionsreiche Beratungshaus baut auf die kulturelle Vielfalt der Mitarbeiter als Quelle von Kreativität und Inspiration.

Die unabhängige Management- und Technologieberatung Booz Allen Hamilton befindet sich weltweit im Besitz von 250 Partnern. 1914 von Edwin G. Booz in Chicago gegründet, gehört das Unternehmen heute mit seinen rund 16.000 Mitarbeitern zu den größten Beratungshäusern. Auf sechs Kontinenten arbeiten Mitarbeiter aus 70 Nationen in internationalen Projektteams zusammen. Booz Allen Hamilton berät das Top-Management führender Industrieunternehmen, staatliche Behörden und Institutionen des Kulturbetriebs sowie Regierungen. Die Schwerpunkte des Beratungsspektrum liegen in den Bereichen Strategie, Organisation, Verfahren und Prozesse, Technologie, Systementwicklung und -implementierung sowie E-Business, wobei viel Wert auf eine erfolgs- und umsetzungsorientierte Herangehensweise gelegt wird. In Deutschland ist Booz Allen Hamilton seit der Eröffnung des ersten Büros in Düsseldorf im Jahre 1965 tätig. Seit Ende der achtziger Jahre folgten Büros in München, Frankfurt, Wien, Zürich und Berlin. Insgesamt beschäftigte Booz Allen Hamilton 2004 in Deutschland, Österreich und der Schweiz 430 Mitarbeiter.

2004 belief sich der weltweite Gesamtumsatz der Unternehmensberatung auf rund 3,1 Milliarden US-Dollar, wovon rund 190 Millionen Euro im deutschsprachigen Raum erwirtschaftet wurden. Im Wettbewerb *Deutschlands Beste Arbeitgeber 2005* belegt die Booz Allen Hamilton GmbH (Büros Deutschland) Gesamtrang 46 unter den Top-50-Arbeitgeber und Platz 19 in der Kategorie der Unternehmen von 100 bis 500 Mitarbeitern in Deutschland.

Unternehmensergebnisse
aus dem Wettbewerb 2005
7-8 Punkte: ausgezeichnet, 5-6 Punkte: sehr gut, 3-4 Punkte: gut.

Glaubwürdigkeit

„Consistency in what we say and do and delivering results that endure" bildet den Grundstein für das Leitbild des Unternehmens. Durch ihr Votum bestätigen die Mitarbeiter auf beeindruckende Weise die gelebte Integrität des Managements. Überdurchschnittliche 85 Prozent erleben, dass die Führungskräfte ihren Worten Taten folgen lassen, und weitere 93 Prozent halten die Geschäftspraktiken des Managements für ehrlich und ethisch vertretbar. Umfangreiche Kommunikation gilt als Schlüsselelement der Führung. Aufgrund des dezentralen Einsatzes von kleinen Beraterteams beim Kunden dominieren virtuelle Kommunikationsformen wie Newsletter, E-Mail, Intranet und Internet. Im Einzelnen sind hierbei zu nennen: nationale und internationale Memos der Geschäftsleitung, team- und tätigkeitsbezogene Newsletter sowie wöchentliche („60 seconds") und monatliche („Booz in the News") E-Mails mit relevanten Unternehmensinformationen. Um den persönlichen Kontakt nicht zu vernachlässigen, finden alle zwei Monate in jeder Niederlassung so genannte Home-Office-Days statt. Diese Treffen werden auch dazu genutzt, Verbesserungsvorschläge, Anregungen und Ideen einzubringen. Das konsequente Fordern von Eigenverantwortung ist ein weiteres Element der Führungskultur. 95 Prozent der Befragten bringen zum Ausdruck, dass ihnen viel Verantwortung übertragen wird. In gleicher Weise (96 Prozent) erleben sie, dass das Management auf die gute Arbeit der Mitarbeiter vertraut, ohne sie ständig zu kontrollieren. Insgesamt zwei Top-Werte bei dieser Wettbewerbskategorie.

Respekt

Neue Berater nehmen zunächst an der New Hire Orientation (NHO) teil und erhalten eine breite Einführung in die Arbeitsweise von Booz Allen Hamilton. Anschließend folgt das Consultant-Programm, das zusätzlich zum Training-on-the-Job Seminare zu betriebswirtschaftlichen und methodischen Themen anbietet. Interaktive E-Learning-Module, die unternehmensinterne Wissendatenbank *Knowledge Online* und die kontinuierliche Begleitung durch Mentoren sind weitere wichtige Elemente des individuellen Lern- und Entwicklungsprogramms. Darüber hinaus werden Berater bei guter Leistung finanziell und über Freistellung beim MBA-Studium oder bei der Promotion unterstützt und auch in dieser Zeit kontinuierlich über Mentoring begleitet. 84 Prozent der Befragten bestätigen, dass sie ausreichend Unterstützung für ihre berufliche Entwicklung erhalten. Die Anerkennungskultur beurteilen die Mitarbeiter durchweg positiv: 86 Prozent betonen, dass jeder die Möglichkeit hat, Aufmerksamkeit und Anerkennung zu bekommen. So werden auch interne Preise verliehen, wie der Personal Excellence Award und der Diversity Award. Gelobt wird insbesondere auch das Engagement für ein ausgewogenes Verhältnis zwischen Berufs- und Familienleben: Eltern wird bei der Geburt ihres Kindes bis zu zehn Tage Sonderurlaub eingeräumt, des Weiteren erstattet die Firma in großem Umfang die Kindergartengebühren und ermöglicht flexible Arbeitszeitgestaltung bis hin zu einem Sabbatical und zur Einrichtung von Heimarbeitplätzen.

Fairness

Die Mitarbeiter werden für die geleistete Arbeit angemessen bezahlt, das bestätigen 90 Prozent der Befragten – 18 Prozentpunkte über dem Mittel der Top 50-Unternehmen. Das Einstiegsgehalt bei Booz Allen Hamilton liegt über dem Branchendurchschnitt. Attraktiv sind ebenfalls die Lohnnebenleistungen. Alle Mitarbeiter kommen in gleicher Weise in den Genuss einer zusätzlichen Altersversorgung, einer kombinierten Lebens-Unfall-Versicherung und der verlängerten Lohnfortzahlung im Krankheitsfall. Darüber hinaus gibt es weitere Zuschüsse für den Alltag, wie beispielsweise für den Sportverein oder Fitnesscenter.

Zu diesem Aspekt:
„Talent is color-blind and gender neutral. It comes in all shapes, sizes and abilities. To recruit and retain the best and brightest, we want to find talent wherever it is and bring it to Booz Allen." Dieser Leitsatz, der von Dr. Patrick McLaurin, dem Diversity-Director des Unternehmens, stammt, bringt den fest verankerten Werteanspruch im Personalmanagement auf den Punkt. Booz Allen Hamilton lebt eine Kultur der Vielfalt, da die Erfahrung gezeigt hat, dass Diversity Qualität und Kreativität fördert. 99 Prozent bestätigen, unabhängig von ihrer Nationalität oder ethnischen Herkunft fair behandelt zu werden. Des Weiteren wird die Beförderungspraxis als sehr transparent bezeichnet. Immerhin 81 Prozent stimmten der Aussage zu, dass diejenigen Mitarbeiter befördert werden, die es am meisten verdienen. Damit liegt die Zustimmung 23 Prozentpunkte über dem Mittel der Top 50-Unternehmen.

Stolz

Mit seiner über neunzigjährigen Firmengeschichte gilt Booz Allen Hamilton als erfolgreiches, international angesehenes und traditionsreiches Unternehmen. Es bietet seiner Belegschaft Einsatzfelder in einem sehr anspruchsvollen und herausfordernden Umfeld mit Klienten aus Industrie, Wirtschaft, Kultur und Politik. Zusammen mit dem als angenehm empfunden Arbeitsklima bildet dies die Grundlagen der starken Mitarbeiter-Identifikation mit dem Unternehmen. 90 Prozent bringen zum Ausdruck, dass sie stolz darauf sind, was sie gemeinsam leisten. Wer Leistung und Engagement in besonderer Weise schätzt, darf sich über sehr gute Erfolgsaussichten freuen. Beeindruckende 100 Prozent wissen, was von ihnen verlangt wird, und sind bereit, sich dafür angemessen zu engagieren. Die Aussage „Die Mitarbeiter sind bereit, einen zusätzlichen Einsatz zu leisten, um die Arbeit zu erledigen" erlebt absolute Zustimmung (100 Prozent).

Teamorientierung

Neben den Feierlichkeiten wie Sommerfest und Weihnachtsfeier werden bei Booz Allen Hamilton auch team- und projektbezogene Erfolge gemeinsam gefeiert. Besonders gewürdigt werden dabei individuelle Anlässe wie das Erreichen eines akademischen Grades oder Beförderungen. Die Feststellung „Besondere Ereignisse werden bei uns gefeiert" bestätigen überdurchschnittliche 94 Prozent der Mitarbeiter. Hohe Zustimmungswerte erreicht auch der „Teamspirit": Die Aussage „Die Mitarbeiter können sich darauf verlassen, dass die Mitarbeiter zusammenarbeiten" wird von 92 Prozent der Befragten bejaht.

Drei Fragen an ...

Dr. Klaus-Peter Gushurst, Sprecher der Geschäftsführung / Managing Partner, 41 Jahre

Was muss Ihnen ein Unternehmen persönlich bieten, damit Ihnen die Arbeit Freude macht?

Für mich persönlich sind vor allem drei Faktoren entscheidend: hohes professionelles Niveau, interessante Kollegen und eine vielfältige, internationale Unternehmenskultur. Bei Booz Allen Hamilton schätze ich die intensive Zusammenarbeit mit exzellenten Partnern, Kollegen und spannenden Klienten. Wichtig ist mir ein Klima, das Leistung fordert und fördert und dabei geprägt ist von Teamgeist, Integrität, Respekt und Menschlichkeit. Ich genieße unsere internationale Zusammenarbeit und die Kultur intellektueller Neugierde, die zu neuen und ungewöhnlichen Ideen anregt.

Welche Empfehlung für die Karriereentwicklung können Sie aufgrund Ihrer Erfahrung jungen Fach- und Führungskräften mit auf den Weg geben?

Nicht alles auf einmal wollen und bei der Karriereplanung nicht „alles um einen herum" vergessen! Wer zu ehrgeizig ist, riskiert irgendwann, von den eigenen Ellenbogen blockiert zu werden. Wichtig sind Teamorientierung, Respekt gegenüber Klienten und Kollegen, mit anderen Worten: die Entwicklung einer vielseitigen und reifen Persönlichkeit, die die Stärke eines Netzwerkes erkennt und nutzt, sowohl innerhalb als auch außerhalb des eigenen Unternehmens. Gerade der Gedankenaustausch mit „diverse minds" ist eine wichtige Quelle für Information und Inspiration. Dabei sollte man immer bereit sein, Neues zu lernen und sich permanent weiter zu entwickeln. Zudem rate ich jedem, die Familie und den privaten Freundeskreis nicht zu vernachlässigen.

Wie lautet Ihr persönlicher Leitsatz für erfolgreiches Management?

Nicht in der Hektik, sondern in der Ruhe liegt die Kraft, richtige Entscheidungen zu treffen.

Bewerberanforderungen

Was muss ein Bewerber mitbringen, damit er zu Booz Allen Hamilton passt?

Wir suchen weltweit Kandidaten mit herausragenden Talenten oder mit anderen Worten „unique and diverse candidates". Was meinen wir damit? Wir erwarten von unseren Mitarbeitern nicht nur einen brillanten Studienabschluss, hervorragende Analysefähigkeiten und vernetztes Denken, sondern auch exzellente kommunikative und soziale Fähigkeiten. Wichtig sind ein Geschäftssinn, der nicht im Widerspruch zu den Werten unserer Firma steht. Wir suchen Kollegen, die in ihrer Arbeit Kreativität, Offenheit und Unternehmergeist leben – Menschen, die unsere Werte und Ziele teilen und mit uns in einem faszinierenden Unternehmen arbeiten wollen.

Unternehmensfakten

Unternehmensname	Booz Allen Hamilton GmbH
Branche	Beratung
Zahl der Mitarbeiter in 2004 in Deutschland	430
Gesamtmitarbeiter in 2004 (international/konzernweit)	16.000
Umsatz im Jahr 2004 national	190 Millionen Euro (Umsatz deutschsprachiger Raum)
Umsatz im Jahr 2004 international	3,1 Milliarden US-Dollar
Firmensitz	Zollhof 8 40221 Düsseldorf
Homepage	www.boozallen.de www.boozallen.com
Beschäftigte Berufsgruppen (nach ihrer Häufigkeit)	Berater
Anfangsgehalt für Einsteiger (nach Berufsgruppen gereiht)	über dem Branchendurchschnitt
Durchschnittliches Jahresgehalt nach fünf Jahren (gereiht nach Berufsgruppen)	über dem Branchendurchschnitt
Bewerberinformationen	www.boozallen.de, www.boozallen.com, Recruiting-Broschüren

Weiterbildungsstunden pro Jahr für die größte Berufs- gruppe	5–10 Tage pro Jahr
Anteil der Mitarbeiter unter 35 in Prozent	keine Angaben
Frauenanteil in Prozent	41,2 Prozent

Borealis Polymere GmbH, Burghausen

DIE CHEMIE STIMMT

Offene Kommunikation und klare Zielvereinbarungen sind die Zutaten für ein produktives Miteinander im multikulturellen Chemieunternehmen Borealis.

Die Borealis Polymere GmbH ist eine 100-prozentige Tochter des dänischen Kunststoffkonzerns Borealis A/S, eines der größten Kunststofferzeugers Europas. Am Produktionsstandort Burghausen im so genannten „Bayerischen Chemiedreieck" werden auf Erdölbasis die Kunststoffe Polyethylen (PE) sowie Polypropylen (PP) hergestellt. Die Kunden des Unternehmens fertigen und entwickeln Endprodukte unterschiedlichster Art, wie beispielsweise Lebensmittelverpackungen, Windeln, Fahrzeugteile, Wasser-, Gas- und Abwasserrohre, Stromkabel, Sport- und medizinische Artikel. Seine Rohstoffe bezieht Borealis direkt über eine Pipeline der in Nachbarschaft befindlichen Raffinerie OMV.

Organisatorisch hängt das Werk in Burghausen mit der Zentrale und den Produktionsanlagen in Schwechat (Österreich) sowie mit dem Innovation Center in Linz (Österreich) zusammen. Im Geschäftsjahr 2004 beschäftige Borealis allein in Deutschland 123 Mitarbeiter und erwirtschaftete einen Umsatz in Höhe von rund 400 Millionen Euro. Der weltweite Umsatz der Borealis-Gruppe lag bei 4,63 Milliarden Euro, die Zahl der Beschäftigten bei 4.500. Im Wettbewerb *Deutschlands Beste Arbeitgeber 2005* belegt die Borealis Polymere GmbH Gesamtrang 20 unter den Top 50-Arbeitgebern und Platz 8 in der Kategorie der Unternehmen von 100 bis 500 Mitarbeitern in Deutschland.

Unternehmensergebnisse aus dem Wettbewerb 2005

7-8 Punkte: ausgezeichnet, 5-6 Punkte: sehr gut, 3-4 Punkte: gut.

Glaubwürdigkeit

Die Führungskultur von Borealis ist durch zahlreiche Aspekte gekennzeichnet, die eine deutlich ausgeprägte Mitarbeiterorientierung sowie die hohe Priorität offen gestalteter innerbetrieblicher Kommunikation zum Ausdruck bringen. Beispielsweise hält die alle drei Monate erscheinende Mitarbeiterzeitung share die Belegschaft über die aktuellen Geschäftsprozesse auf dem Laufenden. In jeder Ausgabe meldet sich dabei der Geschäftsführer oder ein anderes Mitglied des Führungsteams zu Wort. Des Weiteren nutzt man bei Borealis konzernweit das Intranet-System Borena, das unter anderem tägliche Updates zu aktuellen Geschäftsentwicklungen bereitstellt und über eine Feedback-Funktion die unmittelbare Mitteilung von Wünschen, Anregungen oder Beschwerden der Mitarbeiter fördert. Mittels einer Reihe verschiedener Veranstaltungen gewährleistet das Management weiterhin die Zweiseitigkeit und Offenheit der Kommunikationsprozesse. Diese Veranstaltungen klingen meist beim Get-together beim anschließendem Buffet aus. Über monatliche Aktualisierungen der Balanced Scorecard räumt das Unternehmen allen Mitarbeitern die Möglichkeit ein, die Entwicklung der zentralen Erfolgskennzahlen zu verfolgen. So loben die Mitarbeiter im Besonderen das Vermögen des Managements, Ziele und Aufgaben klar vorzugeben. In der Untersuchung bestätigten beeindruckende 92 Prozent der Befragten, dass das Management seine Erwartungen klar und deutlich macht.

Respekt

Im Rahmen des jährlichen Mitarbeitergespräches werden individuelle Entwicklungspläne und Zielvereinbarungen für Beschäftigte aller Mitarbeitergruppen erarbeitet. Damit die Entwicklungspläne auch umgesetzt werden, investiert das Unternehmen durchschnittlich zehn Arbeitstage und 2.000 Euro im Jahr in die berufliche Aus- und Weiterbildung seiner Mitarbeiter. Bei der Auswahl der Kurse können die Mitarbeiter zwischen dem internen Angebot der englischsprachigen Borealis Business Academy (BBA) und weiteren Schulungsangeboten externer Anbieter auswählen. Für Mitarbeiter mit Führungsverantwortung werden darüber hinaus so genannte Leadership-Trainings angeboten, die zum Ziel haben, entsprechende Coaching- und Feedback-Fähigkeiten der Manager weiterzuentwickeln. Auch die Zielvereinbarungen aus dem Mitarbeitergespräch werden konsequent umgesetzt. Dies wird vor allem dadurch unterstützt, dass der jeweilige Zielerreichungsgrad an die ausgezahlte Jahresprämie geknüpft ist. Außergewöhnliche Leistungen werden vom Unternehmen zusätzlich honoriert. Unternehmenseigene Titel wie der *Innovator*, *Product Champion* oder *Team Builder* of the Year, die auf dem jährlich stattfindenden Innovation Day vergeben werden, Prämienzahlungen für umgesetzte Innovationen und Auszeichnungen während der Jahresfeier unterstreichen, dass Borealis auf die Innovationskraft seiner Mitarbeiter setzt. Auch in puncto Zusammenarbeit und Einbeziehung der Mitarbeiter in die betrieblichen Entscheidungsprozesse setzt das Unternehmen seine Mitarbeiterorientierung konsistent um. Von Entscheidungen betroffene Mitarbeitergruppen werden schon zu Beginn des Prozesses in Workshops und Informationsveranstaltungen eingebunden. Nach dem Motto „We are leaders in Health, Safety and the Environment" investiert das Unternehmen viel in die Sicherheit der technischen Anlagen und Prozesse. Ganz gleich welche Führungs- oder Organisationsebene: Die jährlichen Sicherheitstrainings sind für alle Mitarbeiter ein Muss. Zwei außergewöhnlich gute Ergebnisse der Mitarbeiterbefragung belegen den Erfolg dieser Maßnahmen: Absolute 100 Prozent der Befragten bestätigen, dass die körperliche Sicherheit am Arbeitsplatz gewährleistet ist. Weitere 98 Prozent der Mitarbeiter loben, dass sie die notwendigen Mittel und die Ausstattung erhalten, um ihre Arbeit gut zu erledigen.

Fairness

92 Prozent der Befragten geben an, dass die Mitarbeiter bei Borealis für die geleistete Arbeit angemessen bezahlt werden. Dies hat seinen guten Grund: So liegen die Löhne der Produktionskräfte etwa 22 Prozent über dem Tariflohn und knapp fünf Prozent über dem Durchschnitt der bayerischen Chemie. Die hohe Attraktivität von Borealis als Arbeitgeber beruht außerdem auf einer breiten Angebotspalette an Lohnnebenleistungen. Zu den Leistungen zählen auch ein Zuschuss für die Mitgliedschaft in einem Fitnessstudio in Höhe von circa 70 Euro jährlich und das täglich frisch bereitgestellte Obst und Mineralwasser, das von den Mitarbeitern als wohltuende Bereicherung empfunden wird. Mit der tarifvertraglich geförderten Entgeltumwandlung und der Arbeitgeberleistung zur Altersvorsorge unterstützt Borealis außerdem seine Mitarbeiter beim Aufbau ihrer Altersrücklagen.

Stolz

Die Auswertung der Mitarbeiterbefragung belegt die hohe Identifikation und Loyalität der Belegschaft mit und zu ihrem Unternehmen. Herausragende 97 Prozent der Befragten – 20 Prozentpunkte über dem Durchschnitt des Wettbewerberfeldes – ziehen in Betracht, bis zu ihrem Ruhestand bei Borealis zu arbeiten. In diesem Zusammenhang bestätigen 92 Prozent der Mitarbeiter, dass ihre Arbeit eine besondere Bedeutung für sie hat und nicht einfach nur ein „Job" ist. Weiterhin engagiert sich das Unternehmen in Sachen Umweltschutz und kommt seiner sozialen Verantwortung nach. Diese Tatsache spiegelt sich auch in den Befragungsergebnissen wider: 95 Prozent der Mitarbeiter belegen, dass sie mit der Art und Weise, in der das Unternehmen einen Beitrag für die Gesellschaft leistet, zufrieden sind.

Teamorientierung

Die Mitarbeiter der Firma fühlen sich als Teil des Unternehmens, als „Boreale". Geburten von Mitarbeiterkindern, Hochzeiten, neu eingestellte Mitarbeiter oder auch Meilensteine der beruflichen Entwicklung werden in der Mitarbeiterzeitschrift publiziert. Auch das Feiern kommt bei Borealis nicht zu kurz: Zu gemeinsamen Festivitäten anlässlich diverser Jubiläen oder zu Weihnachtsfeiern werden auch die „Ehemaligen", wie beispielsweise die Pensionäre, eingeladen. Weiterhin unterstützt das Unternehmen das Teambuilding sowohl innerhalb als auch zwischen einzelnen Arbeitsgruppen proaktiv durch Events. Ein weiteres Plus ist die freundliche Aufnahme neuer Kollegen. Überdurchschnittliche 94 Prozent der Befragten bestätigen, dass Mitarbeiter, die innerhalb der Organisation ihre Funktion oder die Abteilung wechseln, gut aufgenommen und integriert werden.

Drei Fragen an ...

Dipl. Ing. Dr. Johann Berger, Geschäftsführer, 47 Jahre

Was muss Ihnen ein Unternehmen persönlich bieten, damit Ihnen die Arbeit Freude macht?

Eine abwechslungsreiche Tätigkeit mit Freiraum und Möglichkeiten zum Gestalten; Erfolgsorientierung und transparente Entscheidungsvorgänge; ein interessantes und anregendes Umfeld – möglichst international –, in dem man stets neue Herausforderungen und Lernmöglichkeiten findet. Die kommunizierten Ziele müssen von gelebten Unternehmenswerten getragen sein.

Welche Empfehlung für die Karriereentwicklung können Sie aufgrund Ihrer Erfahrung jungen Fach- und Führungskräften mit auf den Weg geben?

Begnügen Sie sich nicht mit Ihrer Rolle, sondern suchen Sie sich Ihre Aufgabe! In einem guten Unternehmen zählen letztlich Engagement, Eigeninitiative und Teamgeist. In manchen Situationen kann es auch notwendig sein, sich etwas in Geduld zu üben

Wie lautet Ihr persönlicher Leitsatz für erfolgreiches Management?

Management heißt für mich, Potenziale zu erkennen und zu entwickeln.

Bewerberanforderungen

Was muss ein Bewerber mitbringen, damit er zu Borealis passt?

In unserer kleinen Organisation am Standort Burghausen sind fachliche Kompetenz, übergreifendes Denken und ein hohes Maß an Teamfähigkeit unbedingte Voraussetzungen für einen positiven Beitrag zu unserem Erfolg. Durch ihre Flexibilität gestalten sich unsere Mitarbeiter ein abwechslungsreiches und interessantes Arbeitsumfeld. Einsatzfreude und Lernbereitschaft eröffnen viele Möglichkeiten, wie sie nur in einem international tätigen und multikulturellen Unternehmen bestehen. Gute Englischkenntnisse werden vorausgesetzt.

Unternehmensfakten

Unternehmensname	Borealis Polymere GmbH
Branche	Chemie
Zahl der Mitarbeiter in 2004 in Deutschland	123
Gesamtmitarbeiter in 2004 (international/konzernweit)	4.500

Umsatz im Jahr 2004 national	Burghausen circa 400 Millionen Euro in 2004
Umsatz im Jahr 2004 international	4,628 Milliarden Euro
Firmensitz	Haiminger Straße 1 84489 Burghausen
Homepage	www.borealisgroup.com www.borealisgroup.com/burghausen
Beschäftigte Berufsgruppen (nach ihrer Häufigkeit)	Mitarbeiter in der Produktion (Schichtbetrieb), Labor, Instandhaltung, Technik und Technologie, Administration
Anfangsgehalt für Einsteiger (nach Berufsgruppen gereiht)	100–110 Prozent vom Tarif
Durchschnittliches Jahresgehalt nach fünf Jahren (gereiht nach Berufsgruppen)	individuell, abhängig von Leistung und Ausbildungsstand
Bewerberinformationen	www.borealisgroup.com/burghausen
Weiterbildungsstunden pro Jahr für die größte Berufsgruppe	30 Stunden
Anteil der Mitarbeiter unter 35 in Prozent	19,5 Prozent
Frauenanteil in Prozent	10,6 Prozent

Brose Fahrzeugteile GmbH & Co. KG, Coburg

VISIONEN, DIE TÜREN ÖFFNEN

Der Automobilzulieferer Brose bietet mitarbeiterfreundliche Produktions- und Arbeitsbedingungen und prämiert innovative Ideen.

Das 1919 gegründete Familienunternehmen Brose ist ein international tätiger Automobilzulieferer mit Gründungssitz im fränkischen Coburg. An weltweit über 30 Standorten in 19 Ländern – darunter sieben Produktionsstätten in Deutschland – entwickelt und fertigt das Unternehmen mechatronische Komponenten und Systeme für Türen und Sitze von Automobilen.

Brose brachte 1963 den ersten elektrischen Fensterheber in Europa auf den Markt und ist heute Weltmarktführer in der mechanischen, elektrischen und elektronischen Fensterhebertechnologie sowie im Bereich Türsysteme. Weitere Produktsegmente sind Sitzverstellungen und elektrische Schließsysteme für Seitentüren, Kofferraumdeckel, Heckklappen und Schiebetüren. Das Unternehmen beliefert mehr als 40 Fahrzeugmarken und führende Sitzhersteller. In jedem vierten weltweit produzierten Fahrzeug findet sich ein Produkt von Brose.

Der Gesamtumsatz der Brose Gruppe, der zu über 50 Prozent in Deutschland erwirtschaftet wurde, lag im Geschäftsjahr 2004 bei knapp zwei Milliarden Euro. Das Unternehmen beschäftigte weltweit rund 8.150 Mitarbeiter. Die Zahl der Beschäftigten in Deutschland lag Ende 2004 bei über 4.600.

Der Verwaltungs-, Produktions-, Vorfertigungs- und Entwicklungsstandort in Coburg beschäftigte knapp 3.000 Mitarbeiter. Derzeit baut der Automobilzulieferer weitere Werke und Niederlassungen in Europa, Nordamerika und Asien auf.

Im Wettbewerb *Deutschlands Beste Arbeitgeber 2005* belegt Brose Fahrzeugteile Coburg Gesamtrang 41 unter den Top 50-Arbeitgebern und Platz 20 in der Kategorie der Unternehmen von 501 bis 5.000 Mitarbeitern in Deutschland.

Unternehmensergebnisse aus dem Wettbewerb 2005

7-8 Punkte: ausgezeichnet, 5-6 Punkte: sehr gut, 3-4 Punkte: gut.

Glaubwürdigkeit

„Unsere Führungskräfte setzen sich und ihren Mitarbeitern hohe Standards und Ziele", heißt es in den Grundsätzen der Brose Gruppe. Konkrete Handlungsanweisungen zu Führung und Zusammenarbeit unterstützen die Umsetzung der allgemeinen Unternehmensgrundsätze im Arbeitsalltag. Überdurchschnittliche 83 Prozent der Befragten bescheinigen ihrem Management, dass es klare Vorstellungen von den Zielen des Unternehmens hat und davon, wie diese erreicht werden können. Ein Mitarbeiter erlebt seinen Arbeitgeber als „ein straff und verantwortungsvoll geführtes Familienunternehmen, das konsequent visionäre Innovationsstrategien verfolgt". Ergebnisse von Mitarbeiterbefragungen werden offen kommuniziert, ernst genommen und in konkrete Maßnahmen umgewandelt. Daher wird die Kompetenz des Managements in der Befragung besonders hoch eingeschätzt: 90 Prozent der Befragten stimmen der Aussage „Das Management führt das Unternehmen kompetent" zu.

Respekt

Die Bezahlung setzt sich aus diversen fixen und variablen Komponenten zusammen, die sicherstellen, dass individueller Einsatz honoriert wird. Teile des Jahresüberschusses werden direkt an die Mitarbeiter ausgeschüttet. 85 Prozent der Befragten bestätigen, bei Brose Coburg besondere und außergewöhnliche Sozialleistungen zu erhalten. Neben einer Basisvergütung können etwa Ingenieure, Vertriebsexperten und Controllingleiter eine Leistungszulage von bis zu 30 Prozent des monatlichen Grundgehalts bekommen. Diese Zulage ist abhängig von qualitativen und quantitativen Zielen, die die Mitarbeiter einmal jährlich mit ihrem Vorgesetzten festlegen. Der jährliche Innovationspreis prämiert Spitzenleistungen von Mitarbeitern oder Teams. Spezialprogramme für Facharbeiter und Techniker eröffnen neben der Führungslaufbahn Fachkarrieren und eine Projektmanagementlaufbahn. Steht für einen Mitarbeiter eine neue Aufgabe an, so wird er in einem Qualifizierungsprogramm in einem Zeitraum von neun Monaten darauf vorbereitet – mit Training, aber auch mit einem erfahrenen Paten, der die Lernziele definiert und überprüft. Des Weiteren erfreuen sich die modernen Arbeitsbedingungen der *Neuen Brose Arbeitswelt* großer Beliebtheit. Flexible Arbeitszeitmodelle und strukturelle Einrichtungen wie Büroausstattung und Gebäude sind wichtiger Bestandteil. 91 Prozent der Mitarbeiter loben in der Befragung Mittel und Ausstattung des Unternehmens, 90 Prozent schätzen die Gebäude und Einrichtungen auf höchstes Niveau.

Fairness

Bildungsurlaub und Zuschüsse für Weiterbildungen werden Mitarbeitern aller Funktionseinheiten eingeräumt. Aufstiegsmöglichkeiten bestehen auf allen Unternehmensebenen, freie Stellen werden zu mindestens zwei Dritteln aus dem eigenen Mitarbeiterstamm besetzt. Insgesamt bewertet die Belegschaft den fairen Umgang im Haus positiv. 81 Prozent der Befragten bestätigen, dass sie unabhängig von ihrer Position als vollwertiges Mitglied behandelt werden. Während in anderen deutschen Unternehmen ältere Mitarbeiter kaum mehr neu eingestellt werden, setzt der Automobilzulieferer bewusst auf die Erfahrung und Förderung älterer Mitarbeiter: Sie geben ihre Fähigkeiten im Rahmen interner Coaching-Programme an die jüngeren Kollegen weiter oder sind nach Eintritt in die Rente als Berater weiter für das Unternehmen tätig. 83 Prozent der Befragten bestätigen demzufolge, dass sie unabhängig von ihrem Alter fair behandelt werden.

Stolz

Der Erfolg, mit dem sich das Familienunternehmen Brose seit Jahren gegen die Megazulieferer der Branche durchsetzt, bietet für die Mitarbeiter aller Unternehmensbereiche ein großes Identifikationspotenzial, wie folgender Mitarbeiterkommentar belegt: „Als Unternehmen insgesamt hat Brose einen sehr guten Namen im technischen Bereich und als moderne Firma mit sehr gutem sozialen Umfeld. Des Weiteren ist die Förderung der regional ansässigen Vereine und diverser Institutionen durch die Firma sehr vorbildlich und engagiert." Die Umsetzung des Flexibilitätsgedankens im Rahmen der *Neuen Brose Arbeitswelt* hat überdies branchenweit Vorbildfunktion.

Die professionelle Arbeitskleidung im Produktionsbereich und das moderne Corporate Design der erstklassigen Büro- und Arbeitsstätten bringen die starke Verbundenheit zwischen dem Unternehmen und seinen Mitarbeitern zum Ausdruck. 86 Prozent der Mitarbeiter, die der Meinung sind, dass die Kollegen bereit seien, einen zusätzlichen Einsatz zu leisten, um Arbeiten fertig zu stellen, sprechen für eine hohe Verbundenheit.

Teamorientierung

Bei der Integration neuer Mitarbeiter helfen regelmäßige Feedbackgespräche von Seiten der Personalbetreuung. 82 Prozent der Befragten bestätigen, dass sich neue Mitarbeiter im Unternehmen willkommen fühlen. Der Arbeitsplatz des Abteilungsleiters ist gemäß den Leitlinien für die Gestaltung der *Neuen Brose Arbeitswelt* bei seinen Mitarbeitern im Team. Auf informeller Ebene fördern Betriebs- und Familienfeste, After-Work-Partys und Sportveranstaltungen, wie zum Beispiel die Brose-Fußballweltmeisterschaft, den Teamgeist. Gemeinsame freiwillige soziale Aktivitäten und Maßnahmen zum Gewässerschutz wie die Aktion Saubere Itz stärken zusätzlich den Zusammenhalt. Ein Befragter erlebt insbesondere „ein extrem stark ausgeprägtes Wir-Gefühl, das bewirkt, dass man mit Problemen nicht alleine gelassen wird, sondern vielmehr gemeinsam nach Lösungen sucht".

Drei Fragen an ...

Esther Loidl, Leiterin Personal, 32 Jahre

Was muss Ihnen ein Unternehmen persönlich bieten, damit Ihnen die Arbeit Freude macht?
Die Arbeit macht mir dann Freude, wenn ich Freiräume habe, um kreative Ideen umsetzen zu können. Ebenso wichtig sind: schnelle, kurze Wege zur Entscheidungsfindung, Transparenz in den Abläufen und eine offene Kommunikation.

Welche Empfehlung für die Karriereentwicklung können Sie aufgrund Ihrer Erfahrung jungen Fach- und Führungskräften mit auf den Weg geben?
Eine fundierte Ausbildung ist unverzichtbar. Bereits parallel zum Studium sollten praxisnahe Erfahrungen im Rahmen von Praktika gesammelt werden. Mit Blick auf die Karriereentwicklung ist ein mehrjähriger Auslandsaufenthalt empfehlenswert, der so früh wie möglich absolviert werden sollte. Ein hohes Maß an Initiative, ausgeprägte kommunikative Fähigkeiten und gro-

ße Flexibilität sind ebenso wichtig wie der Wille, sich persönlich und fachlich ständig weiterzuentwickeln.

Wie lautet Ihr persönlicher Leitsatz für erfolgreiches Management?
Erfolgreiches Management fängt bei der Identifikation der Führungskraft mit dem Unternehmen an.

Bewerberanforderungen

Was muss ein Bewerber mitbringen, damit er zu Brose passt?
Die Bewerber sollten über hohe Fach- und Problemlösungskompetenz verfügen, Selbstvertrauen, Belastbarkeit und Zuverlässigkeit besitzen, leistungsorientiert und lernwillig sein und eigenverantwortlich handeln.

Unternehmensfakten

Unternehmensname	Brose Fahrzeugteile GmbH & Co. KG, Coburg
Branche	Automobilzulieferer
Zahl der Mitarbeiter in 2004 in Deutschland	2.988 Brose Fahrzeugteile GmbH & Co. KG, Coburg 4.625 Brose Gruppe Deutschland
Gesamtmitarbeiter in 2004 (international/konzernweit)	8.150
Umsatz im Jahr 2004 national	keine Angaben
Umsatz im Jahr 2004 international	2,0 Milliarden Euro
Firmensitz	Ketschendorfer Str. 38–50 96450 Coburg

Homepage	www.brose.net
Beschäftigte Berufsgruppen (nach ihrer Häufigkeit)	Zu den wesentlichen Berufsgruppe zählen neben den Montagearbeitern Maschinen-bau-, Elektrotechnik- und Wirtschafts-ingenieure
Anfangsgehalt für Einsteiger (nach Berufsgruppen gereiht)	Das Gehalt wird marktgerecht abhängig von Ausbildung und Berufserfahrung gezahlt
Durchschnittliches Jahresge-halt nach fünf Jahren (gereiht nach Berufsgruppen)	keine Angaben
Bewerberinformationen	www.karriere-bei-brose.net E-Mail: karriere@brose.net
Weiterbildungsstunden pro Jahr für die größte Berufs-gruppe	Qualifizierungsumfang wird individuell und abhängig von Arbeitsinhalten festgelegt und mit den Fachvorgesetzten sowie der Perso-nalentwicklung abgestimmt
Anteil der Mitarbeiter unter 35 in Prozent	39,9 Prozent
Frauenanteil in Prozent	19,4 Prozent

CBT – Caritas-Betriebsführungs- und Trägergesellschaft mbH, Köln

SOZIAL UND WIRTSCHAFTLICH MANAGEN

Bei der CBT gewährleisten effiziente Organisationsstrukturen und gegenseitiger Respekt die Qualität der Arbeit von Menschen an Menschen.

Die Caritas-Betriebsführungs- und Trägergesellschaft (CBT) mit Geschäftszentrale in Köln wurde 1978 als erste katholische Trägergesellschaft in Deutschland in der Rechtsform einer freigemeinnützigen GmbH gegründet. Das Sozialunternehmen betreibt in der Diözese Köln derzeit an insgesamt 18 Standorten 33 Häuser der stationären Altenpflege und Behindertenhilfe. Darüber hinaus wird auf der Nordseeinsel Borkum eine Mutter-Kind-Kurklinik geführt. Insgesamt leben und arbeiten mehr als 6.500 Menschen in den Sozialeinrichtungen der CBT. Gesellschafter der CBT sind der Diözesan-Caritas-Verband für das Erzbistum Köln e.V. und das Erzbistum Köln.

Gründungsansatz der Trägergesellschaft war es, andere katholische Einrichtungen zu übernehmen, aufzufangen oder neue zu bauen, wenn örtliche Träger hierzu nicht beziehungsweise nicht mehr in der Lage sind. Wesentlicher Anspruch der Gesellschaft ist es, im Spannungsfeld von Wirtschaftlichkeit und Menschlichkeit Dienstleistungen für Menschen christlich und sozial, wirtschaftlich und professionell zu erbringen. Kurz: „sozial-wirtschaftlich managen". Nach dem Vorbild der CBT sind in Deutschland zahlreiche ähnliche Organisationen gegründet worden.

Die CBT beschäftigte 2004 in den verschiedenen Einrichtungen insgesamt 1.952 Mitarbeiter, der Umsatz der Gesellschaft belief sich auf 58 Millionen Euro. Im Wettbewerb *Deutschlands Beste Arbeitgeber 2005* belegt die Caritas-Betriebsführungs- und Trägergesellschaft mbH Gesamtrang 27 unter den Top 50-Arbeitgebern und Platz 14 in der Kategorie der Unternehmen von 501 bis 5.000 Mitarbeitern in Deutschland.

Unternehmensergebnisse aus dem Wettbewerb 2005

7-8 Punkte: ausgezeichnet, 5-6 Punkte: sehr gut, 3-4 Punkte: gut.

Glaubwürdigkeit

„Unsere haupt- und ehrenamtlichen Mitarbeiterinnen und Mitarbeiter sind unser kostbarstes Vermögen" ist der Kern der Unternehmensphilosophie der CBT. Alle Mitarbeiter erhalten die Grundsätze der CBT in Postkartengröße. Dass die Devise umgesetzt wird und nicht nur die Schreibtische der Mitarbeiter ziert, zeigt sich sowohl im Führungsverhalten und -stil als auch im alltäglichen Miteinander. Praktisch wird die Devise beispielsweise in der Ausgestaltung der innerbetrieblichen Kommunikation umgesetzt. So ist die Kommunikationsstruktur im Unternehmen sehr klar geregelt und umfasst zum Beispiel Management-Meetings, Hauskonferenzen und regelmäßige Dienstbesprechungen. Zudem werden relevante Informationen über eine hausinterne Mitarbeiterzeitung kommuniziert. Die Geschäftsführung sucht die verschiedenen Einrichtungen regelmäßig auf und gewährleistet dadurch den beidseitigen Informationsfluss im gesamten Unternehmen. 83 Prozent der Mitarbeiter haben den Eindruck, dass das Management klare Vorstellungen von den Zielen der Organisation hat und weiß, wie diese erreicht werden können.

Respekt

Ein Patenprogramm, das zahlreiche Reflexions- und Beurteilungsgespräche umfasst, erleichtert neuen Mitarbeitern den Einstieg. Zudem wird der Bedarf an Weiterbildung kontinuierlich durch Fortbildungsanalysen ermittelt. Interne und berufsbegleitende Ausbildungen zielen darauf ab, besonders das Qualifikationsniveau der nicht-ausgebildeten Kräfte zu verbessern. Die Bemühungen der Geschäftsleitung diesbezüglich werden von den Mitarbeitern honoriert: Überdurchschnittliche 81 Prozent stimmen in der Befragung der Aussage zu, dass ihnen Weiterbildung und Unterstützung für ihre berufliche Entwicklung angeboten werden. Das Ideenmanagement manifestiert sich bei der CBT in Form der Aktion „Frischer Wind". Sie greift die Ideen und Vorschläge der Mitarbeiter auf, kanalisiert und belohnt sie. Außergewöhnliche Leistungen werden im Rahmen jährlich stattfindender Mitarbeitergespräche besonders gewürdigt, etwa in Form von einzel- oder teambezogenen Prämien. Anstehende Neuerungen werden stets in fachübergreifend zusammengesetzten Projektgruppen diskutiert. Des Weiteren versucht das Management, über seine regelmäßige Teilnahme an der Konferenz der Vorsitzenden der Mitarbeitervertretungen der einzelnen CBT-Einrichtungen die Belange und Vorschläge der Belegschaft bei seinen Entscheidungen mit zu berücksichtigen. Hinsichtlich der Modelldimension „Fürsorge" fallen bei der CBT insbesondere umfangreiche Gesundheitskonzepte, wie beispielsweise Rückenschulungen, seelsorgerische Gesprächsangebote oder der kostenlose Besuch einer Ferienwohnung des Unternehmens auf der Insel Borkum auf. Bei besonderen Lebenslagen wie unverschuldeter Not werden zinslose Darlehen gewährt.

Fairness

Die CBT bietet ihren Mitarbeitern neben dem tariflich geregelten Leistungen gemäß den Arbeitsvertragsrichtlinien in den Einrichtungen des Deutschen Caritasverbandes (AVR) eine Reihe von übertariflichen Vergütungen. Dazu gehören Leistungszulagen, Versicherungsangebote, die Bezuschussung des Jobtickets sowie Jubiläumssonderzuwendungen. Auch die konsequente Zahlung der tariflichen Leistungen wie Weihnachtsgeld und Urlaubsgeld, die bei vielen anderen Trägern schon nicht mehr erfolgt, erhalten die Mitarbeitenden der CBT. Durch die kirchliche Versorgungskasse kommen zudem alle Mitarbeiter in den Genuss einer rein arbeitgeberfinanzierten Zusatzrentenversorgung. Für Pflegeberufe typisch ist der ausgeprägt hohe Frauenanteil, der bei der CBT bei rund 85 Prozent liegt. Konsequenterweise sind 71 Prozent der Führungspositionen mit Frauen besetzt. Dennoch ist man im Sinne des Gender Mainstreamings bestrebt, unterschiedliche Fähigkeiten, Interessen und Lebenssituationen von Frauen und Männern bei der Stellenbesetzung und Aufgabenverteilung bewusst zu berücksichtigen. Dies trifft gerade auch auf die Führungsebene zu. Die Chancengleichheit bei gleicher Qualifikation wird auch von der Belegschaft so erlebt. 93 Prozent bestätigen, dass die Mitarbeiter unabhängig von ihrem Geschlecht fair behandelt werden.

Stolz

Das Unternehmen fördert bewusst die Identifikation seiner Mitarbeiter mit der CBT. Hier ist zum Beispiel die Kontinuität im äußeren und inneren Erscheinungsbild zu nennen. Dies gewährleistet eine hohe Wiedererkennbarkeit für die Öffentlichkeit und sorgt somit auch für eine gute Identifikationsmöglichkeit. Des Weiteren zeigt die CBT durch zahlreiche Wettbewerbsteilnahmen ihr Selbstbewusstsein. Diverse Auszeichnungen, darunter auch das Arbeitsplatzgütesiegel „Arbeit plus", kann die CBT bereits ihr Eigen nennen. Herausragender Beleg für die Verbundenheit mit dem Unternehmen ist auch die Tatsache, dass sich zahlreiche ehemalige Mitarbeitende nach ihrem Rentenbeginn ehrenamtlich in ihren früheren CBT-Einrichtungen engagieren. Für überdurchschnittliche 91 Prozent der befragten aktuellen Belegschaft hat ihre Arbeit demgemäß eine besondere Bedeutung und ist nicht einfach nur ein „Job".

Teamorientierung

Weihnachtsfest, Betriebsausflug und weitere diverse Feste und religiöse Festtage werden seitens der CBT zum gemeinsamen Feiern genutzt. Das fördert den inneren Zusammenhalt und das Zusammengehörigkeitsgefühl. Wie es sich für ein rheinisches Unternehmen gehört, kommt auch der Karneval nicht zu kurz. Darüber hinaus ist es für die CBT selbstverständlich, dass Mitarbeiter in Rente zu geselligen Anlässen ihrer CBT-Einrichtungen und zu den großen Unternehmensveranstaltungen weiterhin eingeladen werden. Auch der „Tag der Mitarbeiter" einmal pro Jahr wird festlich begangen. Neuen Mitarbeiterinnen und Mitarbeitern wird durch eine gezielte und geplante Begleitung der Start ins Unternehmen erleichtert und Orientierung in der Bewältigung der Aufgaben gegeben. Hierbei werden für alle Berufsgruppen spezifische Einarbeitungskonzepte bereitgehalten. So erklären auch 82 Prozent der Befragten, dass sich neue Mitarbeiter hier willkommen fühlen.

Drei Fragen an ...

Margret Finke, Leiterin Personal- und Qualitätsmanagement, 43 Jahre

Was muss Ihnen ein Unternehmen persönlich bieten, damit Ihnen die Arbeit Freude macht?

Meine persönliche Grundeinstellung zum Leben und zur Arbeit sind zunächst einmal die wichtigsten Grundlagen, um Freude bei und an der Arbeit zu haben. Unternehmen, bei denen ich persönlich Arbeitsfreude und Zufriedenheit erfahren kann, müssen bestimmte Voraussetzungen erfüllen, die in folgender Aufzählung deutlich werden: Die Kultur des Umgangs, Vertrauen und das zwischenmenschliche Miteinander sind ganz entscheidend. Selbstverständlich sind aber auch noch weitere Aspekte für mich wichtig, wie z. B. klare, aber gleichzeitig flexible Strukturen, klare Kompetenzen, kurze Wege und schnelle Entscheidungen, offene Kommunikation, regelmäßiges Feedback, flexible Arbeitszeitgestaltung, Gestaltungsspielräume, Aufstiegsmöglichkeiten in Verbindung mit einer Karriere- bzw. Laufbahnplanung.

Welche Empfehlung für die Karriereentwicklung können Sie aufgrund Ihrer Erfahrung jungen Fach- und Führungskräften mit auf den Weg geben?

Junge Fach- und Führungskräfte müssen die Bereitschaft zum lebenslangen Lernen und zu schnellen Veränderungen mitbringen. Es ist wichtig, dass sie Herausforderungen und Probleme als Chancen verstehen, Mut und Zivilcourage mitbringen und die Bedeutung von Kommunikation einschätzen können. Dabei geht es vorrangig um die Art, wie kommuniziert wird. Die selbstkritische Reflexion, unter Beachtung und Anerkennung auch der eigenen Grenzen, sind dabei gerade für junge Führungskräfte von besonderer Bedeutung.

Wie lautet Ihr persönlicher Leitsatz für erfolgreiches Management?

Ich möchte dies mit zwei sehr einfachen Leitsätzen ausdrücken: nicht nur durch Worte, sondern auch durch Taten überzeugen. Handle so, wie du es auch von anderen erwarten würdest. Im Grunde gelingt erfolgreiches Management, wenn die richtigen Dinge getan werden, diese Dinge richtig getan werden und der Prozess konsequent verfolgt wird. Dieses effiziente und effektive Arbeiten muss durch ein wertschätzendes Miteinander und offene Kommunikation unterstützt werden.

Bewerberanforderungen

Was muss ein Bewerber mitbringen, damit er zu CBT passt?

Neben den beruflichen Handlungskompetenzen / beruflichen Qualifikation (Wissen und Können) müssen zukünftige Bewerber so genannte Schlüsselqualifikationen mitbringen. Die sind je nach Einsatzfeld unterschiedlich und können sein: planen, realisieren, umsetzen, kontrollieren, Beziehung gestalten usw. Sie müssen bei Problemen selbstständig und flexibel reagieren, sich selbst managen und mit sich zurechtkommen sowie erfolgreich im Team agieren können. Sie verfügen gleichermaßen über Fachkompetenz, Methodenkompetenz, Sozial- und Mitwirkungskompetenz. Sie sind bereit, ihre Kompetenzen beständig zu erweitern und hinzuzulernen. Aufgrund unserer besonderen Dienstleistung „Pflege und Begleitung von Menschen" brauchen wir Mitarbeitende mit einer positiven Ausstrahlung, freundlichem und herzlichem Auftreten. Wir brauchen Mitarbeitende mit dem „Herz am rechten Fleck", die ihren Beruf und die Menschen lieben.

Unternehmensfakten

Unternehmensname	CBT – Caritas-Betriebsführungs- und Trägergesellschaft mbH
Branche	Gesundheitswesen
Zahl der Mitarbeiter in 2004 in Deutschland	1.952
Umsatz im Jahr 2004 national	58 Millionen Euro
Firmensitz	Leonhard-Tietz-Straße 8 50676 Köln
Homepage	www.cbt-gmbh.de
Beschäftigte Berufsgruppen (nach ihrer Häufigkeit)	Pflegefachkräfte: Altenpfleger/ Krankenpfleger
Anfangsgehalt für Einsteiger (nach Berufsgruppen gereiht)	Mitarbeiter ohne Fachausbildung in der Pflege circa 21.000 Euro Jahresgehalt Altenpflegefachkräfte circa 27.000 Euro Jahresgehalt

Durchschnittliches Jahresgehalt nach fünf Jahren (gereiht nach Berufsgruppen)	circa 40.000 Euro für eine Altenpflegefachkraft. Ansonsten sind die Jahresgehälter abhängig von den Aufgabenfeldern und Verantwortungsbereichen. Führungskräfte erzielen Jahresgehälter zwischen 55.000 und 80.000 Euro
Bewerberinformationen	Frau Anke Schäfer Tel.: 02 21 / 9 24 44-2 20
Weiterbildungsstunden pro Jahr für die größte Berufsgruppe	circa 30–40 Stunden
Anteil der Mitarbeiter unter 35 in Prozent	19,6 Prozent
Frauenanteil in Prozent	87,7 Prozent

ConSol* Consulting & Solutions Software GmbH, München

SOFTWARE UND DEMOKRATISCHE WERTE

Im IT-Beratungshaus ConSol* zählen Argumente statt Anweisungen: Entscheidungen werden von Geschäftsführung und Mitarbeitern gemeinsam getroffen.

Die ConSol* Consulting & Solutions Software GmbH ist ein international tätiges IT-Beratungs- und Softwarehaus mit Sitz in München. Spezialisiert hat sich das Unternehmen auf die Entwicklung, Integration und den Betrieb komplexer IT-Systeme mit Anwendungsschwerpunkt in den Bereichen Betriebssysteme, Netzwerke, Datenbanken und Web Services. Eigene Produktentwicklungen im Bereich webbasierter CRM-Software zur Steuerung von Kommunikationsabläufen und Aufgabenverfolgung ergänzen das Leistungsspektrum. Zu den Kunden von ConSol* zählen Großunternehmen ebenso wie Mittelständler und öffentliche Verwaltungen.

Das Unternehmen unterhält eine Niederlassung in Ratingen bei Düsseldorf sowie kleinere Tochtergesellschaften in den USA und in Polen. Darüber hinaus ist Consol* Technologiepartner zahlreicher IT-Großunternehmen wie beispielsweise IBM, Oracle oder Sun Microsystems.

Im Geschäftsjahr 2003/2004 erzielte das 1984 gegründete Unternehmen einen Gesamtumsatz von 13,9 Millionen Euro. Insgesamt waren 2004 120 Mitarbeiter bei Consol* beschäftigt, 110 davon arbeiten in Deutschland.

Im Wettbewerb *Deutschlands Beste Arbeitgeber 2005* belegt die ConSol* Software GmbH Gesamtrang 13 unter den Top 50-Arbeitgebern und Platz 6 in der Kategorie der Unternehmen von 100 bis 500 Mitarbeitern in Deutschland.

Zusätzlich konnte sich das Unternehmen auf der europäischen Liste „100 Beste Arbeitgeber in Europa 2005" platzieren.

Unternehmensergebnisse aus dem Wettbewerb 2005

7-8 Punkte: ausgezeichnet, 5-6 Punkte: sehr gut, 3-4 Punkte: gut.

Glaubwürdigkeit   ■ ■ ■ ■ ■ ■ ▫ ▫

Kurze Reaktionszeiten auf Mitteilungen und Anregungen der Mitarbeiter kennzeichnen das Management. Die Geschäftsführung ist permanent telefonisch und per E-Mail erreichbar, teilweise sogar im Urlaub. Regelmäßige Rundgänge der Geschäftsleitung bieten Gelegenheit, auf Probleme hinzuweisen und gemeinsam Lösungen einzuleiten – intensive Fachgespräche gehören zum Alltag. Außerdem nutzt die Geschäftsleitung E-Mails, um Unternehmensphilosophie, Werte und Ziele des Unternehmens zu vermitteln. Beim monatlichen *All-Meeting* werden alle Mitarbeiter über die neusten Entwicklungen im Unternehmen informiert. Des Weiteren schätzen die Mitarbeiter an ihrem Management, dass es „seinen Worten Taten folgen lässt". Überdurchschnittliche 84 Prozent der Befragten bewerten die Integrität und Konsistenz des Managements positiv. So bemerkt beispielsweise ein Mitarbeiter, „dass verbesserungsfähige Aspekte aus der Umfrage im letzten Jahr sofort besprochen wurden, um eine dauerhafte Verbesserung zu erreichen, z. B. werden mehr Schulungen angeboten, und es wurde ein „Frauenstammtisch" eingerichtet".

Respekt

Die Zusammenarbeit von Mitarbeitern und Management folgt dem Wahlspruch „Argumente statt Anweisungen". Demokratische Mitbestimmungsstrukturen gewährleisten die Einbeziehung aller: Mitarbeiter, die Wünsche und Anregungen für Verbesserungen haben, wenden sich an die 15 Kollegen im Direktorium, das sich aus Nicht-Führungskräften der unterschiedlichen Teams zusammensetzt. Einmal monatlich diskutiert das Direktorium mit der Geschäftsführung über strategische Fragen, aber auch über Aspekte wie die Ausstattung der Arbeitsplätze. Die gefällten Entscheidungen am Ende der Sitzung tragen die Direktoriummitglieder dann wiederum in ihren Gruppen vor. „Jeder lehrt jeden" ist die Grundlage der Weiterbildung. Die Consol*-Akademie gewährleistet durch gegenseitige interne Schulungen die unbürokratische und kompetente Weiterbildung der Mitarbeiter untereinander. Hierzu bemerkt ein Mitarbeiter: „Information Hiding gibt es nicht. So eine offene Kultur macht einfach Spaß bei der Arbeit." Zur Anerkennung von Leistung und besonderem Einsatz setzt ConSol* auf sein bewährtes System der Gewinnbeteiligung, die derzeit vorsieht, jeweils 50 Prozent des Gewinnes an die Belegschaft auszuschütten. Dem- gemäß stellt ein Befragter zufrieden fest: „Die eigenen Leistungen, die zum Wachstum der Firma beigetragen haben, werden mit einer Beteiligung am Gewinn belohnt."

Fairness

Fairness ist eine feste Größe der Kultur bei ConSol*: Das belegen die 88 Prozent der Befragten, die überzeugt sind, dass ihr Anliegen ernst genommen wird, wenn sie gegen eine von ihnen als ungerecht wahrgenommene Behandlung protestieren. Vietnamesische und türkische Auszubildende, südeuropäische Sekretärinnen, ein griechischer Support-Spezialist und polnische Software-Entwickler sind Beispiele für den multikulturellen Charakter der Belegschaft, die zusammen in einem globalen Umfeld agiert. Die befragte Belegschaft schätzt insbesondere den toleranten Umgang miteinander. 99 Prozent der Befragten erleben, dass sie unabhängig von Nationalität oder ethnischer Herkunft fair behandelt werden.

Stolz

Besondere Verdienste der Mitarbeiter werden öffentlich gewürdigt, auch in überregionalen Medien, die häufig bei dem mit vielen nationalen und internationalen Preisen ausgezeichneten Erfolgsunternehmen vorstellig werden. Die hohe technische Kompetenz der Mitarbeiter wird sowohl von

Fachkreisen als auch von den Kunden in gleicher Weise anerkannt. Lob von Kunden macht intern schnell die Runde. Auszeichnungen und Ehrungen werden als Erfolg aller Mitarbeiter verstanden und kommuniziert. Herausragende 95 Prozent der Befragten stimmen darin überein, dass Mitarbeiter bereit sind, einen zusätzlichen Einsatz zu leisten, um Arbeiten fertig zu stellen.

Teamorientierung

Die fürsorgliche und familiäre Atmosphäre und der Teamgeist innerhalb der Belegschaft sind für alle von zentraler Bedeutung. Die Mitarbeiter kümmern sich bei ConSol* gegenseitig um einander, das bestätigen 91 Prozent. Sie loben das sehr gute Klima und das unkomplizierte Miteinander, das sich beispielsweise am hierarchieübergreifenden „Du" als Anrede im Unternehmen zeigt. In der Befragung geben 88 Prozent der Mitarbeiter an, gemeinsam an einem Strang zu ziehen. Ein Befragter erzählt: „Häufig kommt es vor, dass sich Kollegen mit Fragen an die „all"-Mailingliste wenden, wenn sie bei einem Problem nicht weiterkommen. Die Antwort ist dann nur eine Frage von Minuten." Die Geschäftsleitung kennt jeden Mitarbeiter persönlich. Bei Firmenveranstaltungen sind auch die Partner und Kinder der Mitarbeiter stets gern gesehene Gäste.

Drei Fragen an ...

Dr. Ulrich Schwanengel, Geschäftsführer, 58 Jahre

Was muss Ihnen ein Unternehmen persönlich bieten, damit Ihnen die Arbeit Freude macht?

Ich suche in meinem Beruf einerseits die fachliche Herausforderung, aber auch das kollegiale Miteinander. Mich reizt ein Unternehmen, das technisch anspruchsvolle Projekte bietet und dem es gelingt, hochqualifizierte Mitarbeiter anzuziehen. Wer eine besondere Leistung bringt, soll auch besonders honoriert werden. Gleichzeitig lege ich großen Wert auf ein „Wir-Gefühl": eine flache Hierarchie, in der die Unternehmensziele für alle transparent sind und in der die Mitarbeiter ihr Wissen aktiv weitergeben. Mit einem hohen Freiheitsgrad für die Einzelnen.

Welche Empfehlung für die Karriereentwicklung können Sie aufgrund Ihrer Erfahrung jungen Fach- und Führungskräften mit auf den Weg geben?

Jungen Fach- und Führungskräften rate ich, die eigenen Berufswünsche gut zu analysieren. Suchen Sie sich eine Ihren Wünschen entsprechende Firma und vervollkommnen Sie dort Ihre berufliche Ausbildung. Greifen Sie zu, wenn Ihnen eine Mitunternehmerschaft angeboten wird. Und kultivieren Sie bewusst den Spaß am Lernen. Laden Sie Ihren „inneren Akku" immer wieder auf. Für den Berufsstart wie für das spätere Berufsleben gilt: Nicht der hoch dotierte Job ist der beste, sondern der, der Ihnen am meisten entspricht.

Wie lautet Ihr persönlicher Leitsatz für erfolgreiches Management?

Motivation und Belohnung: Man sollte sich – und seinen Kollegen und Mitarbeitern – immer wieder klar machen, warum man was tun und erreichen will. Hat man eines seiner Ziele dann erreicht, dann sollte man sich und seine Kollegen und Mitarbeiter in geeigneter Form belohnen – sei es durch Anerkennung und Würdigung der Leistung, sei es durch materielle Zuwendungen. Durch jede Art von Belohnung verstärkt man Erfolgserlebnisse und setzt Anreize, um neue, weitergehende Ziele durch gute (Zusammen-)Arbeit zu erreichen.

Bewerberanforderungen

Was muss ein Bewerber mitbringen, damit er zu ConSol* passt?

ConSol* arbeitet auf einem fachlich sehr hohen Niveau, dafür sind wir bei unseren Kunden und Partnern bekannt. Daher suchen wir in erster Linie ausgewiesene IT-Profis mit mehreren Jahren Berufserfahrung. Zu den Erfolgskriterien unserer Mitarbeiter gehören außerdem soziale Kompetenzen wie Teamfähigkeit, Selbstständigkeit, Flexibilität, Begeisterungsfähigkeit und eine gesunde Portion Neugier. Bringen Berufsanfänger und Quereinsteiger ein hohes technisches Potenzial mit, das nur auf seine Entfaltung wartet, so sind wir – bei entsprechender Eignung – gerne bereit, auch solche Bewerber einzustellen und auszubilden.

Unternehmensfakten

Unternehmensname	ConSol* Consulting & Solutions Software GmbH
Branche	Informationstechnologie
Zahl der Mitarbeiter in 2004 in Deutschland	110

Gesamtmitarbeiter in 2004 (international/konzernweit)	120
Umsatz im Jahr 2004 national	13,9 Millionen Euro in 2003/2004
Umsatz im Jahr 2004 international	13,9 Millionen Euro in 2003/2004
Firmensitz	Franziskanerstraße 38 81669 München
Homepage	www.consol.de www.consol.com
Beschäftigte Berufsgruppen (nach ihrer Häufigkeit)	Software-Consultants, Software-Entwickler
Anfangsgehalt für Einsteiger (nach Berufsgruppen gereiht)	abhängig von der Qualifikation
Durchschnittliches Jahresgehalt nach fünf Jahren (gereiht nach Berufsgruppen)	abhängig von der Qualifikation
Bewerberinformationen	www.consol.de/jobs
Weiterbildungsstunden pro Jahr für die größte Berufsgruppe	30 Stunden
Anteil der Mitarbeiter unter 35 in Prozent	55,5 Prozent
Frauenanteil in Prozent	16,4 Prozent

DePuy Orthopädie GmbH, Kirkel-Limbach

UNTERSTÜTZUNG FÜR KÖRPER UND MENSCH

Das Management von DePuy Orthopädie schätzt eigenverant-

wortliches Arbeiten und unterstützt seine Mitarbeiter durch

regelmäßige Feedbackgespräche und Weiterbildung.

Die DePuy Orthopädie GmbH mit Sitz im saarländischen Kirkel-Limbach ist eine deutsche Vertriebstochter des traditionsreichen US-amerikanischen Medizintechnik-Produzenten DePuy Orthopaedics aus Warsaw/Indiana, der seit 1998 zum Medical Device and Diagnostics Business des weltweit agierenden Johnson & Johnson-Konzerns gehört.

Das Unternehmen DePuy begann seine Tätigkeit Anfang des 20. Jahrhunderts als weltweit erster kommerzieller Hersteller orthopädischer Produkte. Heute zählt DePuy zu den Marktführern für die orthopädische Endoprothetik. Entwickelt, gefertigt und vertrieben werden folglich Gelenkersatzsysteme wie Knie- und Hüftgelenksprothesen oder auch unter dem Label von DePuy Spine Wirbelsäulenprothetik und Bandscheibenersatz.

Zusätzlich bietet DePuy auch unter dem Markennamen iOrthopaedics Technologien, Produkte und Dienstleistungen zur Navigation bei orthopädischen

Operationen an. Im Zubehörbereich umfasst das Produktspektrum Knochen-Zemente und synthetische wie natürliche Knochen-Ersatzstoffe.

DePuy Orthopädie ist seit 1989 in Deutschland vertreten und beschäftigte 2004 174 Mitarbeiter bei einem Umsatz von rund 104,3 Millionen Euro. 2004 zog das Unternehmen vom Standort Sulzbach ins nahe gelegene Kirkel-Limbach um, zusätzliche Vertriebsbüros werden in München und Bremen unterhalten. Weltweit beschäftigt DePuy rund 6.000 Mitarbeiter.

Im Wettbewerb *Deutschlands Beste Arbeitgeber 2005* belegt die Depuy Orthopädie GmbH Gesamtrang 37 unter den Top 50-Arbeitgebern und Platz 15 in der Kategorie der Unternehmen von 100 bis 500 Mitarbeitern in Deutschland.

Unternehmensergebnisse aus dem Wettbewerb 2005

7-8 Punkte: ausgezeichnet, 5-6 Punkte: sehr gut, 3-4 Punkte: gut.

Glaubwürdigkeit

„Unseren Mitarbeitern gegenüber tragen wir Verantwortung" – das ist eine der vier zentralen Aussagen des Wertekatalogs, den DePuy mit dem Mutterkonzern Johnson & Johnson teilt. Das Credo ist im Unternehmensalltag jedes Mitarbeiters eine feste Größe und zeigt sich im Arbeitsalltag sowohl durch die Führungsprinzipien als auch durch Zielsetzungs- und Feedbackgespräche. Das Management zeichnet sich dadurch aus, dass es auf die gute Arbeit der Mitarbeiter vertraut, ohne sie ständig zu kontrollieren – das bestätigen 90 Prozent aller Befragten. Im Hinblick auf die Kommunikation zählen Offenheit, Austausch und die Einbeziehung aller Mitarbeiter. Ein Befragter begeistert sich insbesondere für sein „sehr zugängliches Management, dessen Tür immer für Mitarbeiterbelange offen steht". Das Motto der Mitarbeiterzeitung lautet: von den Mitarbeitern für die Mitarbeiter. Sie wird in Eigenregie und ohne redaktionelle Einflussnahme der Geschäftsführung von den Beschäftigten etwa halbjährlich erstellt. Über die so genannte *Credo*-Umfrage, die intern mindestens alle zwei Jahre stattfindet, stellt DePuy fest, inwieweit die internen Standards und Benchmarks erreicht werden. Um etwaige Abweichungen zu verringern, werden Aktionspläne in Teamarbeit entwickelt.

Respekt

Bei der Neubesetzung von Stellen setzt das Unternehmen auf Transparenz. Alle Jobs werden zunächst intern ausgeschrieben, sodass für jeden in gleicher Weise die Chance besteht, sich zu bewerben. Alle internen Bewerber, die bei der Stellenbesetzung nicht berücksichtigt werden konnten, erhalten ein umfangreiches Feedback. 89 Prozent der Beschäftigten äußern sich zufrieden mit dem Umfang der ihnen angebotenen Maßnahmen, die ihrer beruflichen Weiterbildung und Entwicklung dienen. Sehr gute individuelle Leistungen werden mittels Bonuszahlungen belohnt. Da die Einführung eines Betriebsrates von den Mitarbeitern abgelehnt wurde, vertritt ein sechsköpfiges Sprecher(-innen)-Gremium die Belange der Mitarbeiterschaft, damit eine gute innerbetriebliche Zusammenarbeit gewährleistet ist. Insgesamt betrachtet fällt das Urteil der Mitarbeiter hinsichtlich ihrer Arbeitsbedingungen überdurchschnittlich positiv aus. 94 Prozent – 13 Prozentpunkte über dem Mittel des Siegerfeldes der Top-50 – loben: Unser Gebäude und die Einrichtungen tragen zu einer guten Arbeitsumgebung bei.

Fairness

Die Spitzenstellung des Unternehmens hinsichtlich seiner Vergütungspraxis spiegelt sich in der hohen Zufriedenheit der Mitarbeiter wider. 78 Prozent der Befragten denken, dass sie eine angemessene Bezahlung für ihre Arbeit erhalten. Mit sechs Prozentpunkten liegt dieser Wert deutlich über dem Durchschnitt aller Top 50-Unternehmen. Zum Grundgehalt bietet DePuy zahlreiche Extras wie ein Mitarbeiteraktienprogramm oder Jubiläumszahlungen. Auch der faire Umgang miteinander findet seinen Niederschlag in den Befragungsergebnissen. So bekunden 87 Prozent der befragten Mitarbeiter, dass sie unabhängig von ihrer Position als vollwertiges Mitglied behandelt werden.

Stolz

„Small company environment, big company impact" ist der Slogan, mit dessen Hilfe DePuy ein „Wir-Gefühl" vermittelt. Die Kraft eines mittelständischen Unternehmens mit den Chancen und dem Marktgewicht eines internationalen Konzerns zu verbinden ist die Stärke des Unternehmens. Insgesamt fallen die Werte bezüglich der Identifikation der Belegschaft mit ihrem Arbeitgeber positiv aus. 90 Prozent der Befragten sagen, dass ihre Arbeit eine besondere Bedeutung für sie hat und nicht nur einfach ein „Job" ist. Weitere überdurchschnittliche 91 Prozent der Befragten sind mit der Art und Weise zufrieden, in der sie einen Beitrag für die Gesellschaft leisten. Hierzu trägt auch das soziale Engagement des Unternehmen bei, das von der Belegschaft mitgetragen wird. So haben sich beispielsweise die Belegschaft und das Management DePuys kürzlich an den Spendenaktionen für ein Homburger Kinderhaus auf dem Gelände der Universitätsklinik beteiligt.

Teamorientierung

Ein Einführungstraining erleichtert die Einarbeitung neuer Mitarbeiter, die überdies einen Einarbeitungspaten zur Seite gestellt bekommen. Seine Aufgabe ist es, die Neuankömmlinge dabei zu unterstützen, ihre Verantwortlichkeiten und Arbeitsbereiche kennen zu lernen. Dieses Programm verfehlt seine Wirkung nicht. Immerhin 86 Prozent der Befragten empfinden, dass man sich als neuer Mitarbeiter bei DePuy willkommen fühlt. Dem Kommentar eines Mitarbeiters zufolge zeichnet sich DePuy durch „ein sehr angenehmes Arbeitsklima in einem motiviertem Team aus, in dem man oft das Gefühl hat, dass einer für alle und alle für einen einstehen". 83 Prozent der befragten Belegschaft sind der Meinung, sie können im Unternehmen sie selbst sein und bräuchten sich nicht zu verstellen, was für ein intaktes Betriebsklima zwischen den Mitarbeitern spricht. Weitere 85 Prozent stellen fest, dass besondere Anlässe bei DePuy gefeiert werden.

Drei Fragen an ...

Jürgen Horn, Geschäftsführer, 50 Jahre

Was muss Ihnen ein Unternehmen persönlich bieten, damit Ihnen die Arbeit Freude macht?

Das Unternehmen muss erfolgreich sein. Die Stimmung muss gut und von gegenseitigem Respekt geprägt sein. Das Unternehmen muss mir die Möglichkeit geben, eigene Ideen und Konzepte zu entwickeln und diese umzusetzen. Die Unternehmenskultur muss geprägt sein von Fairness und dem unbedingten Willen zum Erfolg über eine entsprechend ausgerichtete Kundenorientierung.

Welche Empfehlung für die Karriereentwicklung können Sie aufgrund Ihrer Erfahrung jungen Fach- und Führungskräften mit auf den Weg geben?

Sie sollten ständig dafür sorgen, dass ihr Wissenstand deutlich über dem Durchschnitt liegt, und zwar in Bezug auf die Produkte des Unternehmens ebenso wie auf die Prozesse und Abläufe. Sie sollten jederzeit auch unliebsame Aufgaben übernehmen, sich an erfolgreichen Führungskräften orientieren und auch deutlich zum Ausdruck bringen, dass sie an Ihrer persönlichen Weiterentwicklung ebenso wie an der Firma interessiert sind.

Wie lautet Ihr persönlicher Leitsatz für erfolgreiches Management?

Das Handeln eines Managers muss auf jeden Fall immer mit seinen Aussagen übereinstimmen, und er muss in der Lage sein, die Stärken und Schwächen der Organisation und der Mitarbeiter in einen produktiven Einklang zu bringen.

Bewerberanforderungen

Was muss ein Bewerber mitbringen, damit er zu DePuy Orthopädie passt?

Der Bewerber/die Bewerberin sollte neben exzellenter Fachkenntnis vor allem eine „Can-do-attitude" mitbringen, was für uns u. a. die Leidenschaft, erfolgreich zu sein, Offenheit, Eigenmotivation sowie Selbstverantwortung umfasst. Daneben sind hohe Teamorientierung, Integrität und gute Kommunikation in allen Positionen essentiell. Zusätzlich sind aufgrund der internationalen Umgebung vor allem gute Englischkenntnisse, Mobilität und interkulturelle Sensibilität empfehlenswert. Von Hochschul-/Fachschulabsolventen erwarten wir außerdem außeruniversitäres Engagement, einen zügigen Studienabschluss und erste Auslandserfahrungen. Letztlich helfen Neugier und der Wille zum kontinuierlichen Lernen sehr, um in unserem sich stetig wandelnden Umfeld Spaß an der Aufgabe zu haben.

Unternehmensfakten

Unternehmensname	DePuy Orthopädie GmbH
Branche	Medizintechnik
Zahl der Mitarbeiter in 2004 in Deutschland	174 (Dezember 2004)
Gesamtmitarbeiter in 2004 (international/konzernweit)	DePuy weltweit circa 6.000 Johnson & Johnson weltweit: 109.900

Umsatz im Jahr 2004 national	104,3 Millionen
Umsatz im Jahr 2004 international	Johnson & Johnson weltweit: 47,3 Milliarden US-Dollar
Firmensitz	Konrad-Zuse-Straße 19 66459 Kirkel-Limbach
Homepage	www.depuy.de www.jnj.com
Beschäftigte Berufsgruppen (nach ihrer Häufigkeit)	Verkauf und Marketing (kaufmännische, medizinische oder technische Vorbildung), Research & Development (Informatiker, Entwickler, Elektronikingenieure), Supply Chain (Fachkräfte Logistik, Customer Service)
Anfangsgehalt für Einsteiger (nach Berufsgruppen gereiht)	abhängig von Qualifikation und Position
Durchschnittliches Jahresgehalt nach fünf Jahren (gereiht nach Berufsgruppen)	abhängig von Leistung und Position
Bewerberinformationen	Postadresse: Human Resources Konrad-Zuse-Str. 19 66459 Kirkel-Limbach
Weiterbildungsstunden pro Jahr für die größte Berufsgruppe	30–50 Stunden pro Mitarbeiter pro Jahr
Anteil der Mitarbeiter unter 35 in Prozent	31,0 Prozent
Frauenanteil in Prozent	42,1 Prozent

Diageo Deutschland GmbH, Rüdesheim a. R.

SPIRITUOSENVERTRIEB MIT TEAMGEIST

Ein ungezwungener Umgang mit dem Management und das gemeinsame Feiern von Erfolgen prägen die freundliche Arbeitsatmosphäre bei Diageo.

Die Diageo Deutschland GmbH mit Sitz in Rüdesheim am Rhein ist eine Marketing- und Vertriebsgesellschaft für internationale Premium-Spirituosenmarken. Muttergesellschaft ist der weltgrößte Spirituosenhersteller Diageo plc mit Stammsitz in London. Diageo ging 1997 aus der Fusion der britischen Bier- und Spirituosenhersteller Guinness plc (Guinness) und des Verbrauchsgüterunternehmens Grand Metropolitan plc („GrandMet") hervor. Die deutsche Niederlassung von Diageo (seit 2002) ist ursprünglich aus der Fusion (1998) der jeweiligen Tochterunternehmen Weltmarken Import (Wiesbaden) und United Distillers Deutschland GmbH (Rüdesheim am Rhein) entstanden.

Aktivitäten des Konzern in über 180 Ländern der Welt sind die Destillation und Vermarktung von Scotch Whisky, Wodka, Gin und anderen Spirituosen, Ready to Drinks, sowie das Brauen und Vermarkten von Bier.

Das Markenportfolio von Diageo umfasst internationale Premium-Marken und Weltmarktführer wie unter anderem Smirnoff Vodka, Johnnie Walker,

Baileys, Gordon's, Tanqueray Gin, J&B, Guinness und Smirnoff ICE. Acht der 20 weltweiten Top-Marken vertreibt Diageo.

Diageo Deutschland erzielte 2004 mit 157 Mitarbeitern einen Umsatz von rund 291 Millionen Euro. Weltweit betrug der Umsatz 9,4 Milliarden britische Pfund, den rund 25.000 Mitarbeiter für den Diageo-Konzern erwirtschafteten.

Im Wettbewerb *Deutschlands Beste Arbeitgeber 2005* belegt die Diageo Deutschland GmbH Gesamtrang 23 unter den Top 50-Arbeitgebern und Platz 10 in der Kategorie der Unternehmen von 100 bis 500 Mitarbeitern in Deutschland.

Unternehmensergebnisse aus dem Wettbewerb 2005
7-8 Punkte: ausgezeichnet, 5-6 Punkte: sehr gut, 3-4 Punkte: gut.

Glaubwürdigkeit

Die Mitarbeiter loben „den direkten und offenen Kontakt zum Management-Team und die Schnelligkeit bei der Entscheidungsfindung". Transparenz und Klarheit der Kommunikation werden besonders hoch bewertet: 84 Prozent der Mitarbeiter bescheinigen ihrem Management, dass es seine Erwartungen klar und deutlich formuliert. Die Geschäftsführung ihrerseits legt großen Wert darauf, bei Entscheidungen die Ansichten der Mitarbeiter einzuholen: Die Mitglieder des Management-Teams sind in verschiedenen Projekt-Teams involviert und gewährleisten einen ausgiebigen Informationsaustausch. Regelmäßig finden strukturierte abteilungsübergreifende Workshops und Meetings statt. Überdurchschnittlich positiv wird von den befragten Mitarbeitern das hohe Maß an Eigenverantwortlichkeit bei der Aufgabenerledigung beurteilt. 95 Prozent der befragten Mitarbeiter wissen, dass das Management auf die gute Arbeit der Mitarbeiter vertraut, ohne sie ständig zu kontrollieren.

Respekt

Eigener Aussage nach werden die Mitarbeiter bei Diageo „gefordert und gefördert". Im Rahmen des *People Performance Managements* bietet Diageo seinen Mitarbeitern aufeinander abgestimmte Trainings- und Coachingmaßnahmen an. Im Modul *Build Diageo Talent* werden systematisch soziale Kompetenzen wie Kritikfähigkeit eingeübt, um die offene Feedback-Kultur im Hause zu fördern. Nicht-berufsbezogene Fortbildungen wie Sprachkurse werden durch Zuschüsse und die Gewährung von Freistunden unterstützt. Das Unternehmen hält seine Mitarbeiter explizit an, zu experimentieren und neue Wege zu gehen. Ein „Recht auf Fehler" wird dabei allen Mitarbeitern eingeräumt. Überdurchschnittliche 87 Prozent der befragten Mitarbeiter bestätigen, dass das Management anerkennt, dass bei der Arbeit auch Fehler passieren können.

Fairness

Die ausgewogene Behandlung aller Beschäftigten ist eine der Stärken des Unternehmens: 93 Prozent der befragten Mitarbeiter bestätigen, unabhängig von ihrer Position als vollwertiges Mitglied des Unternehmens behandelt zu werden. Vor dem Hintergrund des Top-50-Mittelwertes (76 Prozent) ein herausragend gutes Ergebnis erzielt das Unternehmen hinsichtlich der Fairness im Rahmen des internen Beschwerdewesens. 84 Prozent stimmen der Aussage zu: „Wenn ich ungerecht behandelt werde und mich beschwere, bin ich überzeugt, dass damit fair umgegangen wird." Zur Förderung interkultureller Kompetenzen setzt man bei Diageo auf ein einfaches Mittel: Projekt-Teams sind stets international besetzt. Der Anteil weiblicher Mitarbeiter liegt zurzeit bei etwa 40 Prozent, und viele Mitarbeiterinnen arbeiten in leitenden Positionen, etwa als Marketing Manager oder in den Abteilungen Human Resources und Finance. Absolute 100 Prozent der Befragten erleben, dass sie unabhängig von Nationalität oder ethnischer Herkunft fair behandelt werden.

Stolz

„Wir sind stolz auf das, was wir tun" heißt es in den Leitlinien des Unternehmens. Diageo-Mitarbeiter identifizieren sich stark mit dem, was sie gemeinsam leisten und erreichen: „Ich lebe Diageo; ich vertrete es und arbeite für Diageo, als wenn es mein eigenes wäre" beschreibt ein Mitarbeiter. „Wir sind ein Spitzenunternehmen" ergänzt ein anderer. Die außergewöhnliche Unternehmensbindung der Mitarbeiter beruht neben der hohen Entscheidungsfreiheit und Eigenverantwortlichkeit, die ihnen eingeräumt wird, auf dem sozialen Engagement des Konzerns. Im Rahmen zahlreicher sozialer Projekte, etwa in Kooperation mit der AIDS-Hilfe Frankfurt, engagieren sich Mitarbeiter für das Gemeinwesen. Herausragende 95 Prozent der Belegschaft erklären: „Ich bin stolz, anderen erzählen zu können, dass ich hier arbeite."

Teamorientierung

Bei Diageo nimmt man sich Zeit, gemeinsame Erfolge zu feiern: „celebrate succes" ist als zentraler Grundsatz in der Unternehmenskultur verankert. Die gemeinsamen Firmenreisen nach Irland oder Italien sind bei den Mitarbeitern sehr beliebt. 92 Prozent der Befragten wissen, dass besondere Ereignisse bei Diageo gefeiert werden. Jährlich stattfindende Tagungen – zu denen auch der Lebenspartner eingeladen wird – stärken den Teamgedanken und das Zusammengehörigkeitsgefühl. Das Diageo-Bistro wird für gemeinsame Betriebsfeiern gern genutzt. Ab und an überrascht der Geschäftsführer seine Mitarbeiter im Innen- und Außendienst mit einem besonderen Event. So gab es im vergangenen Jahr Jazz- und Popkonzerte im Firmen-Bistro. Die Atmosphäre im Unternehmen ist sehr gut: „Der Teamgeist ist enorm ausgeprägt. Die Mitarbeiter stehen stark hinter dem Unternehmen und den Produkten. Die Beziehungen zwischen den Mitarbeitern sind sehr freundschaftlich. Kollegen sind gleichzeitig Freunde und verbringen auch privat Zeit miteinander", erzählt ein Mitarbeiter.

Drei Fragen an ...

Uwe Schneider, Geschäftsführer, 49 Jahre

Was muss Ihnen ein Unternehmen persönlich bieten, damit Ihnen die Arbeit Freude macht?
Herausforderungen spornen mich an, und der direkte Dialog mit Mitarbeitern und Kunden ist für die Freude bei der Arbeit eine wichtige Voraussetzung. Offenheit, Empathie und Verantwortungsbewusstsein sind meine Kriterien bei der Auswahl für die Zusammenarbeit mit einem Unternehmen.

Welche Empfehlung für die Karriereentwicklung können Sie aufgrund Ihrer Erfahrung jungen Fach- und Führungskräften mit auf den Weg geben?
Ich arbeite gern mit Leuten zusammen, die Veränderungen positiv sehen. Durchsetzungsvermögen, emotionale Stärke und das Streben nach Weiterentwicklung der persönlichen Fähigkeiten sind wichtige Eigenschaften für die Karriereentwicklung. Aufgeschlossen und neugierig sein, wissensdurstig, nach innovativen Ideen und Möglichkeiten suchen und dieses Wissen den Kollegen zur Verfügung stellen, darauf kommt es meiner Meinung nach an. Das sind Verhaltensweisen für erfolgreiche und effektive Teamarbeit, die gelebt werden müssen.

Wie lautet Ihr persönlicher Leitsatz für erfolgreiches Management?
Engagierter Einsatz, differenziertes Denken und Teamarbeit verstärken die persönliche Weiterentwicklung, Offenheit und Veränderungen anzunehmen und zu gestalten.

Bewerberanforderungen

Was muss ein Bewerber mitbringen, damit er zu Diageo passt?

Bewerber werden nicht nach rein fachlichem Können ausgewählt. „Die Chemie muss stimmen". Es werden cross-funktionale Mitarbeiter in den Rekrutierungsprozess einbezogen. Der Entscheidungsprozess bei Stellenbesetzungen ist auf mehrere Stufen und Schultern verteilt. Im ersten Gespräch steht die Persönlichkeit des Bewerbers im Vordergrund. In der zweiten Gesprächsrunde finden cross-funktionale Interviews statt. Das heißt zum Beispiel bei Führungskräften: Es finden Gespräche mit Kollegen aus anderen Abteilungen statt. Kollegen aus anderen Abteilungen haben häufig ihren eigenen Blick, sie lernen den Kandidaten aus einer anderen Perspektive kennen. In der dritten Runde findet ein Einzelgespräch mit einem externen Psychologen statt. Durch diesen Prozess gehen alle Führungskräfte. Dabei wollen wir niemanden gut oder schlecht beurteilen, sondern schauen, ob er zu uns passt.

Unternehmensfakten

Unternehmensname	Diageo Deutschland GmbH
Branche	Nahrungs-/Genussmittel
Zahl der Mitarbeiter in 2004 in Deutschland	157
Gesamtmitarbeiter in 2004 (international/konzernweit)	25.000
Umsatz im Jahr 2004 national	291,2 Millionen Euro
Umsatz im Jahr 2004 international	9,4 Milliarden britische Pfund
Firmensitz	Europastr. 10 65385 Rüdesheim am Rhein

Homepage	international: www.Diageo.com national: www.Diageo.de
Beschäftigte Berufsgruppen (nach ihrer Häufigkeit)	Außendienstmitarbeiter (Gebietsverkaufsleiter)
Anfangsgehalt für Einsteiger (nach Berufsgruppen gereiht)	keine Angaben
Durchschnittliches Jahresge- halt nach fünf Jahren (gereiht nach Berufsgruppen)	keine Angaben
Bewerberinformationen	auf Anfrage
Weiterbildungsstunden pro Jahr für die größte Berufs- gruppe	fünf Tage
Anteil der Mitarbeiter unter 35 in Prozent	37,6 Prozent
Frauenanteil in Prozent	38,2 Prozent

DIS Deutscher Industrie Service AG, Düsseldorf

DIS AG

PERSONAL MIT PERSÖNLICHKEIT

Der Personaldienstleister DIS bietet ein breit gefächertes Weiterbildungsprogramm als Unterstützung für motivierte und selbstständig arbeitende „Unternehmer im Unternehmen".

Die Düsseldorfer Zeitarbeitsfirma DIS Deutscher Industrie Service AG (DIS AG) gehört zu den fünf größten überregional tätigen Personaldienstleistern in Deutschland. Spezialisiert hat sich das Unternehmen auf das qualifizierte Segment des Zeitarbeitsmarktes und ist Marktführer bei der Überlassung und Vermittlung von Fach- und Führungskräften. Das Leistungsspektrum umfasst vor allem Zeitarbeit, Personalvermittlung, HR-Dienstleistungen und Personalberatung. Kerngeschäftsbereiche sind die Segmente Finanzdienstleistungen, Industrie, Informationstechnologie, Ingenieursdienstleistungen sowie Office & Management.

Die 1967 gegründete DIS AG vollzog 1997 den Börsengang und ist heute im S-DAX notiert. Der Gesamtumsatz des DIS-AG-Konzern, zu dem fünf Tochtergesellschaften bzw. Beteiligungen zählen, lag 2004 bei 265 Millionen Euro. Das Unternehmen unterhält in Deutschland derzeit rund 150 Niederlassungen an 66 Standorten und ist zudem in Österreich mit einer eigenen Gesellschaft vertreten. 2004 waren 631 interne Mitarbeiter bei der DIS

AG beschäftigt. Die Zahl der im Jahresmittel beschäftigten Zeitarbeitnehmer lag 2004 bei über 5.000.

Im Wettbewerb *Deutschlands Beste Arbeitgeber 2005* belegt die DIS AG (interne Organisation) Gesamtrang 14 unter den Top 50-Arbeitgebern und Platz 7 in der Kategorie der Unternehmen von 501 bis 5.000 Mitarbeitern in Deutschland.

Zusätzlich konnte sich das Unternehmen auf der europäischen Liste „100 Beste Arbeitgeber in Europa 2005" platzieren.

Unternehmensergebnisse aus dem Wettbewerb 2005

7-8 Punkte: ausgezeichnet, 5-6 Punkte: sehr gut, 3-4 Punkte: gut.

Glaubwürdigkeit

„Wer Menschen führen will, muss hinter ihnen gehen." Dieser Sinnspruch Laotses gilt bei der DIS AG als Unternehmensmaxime. In die Praxis umgesetzt bedeutet das, dass die Mitarbeiter zu selbstverantwortlichem Handeln befähigt und angehalten werden. Die große Selbstverantwortung, die den Mitarbeitern eingeräumt wird, zeigt sich beispielsweise bei der Arbeitsgestaltung, Budgetverwaltung oder in der Vertrauensarbeitszeit. Zudem zeichnet sich das Unternehmen durch flache Hierarchien aus. Jeder Mitarbeiter kann seine Ideen ohne Umwege im direkten Gespräch mit dem Management teilen. „Wir sind wirklich Unternehmer im Unternehmen mit absoluter Eigenverantwortung, erhalten aber stets die Unterstützung des Vorstandes und der Verwaltung", äußert sich ein Mitarbeiter lobend über das Management. Die Befragungsergebnisse bestätigen die ausgeprägte Vertrauenskultur: 97 Prozent der Mitarbeiter sagen aus, viel Verantwortung zu erhalten. Weitere 93 Prozent bescheinigen ihrem Management, das Unternehmen kompetent zu führen.

Respekt

Zu Beginn des Angestelltenverhältnisses erhält jeder Mitarbeiter – gleich in welcher Position – eine einwöchige Startschulung, in der die wichtigsten Informationen zum Unternehmen vermittelt werden. Zudem wird die berufliche Entwicklung der Mitarbeiter kontinuierlich durch ein breit gefächertes, abwechslungsreiches und größtenteils virtuelles Weiterbildungsprogramm unterstützt. 25 Weiterbildungsstunden erhalten die Mitarbeiter im Durchschnitt. Großen Wert wird auch auf das „Training on the Job" gelegt. Demzufolge geben herausragende 90 Prozent der internen Belegschaft an, Weiterbildung und Unterstützung für ihre berufliche Entwicklung angeboten zu bekommen. Potenzialträger werden überdies mit Programmen wie JUMP (Junge Mitarbeiter mit Potential) gesondert gefördert, ebenso Führungskräfte durch SEITENWECHSEL, bei dem sie beispielsweise die Pflege behinderter Menschen übernehmen oder eine bestimmte Zeit in der Drogenhilfe arbeiten. Herausragende Leistungen werden durch anerkennende Worte, Freizeitausgleich, Sonderzahlungen oder die Erfüllung eines besonderen Wunsches prämiert. Als spezielles Highlight bietet das Unternehmen regelmäßig Incentive-Reisen zum Beispiel auf der Segelyacht des Aufsichtsratsvorsitzenden an. Auch die Unterstützung einer ausgewogenen Work-Life-Balance wird von den Mitarbeitern positiv wahrgenommen. 74 Prozent – 13 Prozentpunkte mehr als der Durchschnitt der Top-50-Wettbewerbsunternehmen – fühlen sich von ihrem Arbeitgeber dabei unterstützt, einen guten Ausgleich zwischen Berufs- und Privatleben zu finden.

Fairness

Neben einer angemessenen Bezahlung und attraktiven Lohnnebenleistungen, wie etwa Zuschüssen zur Direktversicherung oder rabattierte Sonderverträge mit Sportstudios oder Autohäusern, profitieren die Mitarbeiter von Tantieme-Auszahlungen und können Firmenaktien erwerben. Bezüglich der Chancengleichheit verzichtet man bei der DIS AG auf Quotenregelungen und Frauenförderprogramme – man betrachtet sie als Beitrag zur positiven Diskriminierung der Betroffenen. Vielmehr orientiert sich die Besetzung freier Stellen entschieden am Leistungsprofil der Bewerber. Dass Chancengleichheit tatsächlich gelebt wird, zeigt sich beispielsweise daran, dass von den fünf Führungskräften des erweiterten Vorstandes vier weiblich sind. Zudem bestätigen herausragende 97 Prozent der Befragten, unabhängig von ihrem Geschlecht fair behandelt zu werden.

Stolz

Die DIS AG, einziges börsennotiertes deutsches Unternehmen der Branche, gilt als Marktführer für Fach- und Führungskräfte. Das enorme Wachstum innerhalb des Marktes der Personalservicedienstleister ist ohne die hohe Motivation der Mitarbeiter nicht machbar. Die zahlreichen Auszeichnungen der jüngsten Vergangenheit für das Unternehmen fördern zudem die Verbundenheit der Mitarbeiter mit dem Unternehmen. Die Befragungsergebnisse belegen eindrucksvoll die hohe Identifikation: Für 92 Prozent der Befragten hat die Arbeit eine besondere Bedeutung und ist nicht einfach nur ein „Job". Jeweils 90 Prozent sind der Meinung, einen bedeutsamen Beitrag leisten zu können, und stolz auf das, was sie gemeinsam leisten.

Teamorientierung

Die obligatorische Startschulung dient nicht nur der Vermittlung unternehmensspezifischer Informationen, sondern fördert auch das Zusammengehörigkeitsgefühl zwischen den neuen Mitarbeitern, Auszubildenden und der Stammbelegschaft. Dementsprechend geben 93 Prozent der Befragten an, sich als neuer Mitarbeiter willkommen zu fühlen. Auch intern stimmt der Teamgeist. Mitarbeiter, die innerhalb der Organisation ihre Funktion oder die Abteilung wechseln, wissen sich gut aufgenommen und integriert, wie 90 Prozent der Befragten angeben. Die Qualität des internen Klimas und der informelle Austausch werden durch zahlreiche Festlichkeiten, etwa anlässlich der Hauptversammlung, der Mitarbeitertagung oder von Firmenjubiläen, gefördert. Persönliche Freudenereignisse, wie Geburtstage, Eheschließungen oder Geburten, werden außerdem gerne zum Anlass genommen gemeinsam mit den Kollegen zu feiern, was von 82 Prozent der Befragten bestätigt wird.

Drei Fragen an ...

Dieter Scheiff, Vorstandsvorsitzender DIS AG, 52 Jahre

Was muss Ihnen ein Unternehmen persönlich bieten, damit Ihnen die Arbeit Freude macht?

„Es muss mir mehr bieten als Arbeit." Das Unternehmen muss mir den Freiraum lassen, die Ziele meiner Tätigkeit mit meinen Mitteln und nach meinem Stil zu lösen. Nur wenn ich authentisch bin, fühle ich mich wohl. Nur wenn ich menschlich sein kann, bringe ich Persönlichkeit ein. Nur wenn ich nicht überfordert werde, nicht kleinlich geführt werde und ausreichend informiert werde, kann ich selbst die Autorität ausstrahlen, die ich als Führungskraft brauche, um Interessen und Ziele wahrzunehmen.

Welche Empfehlung für die Karriereentwicklung können Sie aufgrund Ihrer Erfahrung jungen Fach- und Führungskräften mit auf den Weg geben?

Behalte in allen Lagen die Wertschätzung für deine Kolleg(Inn)en! Prüfe deinen Charakter, ob Klugheit, Gerechtigkeit, Mäßigung und Mut zu Entscheidungen führen, die man jederzeit und überall – seiner Familie, seinen Freunden und andere Kolleg(Inn)en – ohne Scham und Rechtfertigungsdruck erklären kann. Nur starke Persönlichkeiten führen gut. Persönlichkeit ist entgegen ihrer Begrifflichkeit weniger das Ergebnis von Selbstbewusstsein und Ich-Entwicklung, sondern ein kognitives Phänomen: Ein Mensch wird als Persönlichkeit wahrgenommen, wenn er Ruhe ausstrahlt, Verantwortung übernimmt, Entscheidungen umsetzt, partnerorientiert arbeitet, zuhört, Interesse an anderen zeigt, umgänglich ist und Fehler eingesteht.

Wie lautet Ihr persönlicher Leitsatz für erfolgreiches Management?

Sei Erlauber, nicht Antreiber!

Bewerberanforderungen

Was muss ein Bewerber mitbringen, damit er zur DIS AG passt?

Wir suchen Persönlichkeiten, nicht Köpfe! Individualität garantiert unternehmerischen Geist. Bewerber mit dieser Grundvoraussetzung passen am besten zu uns. Gleichzeitig muss sich das Prinzip der Wertschätzung gegenüber jedem anderen Individuum bereits in den ersten Sätzen, Handlungen und Aktionen erkennen lassen.

Unternehmensfakten

Unternehmensname	DIS Deutscher Industrie Service AG
Branche	Zeitarbeit
Zahl der Mitarbeiter in 2004 in Deutschland	631
Gesamtmitarbeiter in 2004 (international/konzernweit)	6.800 (Stand: 31.12.2004)
Umsatz im Jahr 2004 national	211,3 Millionen Euro

Firmensitz	Niederkasseler Lohweg 18 40547 Düsseldorf
Homepage	www.dis-ag.com
Beschäftigte Berufsgruppen (nach ihrer Häufigkeit)	Personalreferenten in den Niederlassungen
Anfangsgehalt für Einsteiger (nach Berufsgruppen gereiht)	individuelle Vereinbarung
Durchschnittliches Jahresge- halt nach fünf Jahren (gereiht nach Berufsgruppen)	individuelle Vereinbarung
Bewerberinformationen	www.dis-ag.com
Weiterbildungsstunden pro Jahr für die größte Berufs- gruppe	circa drei Arbeitstage; mehr möglich nach individueller Absprache
Anteil der Mitarbeiter unter 35 in Prozent	41,6 Prozent
Frauenanteil in Prozent	72,2 Prozent

DOUGLAS-Gruppe, Hagen

DOUGLAS HOLDING

LIFESTYLE MIT BODENHAFTUNG

Das Management der Lifestyle-Unternehmensgruppe DOUGLAS setzt auf dezentrale Führung und einen direkten Kontakt zu den einzelnen Fachgeschäften.

Die DOUGLAS-Gruppe mit der Holding- und Service-Zentrale in Hagen gehört zu den führenden „Lifestyle"-Unternehmen im europäischen Einzelhandel. Zu den Geschäftsbereichen des dezentral geführten, international erfolgreichen Unternehmens, mit Wurzeln, die bis ins Jahr 1821 zurückreichen, zählen Parfümerien, Bücher, Schmuck, Mode und Süßwaren.

Die DOUGLAS-Parfümerien sind mit über 800 Filialen in 17 Ländern Marktführer in Europa. Mit einem Anteil von derzeit 57 Prozent stellen sie den umsatzstärksten Bereich der DOUGLAS-Gruppe dar.

Die Thalia-Gruppe ist mit über 130 Buchhandlungen in Deutschland (Thalia), der Schweiz (Jäggi & Stauffacher, ZAP) und Österreich (Amadeus) Marktführer im deutschsprachigen Raum. Durch die Kooperation mit dem Internetbuchhändler buch.de und der Internetpräsenz thalia.de wird eine Multi-Channel-Strategie verfolgt.

Christ Juwelier und Uhrmacher sind mit über 190 Fachgeschäften Deutschlands führender Spezialist für Schmuck und Uhren. Die exklusiven René-

Kern-Juweliergeschäfte führen ein hochwertiges Sortiment renommierter Luxusmarken. Der Bereich Mode umfasst mit Appelrath-Cüpper den Spezialisten für Damenmode sowie den Herrenausstatter Pohland.

Die Keimzelle des heutigen Unternehmensverbunds stellen die 1949 gegründeten Hussel-Confiserien mit über 200 Standorten in Deutschland dar. Die DOUGLAS-Gruppe erzielte 2004 einen Gesamtumsatz von über 2,2 Milliarden Euro, rund 1,6 Milliarden Euro wurden im deutschen Markt erwirtschaftet. Die DOUGLAS HOLDING AG ist eine börsennotierte Gesellschaft und wird im M-DAX geführt. Die DOUGLAS-Gruppe beschäftigt in Deutschland derzeit mehr als 12.300 Mitarbeiter, europaweit sind rund 19.000 Mitarbeiter in über 1.500 Fachgeschäften tätig.

Im Wettbewerb *Deutschlands Beste Arbeitgeber 2005* belegt die DOUGLAS-Gruppe Gesamtrang 39 unter den Top 50-Arbeitgebern und Platz 5 in der Kategorie der Unternehmen über 5.000 Mitarbeiter in Deutschland.

Unternehmensergebnisse aus dem Wettbewerb 2005

7-8 Punkte: ausgezeichnet, 5-6 Punkte: sehr gut, 3-4 Punkte: gut.

Glaubwürdigkeit   ■ ■ ■ ■ ■ ■ ▫ ▫

„Behandeln Sie Ihre Mitarbeiter so, wie Sie von Ihrem Vorgesetzten behandelt werden wollen" lautet eine der zentralen Führungsleitlinien des Unternehmens. Umgesetzt in den Firmenalltag heißt das, einen offenen und fairen Dialog vorzuleben und zielgerichtet zu informieren. Überdurchschnittliche 83 Prozent der Befragten bescheinigen ihrem Management, dass es seine Erwartungen klar und deutlich macht. Praktisch ebenso viele finden, dass das Management klare Vorstellungen von den Zielen der Organisation hat und davon, wie diese erreicht werden können. Zur Sicherstellung einer offenen Kommunikation wird innerhalb der DOUGLAS-Gruppe mit ihrem dezentralen Filialsystem auf häufige Filialbesuche großer Wert legt. So werden die Führungskräfte durch den direkten Kontakt zur Basis in die Lage versetzt, auf Kritik zu reagieren und Anregungen aus den Filialgeschäften aufzunehmen und zu honorieren. Des Weiteren kommen verschiedene Medien wie Mitarbeiterzeitschriften und das Intranet zum Einsatz. In der Zentrale ist die Open-Door-Policy bereits seit langem Standard.

Respekt

Hinsichtlich der Aus- und Weiterbildung ist vor allem das Engagement im Bereich der Ausbildung junger Menschen hervorzuheben. Hier überzeugt die Unternehmensgruppe nicht nur durch quantitative Größen wie die hohe Ausbildungsquote, sondern insbesondere durch innovative Konzepte zur Verbesserung der Ausbildungsqualität. So erhalten beispielsweise Auszubildende die Möglichkeit, eine Filiale nach ihren eigenen Vorstellungen zu gestalten, und tragen während des Projekts die Gesamtverantwortung. Hinsichtlich der Anerkennung von Leistung ermöglichen diverse Prämien- und Tantiemensysteme sowie Belegschaftsaktienpakete den Mitarbeitern die Teilhabe am Unternehmenserfolg. Die dezentrale Filialstruktur erfordert eine Kultur der Selbstverantwortung und Entscheidungsorientierung. Daher setzt die Unternehmensleitung bei der Zusammenarbeit in erster Linie auf die hohe Eigenverantwortlichkeit und Selbstständigkeit der Filialteams. Ideen können daher auch im eigenen Verantwortungsbereich sofort umgesetzt werden. Verbesserungsvorschläge werden entsprechend ihres Wirkungsgrades honoriert, wobei man auf ein starres Prämiensystem verzichtet.

Fairness

Neben einem Gehalt, das sich am Tariflohn orientiert, erhalten alle Mitarbeiter Hausrabatte und andere Vergünstigungen, wie bezuschusste Mitgliedschaften im Fitnessstudio oder private Versicherungen zu vergünstigten Konditionen. Bezüglich der Neutralität und Gerechtigkeit im Unternehmen, fallen die ausgeglichenen und für beide Geschlechter ausgezeichneten Karrierechancen, bis ins Top-Management hinein, positiv auf. So hat beispielsweise den Posten des Finanz- und Personalvorstandes ein Frau inne. 94 Prozent fühlen sich unabhängig von ihrem Geschlecht fair behandelt. Der faire Umgang gilt auch über die Hierarchiestufen hinweg, wie 88 Prozent Zustimmung für die Aussage: „Ich werde hier unabhängig von meiner Position als vollwertiges Mitglied behandelt" belegen.

Stolz

„Wir arbeiten in einem schönen Geschäft in der Stadt, und die Ware, die wir verkaufen, ist ebenfalls sehr schön", schwärmt ein Befragter. Erstaunliche 94 Prozent der Belegschaft sagen aus, dass ihre Arbeit eine besondere Bedeutung für sie hat und nicht einfach nur ein „Job" ist. Zudem bietet der hohe Bekanntheitsgrad der Unternehmensteile und deren positives Image in der Öffentlichkeit den Mitarbeitern viele Möglichkeiten, sich mit ihrem Arbeitgeber zu identifizieren. Das belegen 89 Prozent der positiven Antworten auf die

Aussage: „Ich bin stolz, anderen erzählen zu können, dass ich hier arbeite." Ein weiterer Beleg für die hohe Identifikation der Mitarbeiter mit dem Unternehmen ist die Tatsache, dass überdurchschnittliche 80 Prozent in Betracht ziehen, bis zu ihrem Ruhestand bei DOUGLAS arbeiten zu wollen.

Teamorientierung

„Wir sind ein sehr, sehr gutes Team mit einer supertollen Leitung", lobt ein Befragter den Teamgeist in seiner Verkaufsfiliale. 88 Prozent bestätigen, in einer von Freundlichkeit geprägten Arbeitsatmosphäre ihrer Tätigkeit nachzugehen. Die Unternehmensleitung unterstützt die Verbundenheit der Kollegen untereinander durch regelmäßige Feste, etwa zu Weihnachten oder im Sommer. Des Weiteren legt man Wert darauf, bei internen Veranstaltungen wie Versammlungen die Möglichkeit zum Austausch und Kennenlernen einzuräumen.

Drei Fragen an ...

Gabriele Stopka, Vorstand Finanzen und Recht, Arbeitsdirektorin, 38 Jahre

Was muss Ihnen ein Unternehmen persönlich bieten, damit Ihnen die Arbeit Freude macht?

Um Freude und Spaß an der Arbeit zu haben, ist eine offene, ehrliche und wertschätzende Atmosphäre gegenüber den Mitarbeitern und untereinander unerlässlich. Diese Atmosphäre entsteht nur durch eine positive Unternehmenskultur, in der auch ethische und soziale Verantwortung einen Stellenwert haben. In dieser Unternehmenskultur kann jeder seine Fähigkeiten für die Unternehmensziele einsetzen und sein Team voranbringen. Das ist ein wesentlicher Faktor für den Unternehmenserfolg und letztlich für die persönliche Freude an der Arbeit jedes Einzelnen.

Welche Empfehlung für die Karriereentwicklung können Sie aufgrund Ihrer Erfahrung jungen Fach- und Führungskräften mit auf den Weg geben?

Wichtig ist, dass man nie den Spaß am Lernen verliert und auch Veränderungen positiv angeht. Man sollte neue Situationen und Aufgabenstellungen immer als Chance und Herausforderung annehmen und den Mut entwickeln, diese mit den eigenen Fähigkeiten mitzugestalten. Eine weitere Eigenschaft für junge Führungskräfte sollte die Fähigkeit sein, aktiv zuzuhören und respektvoll mit den Mitarbeitern und Kollegen umzugehen. Dazu gehört auch ein großes Maß an Empathie und Kommunikationsfähigkeit.

Wie lautet Ihr persönlicher Leitsatz für erfolgreiches Management?

Ein erfolgreicher Manager muss über den „Tellerrand" hinausschauen und Visionen entwickeln. Er muss Spaß an Veränderungen haben, diese als positive Herausforderung sehen und in der Lage sein, sein Team angstfrei zu motivieren, um es „schwungvoll" im Sinne der Unternehmensstrategie mitzuziehen.

Bewerberanforderungen

Was muss ein Bewerber mitbringen, damit er zu DOUGLAS passt?

Wir suchen Mitarbeiter, die mit „Herz und Verstand" die Marktposition der DOUGLAS-Gruppe verstärken und weiter ausbauen. Dazu setzen wir besonders auf Service- und Kundenorientierung, Leistungsbereitschaft und Initiative sowie auf unternehmerisches Denken Flexibilität und Selbstständigkeit. Neben fachlichen Kompetenzen zählt für uns die herausragende Persönlichkeit.

Unternehmensfakten

Unternehmensname	DOUGLAS-Gruppe
Branche	Facheinzelhandel
Zahl der Mitarbeiter in 2004 in Deutschland	12.333
Gesamtmitarbeiter in 2004 (international/konzernweit)	18.698
Umsatz im Jahr 2004 national	1,593 Milliarden Euro
Umsatz im Jahr 2004 international	2,288 Milliarden Euro

Firmensitz	Kabeler Str. 4 58099 Hagen
Homepage	www.douglas-holding.de www.douglas.de www.thalia.de www.christ.de www.renekern.de www.goldmeister.de www.appelrath-cuepper.de www.pohland.de www.hussel.de
Beschäftigte Berufsgruppen (nach ihrer Häufigkeit)	Kaufleute im Einzelhandel, Verkäufer Buchhändler
Anfangsgehalt für Einsteiger (nach Berufsgruppen gereiht)	in der Regel gemäß tariflicher Eingruppierung
Durchschnittliches Jahresge- halt nach fünf Jahren (gereiht nach Berufsgruppen)	entsprechend
Bewerberinformationen	www.douglas-holding.de Auf den Job + Karriere-Seiten unserer Home- page finden Sie alle derzeit vakanten Stellen unserer Tochtergesellschaften sowie Informa- tionen zum Direkteinstieg, zu Trainee- Programmen oder zur Berufsausbildung
Weiterbildungsstunden pro Jahr für die größte Berufs- gruppe	16 Stunden
Anteil der Mitarbeiter unter 35 in Prozent	33 Prozent
Frauenanteil in Prozent	90,9 Prozent

E.ON Ruhrgas AG, Essen

e·on ~~ruhrgas~~

ENERGIE FÜR MENSCHEN

Die Belegschaft des Energiekonzern E.ON Ruhrgas schätzt die mitarbeiterorientierte Unternehmenskultur sowie das faire und tolerante Miteinander.

Die E.ON Ruhrgas AG mit Zentrale in Essen ist eines der führenden Unternehmen der europäischen Erdgaswirtschaft und Deutschlands größter Gasimporteur. Seit Februar 2003 ist das Unternehmen eine 100-prozentige Tochter des Düsseldorfer Energiekonzerns E.ON, der als größter private Energiekonzern Europas aus den Gesellschaften Veba und Viag entstanden ist.

Kerngeschäft von E.ON Ruhrgas ist die Beschaffung und Vermarktung von Erdgas, das Transport- und Speichergeschäft sowie die technische Entwicklung, Beratung und Service. Darüber hinaus zählen eine Reihe nationaler und internationaler Energie- und Industriebeteiligungen sowie Projektgesellschaften zum E.ON-Ruhrgas-Konzern. Am weltgrößten Erdgas-Produzenten Gazprom ist E.ON Ruhrgas mit rund 6,5 Prozent beteiligt. 2004 wurde eine Absichtserklärung zwischen der E.ON AG und Gazprom zur Vertiefung der Zusammenarbeit bei der Gasförderung in Russland, dem Gastransport nach Europa, der Stromerzeugung in Russland sowie beim Ausbau der Infrastruktur zur Vermarktung von Erdgas und Strom in Europa unterzeichnet. E.ON Ruhrgas ist zudem über Beteiligungen in den Baltischen Ländern, der Slowakischen Republik, Ungarn und Rumänien in Zentral- und Osteuropa präsent.

Gegründet wurde die Ruhrgas AG, die seit dem 1. Juli 2004 unter dem Namen E.ON Ruhrgas AG firmiert, im Jahre 1926 als Tochter von Zechenbetrieben im Ruhrgebiet, um Kokereigas überregional zu vermarkten. Die Wurzeln des Unternehmens reichen weit in die deutsche Industrie zurück. Die E.ON Ruhrgas AG erzielte im Geschäftsjahr 2004 einen Umsatz von rund 14 Milliarden Euro und beschäftigt im Erdgas-Kerngeschäft rund 2.500 Mitarbeiter, konzernweit sind es 11.520. Der Konzerngesamtumsatz der Mutter E.ON lag 2004 bei rund 49 Milliarden Euro.

Im Wettbewerb *Deutschlands Beste Arbeitgeber 2005* belegt die E.ON Ruhrgas AG Gesamtrang 7 unter den Top 50-Arbeitgebern und Platz 3 in der Kategorie der Unternehmen von 501 bis 5.000 Mitarbeitern in Deutschland. Das Unternehmen nahm bereits zum dritten Mal am Wettbewerb teil.

Zusätzlich konnte sich das Unternehmen auf der europäischen Liste „100 Beste Arbeitgeber in Europa 2005" platzieren.

Unternehmensergebnisse aus dem Wettbewerb 2005

7-8 Punkte: ausgezeichnet, 5-6 Punkte: sehr gut, 3-4 Punkte: gut.

Glaubwürdigkeit

Die Initiative Mensch im Fokus der E.ON Ruhrgas AG bündelt unter den Handlungsfeldern „Leben", „Können" und „Handeln" ein großes Maßnahmenpaket, das den Mitarbeiter in den Mittelpunkt der Bemühungen stellt. An der Kontinuität der Maßnahmen zeigt sich, dass Mitarbeiterorientierung seit langer Zeit das Leitmotiv der Personalarbeit liefert: Das monatliche Informationsgespräch zwischen Vorstand und zufällig ausgewählten Mitarbeitern aller Ebenen wird bereits seit 1977 veranstaltet. Maßnahmen wie diese tragen zum Vertrauen bei, das die Belegschaft dem Management entgegenbringt. Überdurchschnittliche 92 Prozent der Belegschaft sind der Ansicht, das Management wähle Kündigungen nur als letzten Ausweg. Ein Mitarbeiter lobt insbesondere die Integrität des Vorstandes: „Der Vorstand handelt mit sehr gutem Sachverstand, kontinuierlich zuverlässig und glaubwürdig. Es gilt (auch) das gesprochene Wort."

Respekt

Über ein intranetbasiertes Innovationsmanagement wird bei E.ON Ruhrgas den „Zündenden Ideen" der Mitarbeiter nachgespürt. Innovativ gestaltet sind dabei auch die Belohungen für erfolgreiche Eingaben, wie etwa der gemeinsame Besuch einer Bohrinsel. Der Respekt, den das Unternehmen seinen Mitarbeitern entgegenbringt, zeigt sich neben diesen Formen der Anerkennung auch in der Unterstützung bei besonderen Lebenssituationen. „Mir ist es möglich gemacht worden, dass ich an 2 bzw. 2 1/2 Tagen arbeiten kann (20-Std.-Woche) und mich somit in meiner freien Zeit besser um meine behinderte Tochter kümmern kann", kommentiert dies ein Mitarbeiter. Konkret umfasst diese Hilfe beispielsweise die Gewährung von Vorauszahlungen bei Notfällen, wie dem Tod eines Angehörigen, und einem Härtefonds für Mitarbeiter, die in eine finanzielle Notlage geraten sind.

Fairness

80 Prozent der befragten Mitarbeiter – acht Prozentpunkte über dem Durchschnitt der Top-50-Wettbewerbsunternehmen – sind der Meinung, für ihre Arbeit bei der Eon Ruhrgas AG angemessen bezahlt zu werden. Das Angebot an attraktiven Lohnnebenleistung umfasst eine breite Palette sowohl an materiellen Vergünstigungen wie dem Betriebsrestaurant als auch an monetären wie Sonderzahlungen zum Firmenjubiläum, Weihnachtsgeld oder Fahrtkostenzuschuss. Das Unternehmen ermöglicht zudem die Nutzung betrieblicher Ressourcen für den privaten Bereich. Die eigene Betriebskrankenkasse gewährleistet die Gesundheitsversorgung zu unterdurchschnittlichen Beitragssätzen. Das Unternehmen hat sich nicht nur der Frauenförderungen angenommen, sondern insbesondere auch in jüngster Zeit dem Themenfeld „Diversity". Als definierte und zugleich in zahlreichen Maßnahmen umgesetzte Firmenpolitik gilt es unter anderem, den interkulturellen Austausch zu fördern. Auslandseinsätze und interkulturelle Trainings dienen der Förderung eines toleranten und fairen Miteinanders. Dabei werden auch die Familien der Mitarbeiter mit einbezogen. Beispielsweise können die Kinder der Mitarbeiter an einem Austauschprogramm teilnehmen und einige Zeit in einer Familie eines Kollegen im Ausland leben. Im Unternehmen finden behinderte Mitarbeiter in bemerkenswerter Weise Berücksichtigung, beispielsweise bei der Stellenbesetzung, und erfahren umfassende Unterstützung.

Stolz

Das gewachsene Wertegerüst des Unternehmens lässt keinen Raum für das Entstehen einer „Hire and fire"-Mentalität und vermittelt den Mitarbeitern Sicherheit. 93 Prozent der befragten Belegschaft ziehen es in Betracht, bis zu ihrem Ruhestand bei E.ON Ruhrgas zu arbeiten. Die volkswirtschaftliche Bedeutung des Unternehmens, das ein Mitarbeiter als „Energierückgrat Deutschlands" beschreibt, birgt ein weiteres bedeutendes Identifikationspotenzial. Für 93 Prozent der Beschäftigten hat ihre Arbeit eine besondere Bedeutung und ist nicht einfach nur ein „Job". Nach Aussage eines Mitarbeiters trägt aber auch „das große kulturelle und soziale Engagement in der Öffentlichkeit" dazu bei, dass die Mitarbeiter stolz auf ihren Arbeitgeber sind.

Teamorientierung

Die Atmosphäre bei E.ON Ruhrgas stimmt: 91 Prozent der Befragten erleben, dass man sich als neuer Mitarbeiter im Unternehmen willkommen fühlt. Die jährliche zentrale Jubilarfeier mit Rahmenprogramm und die bereichsinternen Geburtstagsfeiern für alle Mitarbeiter, die in einem Monat Geburtstag haben, fördern das Zusammengehörigkeitsgefühl. Zahlreiche Abendveranstaltungen in ungezwungenem Rahmen runden dienstliche Termine ab. In den 27 Sparten der E. ON Ruhrgas-Sportgemeinschaft intensivieren die Mitarbeiter ihre freundschaftlich-kollegialen Beziehungen.

Drei Fragen an ...

Carl-Sylvius von Falkenhausen, Vice President, 47 Jahre

Was muss Ihnen ein Unternehmen persönlich bieten, damit Ihnen die Arbeit Freude macht?

Das Umfeld und die Rahmenbedingungen müssen mich motivieren, jeden Tag mit Freude und Engagement zur Arbeit zu gehen. Dazu gehört eine offene, freundliche und durch Vertrauen geprägte Unternehmenskultur genauso wie Rahmenbedingungen, die mir Mitgestaltung und Flexibilität bei der Erfüllung meiner Aufgaben ermöglichen. Hierzu zähle ich auch Dinge wie beispielsweise Vertrauensarbeitszeit und Maßnahmen zur Verbesserung der Work-Life-Balance.

Welche Empfehlung für die Karriereentwicklung können Sie aufgrund Ihrer Erfahrung jungen Fach- und Führungskräften mit auf den Weg geben?

Entscheidend ist neben einem besonderen Engagement die Bereitschaft, sich neuen Ideen zu öffnen, diese kritisch zu hinterfragen und der jeweiligen Situation entsprechend einzusetzen. Des Weiteren ist es von besonderer Bedeutung, sich selbst treu zu bleiben und sich nicht zu verbiegen, das heißt couragiert zu seinen Überzeugungen zu stehen und Persönlichkeit zu zeigen. Karriere braucht auch Zeit; von daher rate ich jungen Führungskräften zu ein wenig mehr Geduld beim Erreichen ihrer Karriereziele.

Wie lautet Ihr persönlicher Leitsatz für erfolgreiches Management?

Entschlossenes und selbstbewusstes Handeln sowie der offene und respektvolle Umgang mit Menschen führen langfristig zum Erfolg.

Bewerberanforderungen

Was muss ein Bewerber mitbringen, damit er zu E.ON passt?

Wir suchen Absolventen, die ihr Studium zügig und mit überdurchschnittlichen Leistungen absolviert haben. Neben praktischen Erfahrungen und Internationalität sind uns eine ausgeprägte soziale Kompetenz und außeruniversitäres Engagement sehr wichtig.

Unternehmensfakten

Unternehmensname	E.ON Ruhrgas AG
Branche	Energiewirtschaft
Zahl der Mitarbeiter in 2004 in Deutschland	rund 2.500
Gesamtmitarbeiter in 2004 (international/konzernweit)	11.520
Umsatz im Jahr 2004 national	14,426 Milliarden Euro
Firmensitz	Huttropstr. 60 45138 Essen
Homepage	www.eon-ruhrgas.com

Beschäftigte Berufsgruppen (nach ihrer Häufigkeit)	Wirtschaftswissenschaftler, Ingenieure, Juristen, Informatiker, Handwerker
Anfangsgehalt für Einsteiger (nach Berufsgruppen gereiht)	individuelle Vereinbarungen
Durchschnittliches Jahresgehalt nach fünf Jahren (gereiht nach Berufsgruppen)	individuelle Vereinbarungen
Bewerberinformationen	vollständige und aussagefähige Bewerbungsunterlagen per Post oder E-Mail (pdf-Dateianhänge) an: E.ON Ruhrgas AG Personalabteilung Huttropstraße 60 45138 Essen E-Mail: karriere@eon-ruhrgas.com www.eon-ruhrgas.com
Weiterbildungsstunden pro Jahr für die größte Berufsgruppe	26 Stunden
Anteil der Mitarbeiter unter 35 in Prozent	21,3 Prozent
Frauenanteil in Prozent	22,2 Prozent

Federal Express Europe Inc., Deutsche Niederlassung, Kelsterbach

GLOBALER BOTE MIT STARKEN TEAMS

Teamgeist, multinationale Vielfalt und soziale Verantwortung werden beim Transport- und Logistikdienstleister FedEx groß geschrieben.

Die deutsche Niederlassung von Federal Express Europe Inc., einer Tochter des weltgrößten Express-Luftfrachtunternehmens Federal Express (FedEx) aus Memphis/Tennessee in den USA, hat ihre Zentrale im hessischen Kelsterbach. Kerngeschäftstätigkeit von FedEx ist der internationale und insbesondere interkontinentale Express- und Frachtversand von Paketen und Dokumenten in über 200 Länder und Regionen der Erde. Zentrales Angebot in Europa ist der Über-Nacht-Service innerhalb Europas und in die USA sowie ein Zwei-Tage-Service nach Asien. FedEx ist in Deutschland mit 22 Transport- und Service-Stationen vertreten und fliegt sieben Flughäfen an. Im Februar 2005 wurde der Flughafen Köln/Bonn an das Direkttransportnetz nach Memphis angeschlossen.

Weltweit verfügt der seit 1973 tätige Luftfrachtspezialist Federal Express Corp. über ein Transport- und Logistiknetz mit über 50.000 Auslieferungsstandorten, 660 Flugzeugen und 43.000 Fahrzeugen, die derzeit werktäglich über 3,1 Millionen Sendungen transportieren. Anfang 2004 übernahm FedEx für 2,4 Milliarden US-Dollar den Ausbau des Kundenservices der US-Kopierkette Kinko's mit über 1.200 Filialen, die auch als Annahmestellen fungieren.

Federal Express beschäftigte 2004 in Deutschland 1.221 Mitarbeiter, weltweit sind rund 195.000 Beschäftigte für das Unternehmen tätig. Der Konzernumsatz lag im Fiskaljahr 2004 bei 27 Milliarden US-Dollar, in Deutschland beträgt der Umsatz nach Branchenschätzungen etwa 250 Millionen Euro.

Im Wettbewerb *Deutschlands Beste Arbeitgeber 2005* belegt die deutsche Niederlassung von Federal Express Europe Gesamtrang 33 unter den Top 50-Arbeitgebern und Platz 17 in der Kategorie der Unternehmen von 501 bis 5.000 Mitarbeitern in Deutschland. Das Unternehmen nahm bereits zum dritten Mal am Wettbewerb teil.

Unternehmensergebnisse aus dem Wettbewerb 2005

7-8 Punkte: ausgezeichnet, 5-6 Punkte: sehr gut, 3-4 Punkte: gut.

Glaubwürdigkeit ■ ■ ■ ■ ■ ■ ■ □ □

Die FedEx-Unternehmensphilosophie „People – Service – Profit" lässt dem Mitarbeiter eine herausgehobene Stellung zukommen. Eine klare Stärke zeigt das Management, nach dem Urteil der Mitarbeiter, in der konsequenten Vermittlung der Unternehmensstrategie: 87 Prozent aller befragten Mitarbeiter sind der Meinung, das Management habe klare Vorstellungen von den Zielen des Unternehmens und davon, wie diese erreicht werden können. Zur internen Kommunikation setzt FedEx eine Vielzahl von Instrumenten ein: E-Mails zu aktuellen Themen, interne Veröffentlichungen, firmeneigenes Fernsehen und regelmäßige Mitarbeiterversammlungen sorgen für eine hohe Transparenz. Offene Türen ermöglichen den direkten Kontakt zu den Führungskräften: „Wenn nötig, nimmt sich mein Manager Zeit für private oder geschäftliche Anliegen, und wir werden über den aktuellen Stand der Firma informiert", bestätigt dies ein Mitarbeiter.

Respekt ■ ■ ■ ■ ■ ■ □ □ □

Beschäftigte aller Funktionsbereiche werden durch Abteilungs- oder Arbeitsgruppenbesprechungen und Projektarbeit in die Entscheidungs- und

Verbesserungsprozesse mit eingebunden. Der persönliche Entwicklungs-
plan berücksichtigt neben dem internen Weiterbildungsangebot auch
nicht-berufsbezogene Kurse und Fortbildungen. Der *Tuition Refund* stellt
jedem Mitarbeiter 3.000 US-Dollar im Jahr für externe Weiterbildung zur
Verfügung. Im Rahmen des jährlichen Bildungsurlaubsanspruches können
auch Kurse im Ausland belegt werden. Zur Anerkennung von besonderem
Einsatz sprechen Vorgesetzte beispielsweise ein *Bravo-Zulu* aus, was bedeutet, dass der Vorgesetzte einen verdienten Mitarbeiter vor seinen Kollegen lobt und ihm eine Urkunde sowie eine kleine Geldprämie über-
reicht. Des Weiteren verfolgt FedEx konsequent die Absicht, freie Stellen
möglichst intern zu besetzen. 90 Prozent des deutschen Managements haben sich beispielsweise ihre Position innerhalb des Unternehmens erarbeitet.

Fairness

Die gleichberechtigte Zusammenarbeit aller Mitarbeiter wird in der Befragung besonders häufig als positiver Aspekt genannt. 84 Prozent der Befragten fühlen sich unabhängig von ihrer Position als vollwertiges Mitglied behandelt. Ergebnisse dieser Art sind Folge der konsequenten Umsetzung
personalpolitischer Entscheidungen und Richtlinien: Das „Guaranteed-Fair-
Treatment"-Verfahren legt das Recht eines Mitarbeiters fest, problemati-
sche Angelegenheiten systematisch durch stufenweise höhere Manage-
mentebenen überprüfen zu lassen. Überdurchschnittlich im Urteil der Mitarbeiter wird der faire Umgang unter den Nationalität beurteilt. 98 Prozent
erleben, dass sie unabhängig von Nationalität oder ethnischer Herkunft fair
behandelt werden.

Stolz

Die Mitarbeiter identifizieren sich stark mit dem Renommee und der internationalen Positionierung ihres Unternehmens: „Als Mitarbeiter von FedEx
hat man Kollegen in aller Welt und in allen Kulturen. Der Begriff Ausland als
etwas Exotisches, Fremdes wandelt sich in etwas Kollegiales, ja sogar Fami-
liäres. Jeder ist ein Teil des Erfolgs, und man hat einfach das Gefühl, zu einer
globalen Erfolgsstory zu gehören", schwärmt ein Befragter. Zum Stolz der
Mitarbeiter trägt außerdem die starke Medienpräsenz von FedEx bei, die
nicht zuletzt die Mitarbeiterorientierung des Unternehmens hervorhebt. 87
Prozent der Befragten stimmen der Aussage zu: „Ich bin stolz, anderen erzählen zu können, dass ich hier arbeite." Darüber hinaus verstärkt FedEx in
jüngster Zeit sein soziales Engagement und spendete beispielsweise im
Jahr 2004 Kleidungsstücke, Lehrmittel und Gebrauchsgüter an ein namibi-
sches Waisenhaus.

Teamorientierung ■ ■ ■ ■ ■ ▪ ▫ ▫

Ein ganz besonderer Teamgeist verbindet alle Mitarbeiter. Die tragende Farbe Lila des Corporate Designs scheint bereits in Fleisch und Blut übergegangen zu sein: „Purple Blood: FedEx ist nicht nur ein Job, man lebt ihn, wir sind eine Familie." 91 Prozent der Befragten geben an, als neuer Mitarbeiter fühle man sich bei FedEx willkommen. Das Unternehmen unterstützt durch Feiern, Überraschungspartys und gemeinsame Grillabende das Miteinander. Zu den so genannten „Formula-1-Station-Events" werden Mitarbeiter und deren Familien eingeladen und unterstützen gemeinsam das von FedEx gesponserte Rennteam.

Drei Fragen an ...

Michael Kremer, Manager Human Resources Services Germany, Austria & Eastern Europe

Was muss Ihnen ein Unternehmen persönlich bieten, damit Ihnen die Arbeit Freude macht?

Unternehmensziele und -werte, mit denen ich mich als Mitarbeiter identifiziere und für die ich einstehe. Glaubwürdigkeit, Fairness und Offenheit im Umgang mit den Mitarbeitern. Teamgeist und Zusammenwirken innerhalb und zwischen den unterschiedlichen Unternehmensbereichen. Innovationen und Weiterentwicklungen zu fördern. Persönliche Entwicklungsmöglichkeiten sowie Leistung und Engagement der Mitarbeiter zu honorieren.

Welche Empfehlung für die Karriereentwicklung können Sie aufgrund Ihrer Erfahrung jungen Fach- und Führungskräften mit auf den Weg geben?

Meine allgemeine Empfehlung ist: Prüfen und nutzen Sie die unterschiedlichen Möglichkeiten, die ein Unternehmen bietet, um Sie bei Ihrer persönlichen und beruflichen Entwicklung zu fördern. Lassen Sie sich dabei von den zuständigen Ansprechpartnern oder dem Management im Unternehmen beraten. Erklären Sie Ihr ernst gemeintes Interesse und zeigen Sie Engagement, Ihre Karriere zu entwickeln.

Wie lautet Ihr persönlicher Leitsatz für erfolgreiches Management?

Zufriedene Mitarbeiter leisten einen hervorragenden Service und bilden damit die unentbehrliche Grundlage für den Erfolg des Unternehmens.

Bewerberanforderungen

Was muss ein Bewerber mitbringen, damit er zu FedEx passt?

Bewerberinnen und Bewerber müssen für eine Position die von FedEx definierten (Kern-)Kompetenzen, Fähigkeiten und Kenntnisse mitbringen. Daneben stehen Eigenschaften wie Teamgeist, Flexibilität und Offenheit, geprägt von einer positiven Lebenseinstellung für unsere Mitarbeiter. Als amerikanisches Unternehmen mit einem globalen Netzwerk und Niederlassungen rund um den Globus ist es von „wünschenswert" bis „erforderlich", dass Mitarbeiter ausreichende bis sehr gute Englischkenntnisse mitbringen. Der Kontakt und das Zusammenarbeiten mit vielen unterschiedlichen Nationalitäten gehört zum Tagesgeschäft.

Unternehmensfakten

Unternehmensname	Federal Express Europe, Inc.
Branche	Transport / Logistik / Luftfracht
Zahl der Mitarbeiter in 2004 in Deutschland	1.221
Gesamtmitarbeiter in 2004 (international/konzernweit)	185.000
Umsatz im Jahr 2004 national	keine Angaben
Umsatz im Jahr 2004 international	27 Milliarden US-Dollar
Firmensitz	Langer Kornweg 34 k 65451 Kelsterbach
Homepage	www.fedex.com www.fedex.com/de

Beschäftigte Berufsgruppen (nach ihrer Häufigkeit)	Kuriere, Import/Export-Spezialisten, Mitarbeiter im Sendungsverteilungszentrum (HUB), Vertriebsrepräsentanten, Mitarbeiter in den Verwaltungsbereichen Finanz- und Rechnungswesen, Kundendienst, Human Resources, Marketing – PR & Mitarbeiterkommunikation sowie in den Bereichen Customer Technology, ITD, Planning & Engineering sowie Flugabfertigung
Anfangsgehalt für Einsteiger (nach Berufsgruppen gereiht)	keine Angaben
Durchschnittliches Jahresgehalt nach fünf Jahren (gereiht nach Berufsgruppen)	keine Angaben
Bewerberinformationen	Federal Express Europe, Inc. Personalabteilung Am Forsthaus Gravenbruch 9–11 63263 Neu-Isenburg Tel.: 06102 / 883-227 Fax: 06102 / 883-407
Weiterbildungsstunden pro Jahr für die größte Berufsgruppe	32 Stunden
Anteil der Mitarbeiter unter 35 in Prozent	39,6 Prozent
Frauenanteil in Prozent	27,8 Prozent

Ford Financial Deutschland, Köln

FINANZIELLES MIT ENGAGEMENT

Die Autobank Ford Financial zeichnet sich durch besondere Förderung der Vielfältigkeit der Belegschaft und attraktive Sozialleistungen aus.

Unter der Dachmarke Ford Financial Deutschland sind seit 2002 die vier Autobanken Ford Bank, Jaguar Financial Services, Land Rover Financial Services und Mazda Bank organisiert. Die Hauptverwaltung des Bankenverbundes befindet sich in Köln. Zentrale Geschäftstätigkeiten von Ford Financial sind Finanzierung, Leasing und Versicherungen für Automobile, Fuhrparkmanagement sowie die Händlerfinanzierung und -versicherung. Mehr als die Hälfte aller Ford-Neuzulassungen wird über die Ford Bank finanziert und geleast.

Alle Gesellschaften des Ford-Financial-Verbundes sind Niederlassungen der FCE Bank plc, die ihren Hauptsitz in Brentwood, Essex, in Großbritannien hat. Die Finanztochter der Ford Motor Company ist weltweit der größte Finanzdienstleister der Automobilbranche. Die Ford Credit Company Aktiengesellschaft wurde 1926 in Berlin gegründet. Die Ford Bank war die erste Autobank der Welt.

Im Geschäftsjahr 2004 waren insgesamt 975 Mitarbeiter in bundesweit zehn Filialen bei Ford Financial beschäftigt. Der Umsatz betrug 2004 9,6 Milliarden Euro.

Beim Wettbewerb *Deutschlands Beste Arbeitgeber 2005* belegt Ford Financial Deutschland Gesamtrang 50 unter den Top 50-Arbeitgebern und Platz 25 in der Kategorie der Unternehmen von 501 bis 5.000 Mitarbeitern in Deutschland. Darüber hinaus erhielt der Finanzverbund den Sonderpreis in der Kategorie „Diversity" (kulturelle Vielfalt).

Unternehmensergebnisse aus dem Wettbewerb 2005

7-8 Punkte: ausgezeichnet, 5-6 Punkte: sehr gut, 3-4 Punkte: gut.

Glaubwürdigkeit

Die Kommunikationskultur von Ford Financial Deutschland ist durch Offenheit charakterisiert. Neben dem breiten Angebot konzernweit implementierter Kommunikationsmittel kommen bei Ford Financial Deutschland auch bankeigene Instrumente wie beispielsweise eine deutsche und eine europäische Mitarbeiterzeitschrift zum Einsatz. Zur Förderung einer hierarchieübergreifenden Kommunikation finden weiterhin regelmäßig so genannte Skip-Level-Meetings statt, bei denen Mitarbeiter direkt mit der Geschäftsleitung kommunizieren. Des Weiteren haben die Mitarbeiter im Rahmen von so genannten Shadowing-Programmen die Gelegenheit, eine Führungskraft an einem Arbeitstag überall hin zu begleiten, sei es in Meetings, am Schreibtisch oder während einer Telefonkonferenz. Hervorzuheben ist außerdem die hohe Integrität, die dem Management seitens der Belegschaft zugewiesen wird. Überdurchschnittliche 86 Prozent der Befragten glauben, dass das Management Kündigungen nur als letzten Ausweg wählt. Weitere 81 Prozent bringen zum Ausdruck, dass die Geschäftspraktiken des Managements ehrlich und ethisch vertretbar sind.

Respekt

Ford Financial Deutschland baut im Bereich seiner Personalentwicklung auf standardisierte Verfahren, bei denen die Erwartungen der Mitarbeiter an ihre berufliche Entwicklung mit den Möglichkeiten des Unternehmens abgeglichen werden, sodass individuelle Entwicklungsprogramme konzipiert und umgesetzt werden können. Die Weiterentwicklung der Mitarbeiter über alle Ebenen wird über so genannte Personalentwicklungskommitees gesteuert. In puncto innerbetriebliche Zusammenarbeit sorgen außerdem Mitarbeitergremien, spezielle Arbeitsgruppen und das betriebliche Vorschlagswesen sowie regelmäßige Mitarbeiterbefragungen dafür, dass die Meinungen und Ideen der Mitarbeiter berücksichtigt werden. In der jährlichen Work-Life-Balance-Woche versucht das Unternehmen ferner, die Sensibilität der Mitarbeiter für dieses Thema zu erhöhen. Diese Maßnahmen verfehlen nicht ihre Wirkung: 78 Prozent der Befragten – 17 Prozentpunkte über dem Mittel der 50-Top-Unternehmen – fühlen sich ermutigt, einen guten Ausgleich zwischen Berufs- und Privatleben zu finden.

Fairness

Überdurchschnittliche 76 Prozent der Befragten sagen aus, für ihre geleistete Arbeit angemessen bezahlt zu werden. Darüber hinaus profitiert die Belegschaft von den umfangreichen Sozialleistungen des Ford-Konzerns. Des Weiteren können die Mitarbeiter von Ford Financial die besonderen Konditionen beim Autokauf nutzen. Sehr positiv wird außerdem das umfassende Engagement des Unternehmens bei der Förderung von Diversity bewertet. Beispielsweise engagiert sich das so genannte *Diversity Council* freiwillig für Themen wie etwa Frauenförderung, Integration von Behinderten oder auch für die Belange älterer Mitarbeiter. Diskriminierungen aufgrund von Merkmalen wie Nationalität, ethnischer Herkunft, sexueller Orientierung oder Religion werden bei Ford Financial in keiner Weise geduldet. Hierzu schalten sich firmeninterne Vertrauenspersonen ein, sofern Probleme dieser Art auftreten sollten. Ein Mitarbeiter bemerkt zu dieser Stärke des Unternehmens: „Das Thema Diversity bleibt kein Lippenbekenntnis, sondern wird eindeutig als Unternehmenswert propagiert: Values the differences in employee's backgrounds and skills; and maximizes the benefits derived from a diverse workforce." Für diese außerordentliche Priorisierung der Thematik und stimmige Umsetzung erhält Ford Financial im Jahr 2005 den Sonderpreis in der Kategorie „Diversity" Kulturelle Vielfalt.

Stolz

Der Erfolg des Unternehmens, gepaart mit der mitarbeiterorientierten Kultur, birgt ein hohes Identifikationspotenzial für die Mitarbeiter. Überdurchschnittliche 77 Prozent der Befragten ziehen beispielsweise in Betracht, bis zu ihrem Ruhestand bei Ford Financial zu arbeiten, was die hohe Verbundenheit der Belegschaft mit ihrem Arbeitgeber unterstreicht. Besonders hervorzuheben ist außerdem das hohe soziale Engagement, das von den Mitarbeitern mitgetragen wird. Ford Financial stellt alle Mitarbeiter, die sich für gemeinnützige Zwecke engagieren möchten, zwei Arbeitstage im Jahr frei. Besonders gefördert werden Aktionen, die auf die Initiative der Mitarbeiter beruhen. Unterstützte Projekte dieser Art liegen im Bereich der Jugendbetreuung oder auch der Hilfe für Obdachlose. Einmal im Jahr beteiligt sich Ford Financial Deutschland zudem an einer Blutspendeaktion. Dies sind einige Aspekte, die dazu beitragen, dass 80 Prozent der Befragten aussagen, stolz darauf zu sein, anderen erzählen zu können, wo sie arbeiten.

Teamorientierung

Neue Mitarbeiter bei Ford Financial werden durch Einführungsseminare und ein Patenprogramm bei ihrer Eingliederung ins Unternehmen unterstützt. Die Wettbewerbsergebnisse bestätigen dies: 84 Prozent der Befragten erleben, dass man sich als neuer Mitarbeiter bei Ford Financial willkommen fühlt. Der Teamgeist wird ferner dadurch gestärkt, dass unternehmensinterne Wettbewerbe ausgetragen werden, die besonders auf den Teamerfolg ausgerichtet sind. Auch die Befragungsergebnisse spiegeln den guten „Teamspirit" wider: 88 Prozent der Mitarbeiter bestätigen, dass sie in einer freundlichen Atmosphäre arbeiten; weitere 81 Prozent stimmen der Aussage zu, gut aufgenommen und integriert zu werden, wenn sie innerhalb der Organisation ihre Funktion oder die Abteilung wechseln.

Zu den Punkten „Drei Fragen..." und den „Bewerberanforderungen" machte das Unternehmen keine Angaben.

Unternehmensfakten

Unternehmensname	Ford Financial Deutschland
Branche	Finanzdienstleistungen
Zahl der Mitarbeiter in 2004 in Deutschland	975
Umsatz im Jahr 2004 national	9,6 Milliarden Euro
Firmensitz	Josef-Lammerting-Allee 24–34 50933 Köln

Homepage	www.fordbank.de
Beschäftigte Berufsgruppen (nach ihrer Häufigkeit)	Bankkaufleute, sonstige kaufmännische Berufe
Anfangsgehalt für Einsteiger (nach Berufsgruppen gereiht)	keine Angaben
Durchschnittliches Jahresgehalt nach fünf Jahren (gereiht nach Berufsgruppen)	keine Angaben
Bewerberinformationen	www.fordbank.de
Weiterbildungsstunden pro Jahr für die größte Berufsgruppe	circa 40 Stunden pro Mitarbeiter
Anteil der Mitarbeiter unter 35 in Prozent	keine Angaben
Frauenanteil in Prozent	keine Angaben

Grundfos GmbH, Erkrath

PUMPENVERTRIEB MIT SPORTSGEIST

Die deutsche Vertriebsgesellschaft des Pumpenherstellers Grundfos unterstützt die Work-Life-Balance, Weiterbildungen und die sportlichen Aktivitäten seiner Mitarbeiter.

Die Grundfos GmbH mit Sitz in Erkrath bei Düsseldorf ist die deutsche Vertriebsgesellschaft des dänischen Pumpenherstellers Grundfos. Das Unternehmen gehört mit jährlich rund zehn Millionen produzierten und verkauften Pumpen weltweit zu den führenden Herstellern. Im Bereich Heizungspumpen ist Grundfos überdies Weltmarktführer. Das gesamte Produktspektrum ist den drei Marktsegmenten Gebäudetechnik, Industrie und Wasserwirtschaft zugeordnet. Neben den Pumpen stellt das Unternehmen die Motoren und Elektronik für Steuerungen und Regelungen der Pumpen selbst her.

Gegründet wurde das Unternehmen Grundfos 1945 unter dem ursprünglichen Namen „Bjerringbro Pressestøberi og Maskinfabrik" von Poul Due Jensen. Eine nach ihm benannte Stiftung hält heute über 86 Prozent des Gesellschaftskapitals. Zu der in Deutschland seit 1960 vertretenen Grundfos-Gruppe zählt neben der Vertriebsgesellschaft in Erkrath auch eine rechtlich eigenständige Pumpenfabrik mit rund 700 Mitarbeitern im schleswig-holsteinischen Wahlstedt. 2004 waren 335 Mitarbeiter bei der Grundfos

GmbH beschäftigt und erwirtschafteten einen Umsatz von 188 Millionen Euro. Weltweit lag die Zahl der Beschäftigten von Grundfos bei rund 13.000. Der Gruppenumsatz lag im Geschäftsjahr 2003 bei 1,5 Milliarden Euro.

Im Wettbewerb *Deutschlands Beste Arbeitgeber 2005* belegt die Grundfos GmbH Gesamtrang 11 unter den Top 50-Arbeitgebern und Platz 5 in der Kategorie der Unternehmen von 100 bis 500 Mitarbeitern in Deutschland.

Zusätzlich konnte sich das Unternehmen auf der europäischen Liste „100 Beste Arbeitgeber in Europa 2005" platzieren.

Unternehmensergebnisse aus dem Wettbewerb 2005

7-8 Punkte: ausgezeichnet, 5-6 Punkte: sehr gut, 3-4 Punkte: gut.

Glaubwürdigkeit

Die Kommunikation im Unternehmen ist offen gestaltet. Auf dem „Marktplatz", einer auf Abteilungsebene wöchentlich stattfindenden internen Veranstaltung, werden nicht nur die aktuellen Unternehmenskennzahlen präsentiert, sondern es wird auch Raum gegeben für die Anregungen, Kritik oder Verbesserungsvorschläge der Mitarbeiter. Ein weiterer Baustein der beidseitigen Informationspolitik sind die regelmäßigen Abteilungsmeetings, an denen jeweils ein Mitglied der Geschäftsführung teilnimmt. So stellen offene Ohren und offene Türen sicher, dass jeder Zugang zu den für ihn relevanten Informationen bekommt. In der jüngeren Vergangenheit wurden zudem Personalentwicklungsmaßnahmen eingeführt, die die Mitarbeiterorientierung des Unternehmens noch klarer ausrichten. Hierzu zählen unter anderem das Vertrauensarbeitszeitmodell, die Einführung von Mitarbeiterentwicklungsgesprächen und das 360°-Feedback für alle Führungskräfte. Die positiven Auswirkungen dieser Maßnahmen finden ihren Niederschlag bereits in den Untersuchungsergebnissen: 87 Prozent der Befragten erklären, sie erhielten bei Grundfos viel Verantwortung. Weitere 83 Prozent denken, das Management vertraut auf die gute Arbeit der Mitarbeiter, ohne sie ständig zu kontrollieren.

Respekt

Grundfos misst der kontinuierlichen Fort- und Weiterbildung seiner Mitarbeiter eine hohe Bedeutung bei. Für nebenberufliche Weiterbildungen wird in vielen Fällen ein Teil der Kosten erstattet. Im Zentrum der Entwicklungs-maßnahmen stehen jedoch die umfangreichen Trainingsangebote der Grund-fos-eigenen Poul-Due-Jensen-Academy mit Sitz in Dänemark. Neben techni-schen Fächern werden vor allem Sprachen und Kurse unterrichtet, die bei-spielsweise Themen wie „Verkaufspsychologie" oder „Richtiges Telefonieren" behandeln. In der Befragung geben 82 Prozent der Mitarbeiter an, Weiterbil-dung und Unterstützung für ihre berufliche Entwicklung angeboten zu be-kommen. Spezifische Stärken weist das Unternehmen außerdem in der Unterstützung einer ausgewogenen Work-Life-Balance und seiner Familien-freundlichkeit auf. Durch die zum Teil komplette Übernahme von Kindergar-tenbeiträgen, die Möglichkeit der flexiblen Arbeitszeiteinteilung einschließ-lich der Komprimierung von Arbeitszeit auf vier Arbeitstage pro Woche wird vor allem auf die Belange von Eltern Rücksicht genommen. Überdurchschnitt-liche 84 Prozent sagen entsprechend in der Befragung aus: „Ich kann mir Zeit frei nehmen, wenn ich es für notwendig halte." Ein Wert, der neun Prozent-punkte über dem Durchschnitt des Top-50-Feldes liegt.

Fairness

Alle Mitarbeiter sollen ausgewogen an den Unternehmenserfolgen teilhaben können. So besteht beispielsweise für alle die Möglichkeit, Aktien des Unter-nehmens zu erwerben. Des Weiteren bietet Grundfos eine Reihe von Extras für die gesamte Belegschaft an, wie etwa Kaffee und Mineralwasser, einen neu vergünstigten PC-Hardware-Verkauf oder Fahrsicherheitstrainings. Auch das Gehaltssystem wird positiv wahrgenommen. So fühlen sich überdurch-schnittliche 78 Prozent der befragten Grundfos-Mitarbeiter für die geleistete Arbeit angemessen bezahlt. Insgesamt schätzen sie auch das faire Miteinan-der im Unternehmen. Verdeckte Machenschaften und Intrigen zur Erreichung angestrebter Ziele werden laut 78 Prozent der Belegschaft unterlassen.

Stolz

Stolz auf ihre Arbeit empfinden die Mitarbeiter nicht nur wegen der Produk-te, die gerade auch in den Entwicklungsländern zur Verbesserung der Le-bensqualität beitragen, sondern auch wegen der Aktivitäten im Bereich der „Corporate Social Responsibility". So arbeitet der Konzern eng mit Behin-dertenwerkstätten zusammen, unterhält zahlreiche Partnerschaften zu Uni-versitäten und sponsert lokale Sportvereine. Auch der nachhaltige Ge-schäftserfolg und die hohe Innovativität des Grundfos-Konzerns bieten ein großes Identifikationspotenzial. Dies belegen auch die Ergebnisse der Mit-arbeiterbefragung. Für 94 Prozent der Belegschaft hat die Arbeit eine be-sondere Bedeutung und ist nicht einfach nur ein „Job". Überdurchschnittliche 93 Prozent der Mitarbeiter sind stolz darauf, anderen erzählen zu können, dass sie bei Grundfos arbeiten.

Teamorientierung

„For Teambuilding and Friendship" ist das Motto der Grundfos-Olympiade, die bei den Mitarbeitern hoch im Kurs steht. Viele Befragte schwärmen vom Engagement der Geschäftsleitung in diesem Bereich. „Ich hatte bereits mehrer Male die Möglichkeit, in Dänemark, aber auch in England und Holland an Sportwettkämpfen teilzunehmen. Wer einmal auf dem Siegertreppchen vor einer großen Zuschauerkulisse stand, weiß, wovon ich rede. Da macht das Arbeiten danach doppelt Spaß." Seit 1987 finden in Dänemark alle vier Jahre die Olympischen Spiele der Firma Grundfos statt. Hier nehmen jedes Mal circa 700 Sportler aus aller Welt in vielen Sportarten teil. Doch auch im betrieblichen Alltag scheint der Teamgeist zu stimmen. 91 Prozent der Belegschaft erleben die Möglichkeit, sich authentisch zeigen zu können, und bejahen die Aussage: „Ich kann hier ich selbst sein und brauche mich nicht zu verstellen." Ebenso hoch ist der Anteil derjenigen Mitarbeiter, denen es Freude macht, bei Grundfos zu arbeiten.

Drei Fragen an ...

Ralf Brechmann, Vertriebsdirektor, 40 Jahre

Was muss Ihnen ein Unternehmen persönlich bieten, damit Ihnen die Arbeit Freude macht?

Es muss eine Atmosphäre von Offenheit herrschen. Fehler dürfen gemacht werden – klar ist, dass man daraus lernt und lernen muss. Eigenverantwortlichkeit darf nicht nur ein Wort sein, es muss entsprechend gehandelt werden – es ist notwendig, dass dies nicht nur ein Thema des Managements ist, sondern auch der Mitarbeiter. Innerhalb des Management-Teams und zu den Mitarbeitern muss ein gesundes Vertrauensverhältnis bestehen. Gute Leistungen benötigen Anerkennung. Ich benötige den Spielraum, die Ideen meiner Mitarbeiter – aber auch meine eigenen – durch- und umzusetzen. Das Unternehmen muss eine positive „Kultur" mitbringen, und es muss sich klar sein über seine „Mission and Vision".

Welche Empfehlung für die Karriereentwicklung können Sie aufgrund Ihrer Erfahrung jungen Fach- und Führungskräften mit auf den Weg geben?

Früh Verantwortung übernehmen. In kleineren Projekten anfangen und dort mitarbeiten, um zusätzliche Erfahrungen zu sammeln. Nicht zu allem nicken – zu seinen Überzeugungen stehen und diese argumentativ rüberbringen. Selbstständig in seinen eigenen Arbeitsbereichen Verbesserungen suchen und umsetzen.

Wie lautet Ihr persönlicher Leitsatz für erfolgreiches Management?
Es tun!

Bewerberanforderungen

Was muss ein Bewerber mitbringen, damit er zu Grundfos passt?
Neben einer hohen Fachkompetenz, Kenntnissen im Beziehungsmanagement sowie einem breiten Geschäftsverständnis und einer hohen Kundenorientierung zeichnen die richtigen Bewerber folgende persönlichen Eigenschaften aus: Ergebnisorientierung, Lernbereitschaft, Offenheit, Teamfähigkeit, Eigeninitiative, Eigenmotivation, Verantwortungs- sowie Selbstbewusstsein, Engagement, Nutzen von Freiräumen und Flexibilität.

Unternehmensfakten

Unternehmensname	Grundfos GmbH
Branche	Maschinenbau (Vertrieb von Pumpen in den Geschäftsbereichen Gebäudetechnik, Industrie und Wasserwirtschaft)
Zahl der Mitarbeiter in 2004 in Deutschland	335
Gesamtmitarbeiter in 2004 (international/konzernweit)	13.000
Umsatz im Jahr 2004 national	188 Millionen Euro

Umsatz im Jahr 2004 international	circa 1,5 Milliarden Euro (2003)
Firmensitz	Schlüterstr. 33 40699 Erkrath
Homepage	www.grundfos.com www.grundfos.de
Beschäftigte Berufsgruppen (nach ihrer Häufigkeit)	Techniker und Ingenieure im Außendienst, Techniker und Ingenieure in der technischen Beratung im Innendienst, Kaufmännische Angestellte im Innendienst
Anfangsgehalt für Einsteiger (nach Berufsgruppen gereiht)	keine Angaben
Durchschnittliches Jahresgehalt nach fünf Jahren (gereiht nach Berufsgruppen)	keine Angaben
Bewerberinformationen	Grundfos GmbH Monika Eichner Schlüterstr. 33 40699 Erkrath Tel.: 0211/92969-0 E-Mail: personal@grundfos.de
Weiterbildungsstunden pro Jahr für die größte Berufsgruppe	35 Stunden
Anteil der Mitarbeiter unter 35 in Prozent	16,4 Prozent
Frauenanteil in Prozent	22,4 Prozent

GSD mbH, Berlin

GSD

GESUNDHEITS-MANAGEMENT MIT SYSTEM

Die Mitarbeiter des Softwaredienstleisters GSD schätzen das Wellness-Angebot und loben die Familienfreundlichkeit des Unternehmens.

Die Gesellschaft für Systemforschung und Dienstleistungen im Gesundheitswesen mbH (GSD) mit Sitz in Berlin ist ein auf das Gesundheitswesen spezialisiertes Informationstechnologieunternehmen. Kerngeschäft ist die Entwicklung, Implementierung und Inbetriebnahme von Krankenhaus-Informationssystemen. Das Leistungsportfolio deckt sowohl IT-Lösungen für den medizinisch-pflegerischen Bereich als auch für das übergreifende Krankenhausmanagement und IT-Management ab. Die GSD unterhält seit 1995 eine Beratungs- und Entwicklungspartnerschaft mit dem Softwareunternehmen SAP und ist ein zertifiziertes SAP-Systemhaus im Gesundheitswesen. Eine eigene Produktweiterentwicklung stellt das medizinische Arbeitsplatzsystem i.s.h.med dar. Zum Kundenkreis der GSD zählen rund 250 Krankenhäuser und Kliniken in Deutschland sowie im europäischen wie außereuropäischen Ausland.

Ursprünglich im Besitz des Landes Berlin, wurde das Unternehmen 1988 privatisiert und gehört seit 1997 zur Helios-Kliniken-Gruppe, einem der größten privaten Krankenhausträger in Deutschland und Österreich.

2004 arbeiteten rund 165 Mitarbeiter für die GSD und erwirtschafteten einen Umsatz von 23,8 Millionen Euro. Im Wettbewerb *Deutschlands Beste Arbeitgeber 2005* belegt die GSD Gesamtrang 40 unter den Top 50-Arbeitgebern und Platz 16 in der Kategorie der Unternehmen von 100 bis 500 Mitarbeitern in Deutschland. Das Unternehmen nahm bereits zum dritten Mal am Wettbewerb teil.

Unternehmensergebnisse aus dem Wettbewerb 2005
7-8 Punkte: ausgezeichnet, 5-6 Punkte: sehr gut, 3-4 Punkte: gut.

Glaubwürdigkeit

Die Beziehung zwischen den Führungskräften und Angestellten bei der GSD ist freundlich und unkompliziert. Allgemein ist man im Unternehmen darum bemüht, die Kommunikation sehr offen zu gestalten und pflegt hierzu eine „Open-Door-Policy". Ein Mitarbeiter erklärt hierzu kurz und knapp: „Es gibt keine Berührungsängste zu den Vorgesetzten." In den Führungsleitlinien der GSD werden Führungskräfte ausdrücklich aufgefordert, das Gespräch mit den Mitarbeitern zu suchen, sie in Entscheidungen einzubeziehen und diese Beschlüsse transparent zu machen. Die Aussage eines Mitarbeiters: „Es gibt keine Betriebsgeheimnisse, alle relevanten Informationen stehen den Mitarbeitern im Intranet zur Verfügung", belegt die Umsetzung der Leitlinie. In gleicher Weise werden die Leitsätze durch die 90 Prozent Zustimmung der Befragten belegt, die davon überzeugt sind, dass die Geschäftspraktiken des Managements ehrlich und ethisch vertretbar sind. Des Weiteren glaubt man bei der GSD an die Kompetenz und an die Eigenverantwortlichkeit der Mitarbeiter. So bestätigen überdurchschnittliche 89 Prozent der Befragten, dass das Management auf die gute Arbeit der Mitarbeiter vertraut, ohne sie ständig zu kontrollieren

Respekt

Die Mitarbeiter bei GSD werden auf Basis eines umfassenden, individuellen Entwicklungsplans bei ihrer Karriereentwicklung unterstützt. Dieser beinhaltet sowohl interne als auch externe Schulungen, Selbststudium, Coaching und Training on the Job. Anerkennung von Leistungen findet bei GSD vor allem über das direkte Feedback durch Vorgesetzte und Kollegen statt. Es besteht eine offene Fehlerkultur: 79 Prozent der Befragten bestätigen, dass das Management anerkennt, dass bei der Arbeit auch Fehler passieren können. Mit positiven Rückmeldungen wird nicht gegeizt: Spontane Ausflüge dienen teamintern als eine Möglichkeit, gute Leistungen zu belohnen. Überdies können nach Phasen hoher Arbeitsbelastung so genannte Entlastungstage in Anspruch genommen werden. Tragendes Element der unternehmensinternen Zusammenarbeit ist der wechselseitige Austausch von konstruktiver Kritik, wobei auch hier die Unternehmensprinzipien das Recht eines jeden Mitarbeiters, Anweisungen, Zustände oder Pläne in Frage zu stellen, explizieren. Die Wertschätzung des Unternehmens für seine Mitarbeiter kommt nicht zuletzt darin zum Ausdruck, dass die Mitarbeiter kostenlos in den Genuss von Kaffee, Tee und Mineralwasser kommen, Massagen während der Arbeitszeit angeboten werden, ergonomische Bürostühle zum Einsatz kommen und diverse Sportgruppen zum Aktivwerden einladen. Familienfreundlichkeit beweist die GSD durch den hohen Anteil an teilzeitbeschäftigten Müttern und Vätern, denen es ermöglicht wird, die Gestaltung ihrer Arbeit an den familiären Anforderungen auszurichten. Zusammenfassend bezeugen überdurchschnittliche 81 Prozent der Mitarbeiter, dass sie ein gutes Umfeld für das psychische und emotionale Wohlbefinden vorfinden.

Fairness

In den Führungslinien ist die faire Behandlung aller Mitarbeiter festgeschrieben. Ältere Mitarbeiter zählen nicht „zum alten Eisen", wie ein Mitarbeiter bestätigt: „Mein Unternehmen ist – entgegen dem Trend in der Informationstechnologiebranche – stolz auf die lange Betriebszugehörigkeit von Mitarbeitern." Auch die Beförderungspolitik nehmen die Mitarbeiter als ausgewogen wahr: Zwei Drittel der Befragten sind der Meinung, dass im Unternehmen diejenigen Mitarbeiter befördert werden, die es am meisten verdienen. Auch beim Thema Bezahlung hat die GSD ein äußerst positives Standing: 79 Prozent der Mitarbeiter geben an, für die geleistete Arbeit angemessen bezahlt zu werden. Insgesamt betrachtet ist der faire Umgang miteinander eine Stärke des Unternehmens: 88 Prozent der Befragten – 14 Prozentpunkte über dem Durchschnitt der Top 50-Unternehmen – bestätigen, dass die Mitarbeiter verdeckte Machenschaften und Intrigen unterlassen, wenn es darum geht, etwas zu erreichen.

Stolz

Die GSD konnte sich in den vergangenen Jahren am Markt einen guten Namen erarbeiten. Die Belegschaft weiß um ihren Anteil daran. 77 Prozent der

Mitarbeiter sind überzeugt, im Unternehmen einen wichtigen Beitrag leisten zu können. Die hohe Identifikation der Mitarbeiter bezieht sich insbesondere auf ihre eigene Tätigkeit: 92 Prozent der Befragten bringen zum Ausdruck, dass ihre Arbeit mehr für sie ist als nur ein „Job". Weitere überdurchschnittliche 90 Prozent der Mitarbeiter sind bereit, einen zusätzlichen Einsatz zu leisten, um Arbeiten fertig zu stellen. Schließlich stimmen 86 Prozent der Befragten der Aussage zu: „Die Mitarbeiter kommen gerne zur Arbeit."

Teamorientierung

Bei der GSD wird viel Wert darauf gelegt, Mitarbeitern den Einstieg ins Unternehmen zu erleichtern: Die Geschäftsführung begrüßt alle Neulinge persönlich in einem Gespräch, und somit bestätigen 88 Prozent aller Befragten, dass man sich im Unternehmen willkommen fühlt. Dies gilt auch für diejenigen Mitarbeiter, die innerhalb des Unternehmens ihre Stelle wechseln. Bei der GSD herrscht ein starkes Zusammengehörigkeitsgefühl, was auch auf die relativ lange Betriebszugehörigkeit der Mitarbeiter zurückzuführen ist. Ein Mitarbeiter äußert sich hierzu: „Es ist schön, in den Fluren immer wieder bekannte Gesichter zu sehen und sich kurz über private Dinge zu unterhalten. Es ist wie in einer großen Familie." Zur Stärkung des Zusammenhalts findet einmal im Jahr ein Firmenausflug unter einem besonderen Motto statt; ebenso werden gemeinsame Sport- und Freizeitaktivitäten der Mitarbeiter vom Unternehmen finanziell gefördert. Maßnahmen dieser Art tragen positiv zur Arbeitsatmosphäre bei, die von 88 Prozent der Befragten als freundlich eingeschätzt wird. Plastisch bringt es ein Mitarbeiterkommentar zum Ausdruck: „Das Arbeiten mit den Kollegen macht Spaß und ist unkompliziert. Das lockert die Atmosphäre bei der Arbeit sehr auf."

Drei Fragen an ...

Anne Rethmann, Geschäftsführerin Finanzen, 35 Jahre

Was muss Ihnen ein Unternehmen persönlich bieten, damit Ihnen die Arbeit Freude macht?
Gestaltungsspielraum und Verantwortung, damit ich mit meiner Arbeit etwas bewegen und zum Erfolg des Unternehmens direkt beitragen kann. Glaubwürdigkeit und Vertrauen, damit ich mich in dem Unternehmen wohl fühle und auf dieser Grundlage gerne Höchstleistungen erbringe.

Welche Empfehlung für die Karriereentwicklung können Sie aufgrund Ihrer Erfahrung jungen Fach- und Führungskräften mit auf den Weg geben?

Es ist wichtiger, Dinge selbst zu tun, als nur darüber zu reden. Darüber hinaus gilt es, die eigene Glaubwürdigkeit zu bewahren und Verabredungen mit Kunden, Kollegen oder Mitarbeitern verbindlich einzuhalten. Die eigene Arbeit soll unter Berücksichtigung von persönlichen Zielen an dem Unternehmensziel ausgerichtet werden. Dann können eigene Karriereziele und private Ziele fast „nebenbei" erreicht werden.

Wie lautet Ihr persönlicher Leitsatz für erfolgreiches Management?

Eigene Glaubwürdigkeit entsteht durch offene Kommunikation und das Einhalten von Verabredungen. Durch die klare Formulierung von gemeinsamen Zielen, das Vertrauen auf die Leistungsfähigkeit der Mitarbeiter und den für eigene Lösungswege erforderlichen Freiraum erzielen die Mitarbeiter dann die besten Lösungen.

Bewerberanforderungen

Was muss ein Bewerber mitbringen, damit er zu GSD passt?

Neben der fachlichen Erfahrung erwarten wir von neuen Mitarbeitern in erster Linie Teamfähigkeit und die Bereitschaft zur Übernahme von Verantwortung für die eigenen Arbeitsergebnisse. Teamfähigkeit heißt bei uns, andere von den eigenen Ideen überzeugen zu können, aber auch die Offenheit für die Ideen anderer, um aus der Gruppe heraus eine Lösung zu entwickeln, die dann von allen Teammitgliedern getragen und umgesetzt wird. Verantwortung heißt, sich für den Erfolg der eigenen Aufgaben und Ziele einzusetzen.

Unternehmensfakten

Unternehmensname	GSD Gesellschaft für Systemforschung und Dienstleistungen im Gesundheitswesen mbH
Branche	IT im Gesundheitswesen

Zahl der Mitarbeiter in 2004 in Deutschland	165
Gesamtmitarbeiter in 2004 (international/konzernweit)	165
Umsatz im Jahr 2004 national	23,8 Milllionen Euro
Firmensitz	Riedemannweg 59 13627 Berlin
Homepage	www.gsd-berlin.de
Beschäftigte Berufsgruppen (nach ihrer Häufigkeit)	Medizininformatiker, Ärzte, System- und Netzwerkspezialisten, Kaufleute
Anfangsgehalt für Einsteiger (nach Berufsgruppen gereiht)	42.000 Euro per annum
Durchschnittliches Jahresgehalt nach fünf Jahren (gereiht nach Berufsgruppen)	52.800 Euro per annum
Bewerberinformationen	www.gsd-berlin.de
Weiterbildungsstunden pro Jahr für die größte Berufsgruppe	80 Stunden (ohne Einarbeitung)
Anteil der Mitarbeiter unter 35 in Prozent	28 Prozent
Frauenanteil in Prozent	48 Prozent

Guidant GmbH, Gießen

SCHRITTMACHER FÜR HERZ UND VERSTAND

Der Medizintechnik-Hersteller Guidant überzeugt seine Mitarbeiter durch Vertrauen und Integrität und bietet interessante und anspruchsvolle Aufgaben.

Der US-amerikanische Medizintechnik-Hersteller Guidant entwickelt, produziert und vermarktet weltweit zahlreiche medizintechnische Geräte zur Behandlung kardiovaskulärer und vaskulärer Erkrankungen. Zu den Kernprodukten zählen vor allem implantierbare Herzschrittmacher und Defibrillatoren zur Beseitigung von Herzrhythmusstörungen. Guidant ist hier die Nummer zwei auf dem Weltmarkt. Darüber hinaus bietet das Unternehmen Gefäßprothesen, so genannte „Stents", an, die für die Stabilisierung von Arterien in der Herz- und Gefäßchirurgie eingesetzt werden.

In Deutschland ist die Guidant Corporation mit Konzernzentrale im Bundesstaat Indianapolis (USA) mit einer Vertriebsniederlassung in Gießen vertreten; die europäische Zentrale sitzt in Diegem in Belgien. Ende 2004 wurde Guidant für 23,9 Milliarden US-Dollar vom amerikanischen Healthcare-Konzern Johnson & Johnson gekauft; die Eingliederung wird voraussichtlich im zweiten Halbjahr 2005 vollzogen. Der Name Guidant soll aber bestehen bleiben und in Zukunft für den kardiovaskulären Geschäftsbereich von Johnson & Johnson stehen.

Guidant beschäftigte 2004 in Deutschland 210 Mitarbeiter, weltweit sind es nahezu 12.000 Beschäftigte. Die Guidant GmbH erwirtschaftete 2004 in

Deutschland einen Umsatz von 117 Millionen Euro, der weltweite Umsatz von Guidant belief sich auf 3,8 Milliarden US-Dollar.

Im Wettbewerb *Deutschlands Beste Arbeitgeber 2005* belegt die Guidant GmbH Gesamtrang 18 unter den Top 50-Arbeitgebern und Platz 7 in der Kategorie der Unternehmen von 100 bis 500 Mitarbeitern in Deutschland.

Zusätzlich konnte sich das Unternehmen auf der europäischen Liste „100 Beste Arbeitgeber in Europa 2005" platzieren.

Unternehmensergebnisse aus dem Wettbewerb 2005

7-8 Punkte: ausgezeichnet, 5-6 Punkte: sehr gut, 3-4 Punkte: gut.

Glaubwürdigkeit

Bei Guidant ist man überzeugt, dass die Firmenkultur einen großen Einfluss auf die Mitarbeiterzufriedenheit hat. Das Management fördert die konsequente Reflektion der Unternehmenswerte und deren praktische Umsetzung im Arbeitsalltag. So erhält beispielsweise jeder neue Mitarbeiter zu Beginn seiner Tätigkeit den Code of Business Conduct und absolviert dazu ein Online-Training. Das Management lebt integres Verhalten im Alltag vor. 88 Prozent der befragten Mitarbeiter bestätigten, die Geschäftspraktiken des Managements seien ehrlich und ethisch vertretbar. Des Weiteren fällt deutlich auf, dass bei Guidant ein offener Dialog über alle Hierarchie- und Unternehmensebenen hinweg stattfindet. Nicht die hierarchische Position zählt, sondern die Kompetenz und die Leistung. 80 Prozent der Befragten äußern diesbezüglich, das Management sei gut erreichbar und unkompliziert anzusprechen.

Respekt

„Jeden Mitarbeiter respektieren" ist ein zentraler Wert des Unternehmens. Die Mitarbeiterorientierung zeigt sich unter anderem im kooperativen Führungsstil. Das Management hat ein offenes Ohr für Anregungen und Verbesserungsvorschläge der Mitarbeiter und setzt sie zeitnah um. Die Führungskräfte werden auch in Leitungstechniken geschult wie etwa dem Coaching. Positiv zu vermerken sind die regelmäßig stattfindenden Gespräche zwischen Mitarbeitern und Vorgesetzten, die dazu dienen, die weitere berufliche Entwicklung des Mitarbeiters zu planen und dabei auf persönliche Interessen und spezielle Fähigkeiten einzugehen. So geben 72 Prozent der Befragten an, das Management zeige Anerkennung für gute Arbeitsleistungen und besonderen Einsatz. Umgekehrt können die Mitarbeiter Mitglieder des Leitungsteams, die sich besonders um die Weiterentwicklung der Mitarbeiter auszeichnen, für die Aufnahme in den Circle of Champions nominieren. Die Mitarbeiter von Guidant fühlen sich gut aufgehoben: 85 Prozent der Befragten bestätigen, ein gutes Umfeld für das psychische und emotionale Wohlbefinden zu haben.

Fairness

Das Unternehmen bietet all seinen Mitarbeitern umfangreiche Sozialleistungen an. Besonders hervorzuheben sind dabei die allen Mitarbeitern zugänglichen Aktienprogramme, die großzügige Gehaltsfortzahlung im Krankheitsfall oder die für jeden Mitarbeiter abgeschlossene Risikolebensversicherung. „Kleine Extras" wie Menü-Tickets, Fahrtengeld sowie eine lukrative Urlaubs- und Weihnachtsvergütung runden das Angebot ab. Hinzu kommt die Versorgung am Arbeitsplatz: „Die Versorgung der Mitarbeiter im Hinblick auf Getränke wie Kaffee, Tee, Wasser und Saft ist außergewöhnlich gut", äußert ein Mitarbeiter. Bonusprogramme sind so gestaltet, dass auch Innendienstmitarbeiter am Erfolg der Vertriebsabteilung teilhaben. So bestätigen auch überdurchschnittliche 71 Prozent der Befragten, dass sie an den Gewinnen der Organisation angemessen beteiligt werden. Die Förderung der Chancengleichheit der Geschlechter ist bei Guidant ein weiteres wichtiges Anliegen. Weibliche Mitarbeiter werden durch das GROW (Guidant Reaches Out to Woman)-Programm gezielt darin unterstützt, sich fortzubilden und weiterzuentwickeln. Die Bemühungen des Unternehmens, Neutralität und Gerechtigkeit sicherzustellen, quittieren die Mitarbeiter im Rahmen der Befragung: 89 Prozent der Befragten fühlen sich unabhängig von ihrer Position als vollwertiges Mitglied des Unternehmens behandelt. Weit überdurchschnittliche 79 Prozent der Mitarbeiter erleben, dass das Management die Bevorzugung einzelner Mitarbeiter vermeidet.

Stolz

Der „Ownership-Gedanke" ist Kernpunkt der Firmenphilosophie bei Guidant. So wundert es kaum, dass das Unternehmen überdurchschnittlich hohe Werte in puncto Stolz und Identifikation aufweist. Die Mitarbeiter stehen voll hinter ihrer Tätigkeit, die nach Aussage eines Befragten „interessant und anspruchsvoll ist und auch eine ethisch positive Wirkung für die Gesellschaft hat". 90 Prozent der Mitarbeiter kommen gerne zur Arbeit, und 89 Prozent sind stolz, anderen erzählen zu können, dass sie bei Guidant arbeiten. Weitere 92 Prozent äußern sich zufrieden über die Art und Weise, in der Guidant einen positiven Beitrag für das Gemeinwesen leistet. Zur positiven Wirkung der Unternehmensmission erklärt ein Mitarbeiter: „Unsere Produkte bieten Ärzten die Chance, Patienten am Leben zu erhalten oder ihre Lebensqualität zu verbessern. Das setzt ganz besondere Motivationen frei, in der eigenen Aufgabe den ethischen Aspekt unserer Tätigkeit zu erkennen."

Teamorientierung

Ein gutes Verhältnis zu den Kollegen gilt bei Guidant als Schlüssel zum Erfolg. Dem Unternehmen ist viel daran gelegen, eine vertrauensbasierte Zusammenarbeit unter den Kollegen zu fördern. Das beginnt mit dem Welcome Day. Einführungsschulungen und ein Vorstellungsrundgang erleichtern den Einstieg. Überdurchschnittliche 95 Prozent der Mitarbeiter sind dementsprechend der Meinung, dass man sich als neuer Mitarbeiter im Unternehmen wohl fühlt. Zudem sorgen zahlreiche Veranstaltungen dafür, dass Innen- und Außendienstmitarbeiter regelmäßig zusammenkommen. Die Mitarbeiter fühlen sich wohl im Unternehmen: 86 Prozent geben an, dass es ihnen Freude macht, bei Guidant zu arbeiten. Gelobt werden vor allem die „außergewöhnlich gute Arbeitsatmosphäre" und der respektvolle Umgang sowie die Hilfsbereitschaft untereinander. Ein Mitarbeiter äußert sich begeistert: „Der Teamgeist in unserem Unternehmen ist für mich das ganz besondere Flair, was es für mich so schön macht, hier zu arbeiten. Auch in schweren Situationen stehen wir zueinander und helfen uns untereinander." Dieses Lob ist keineswegs ein Einzelfall: Eindrucksvolle 85 Prozent der Mitarbeiter geben an: „Wir fühlen uns hier wie eine Familie und haben einen guten Teamgeist."

Drei Fragen an ...

Stefan Richter, Geschäftsführer, 42 Jahre

Was muss Ihnen ein Unternehmen persönlich bieten, damit Ihnen die Arbeit Freude macht?
Die Möglichkeit zur kontinuierlichen Weiterentwicklung mit wachsender Führungsverantwortung in einer Kultur, geprägt von Teamgeist, lebenslangem Lernen, Kompetenz statt Hierarchie und Respekt vor dem Individuum.

Welche Empfehlung für die Karriereentwicklung können Sie aufgrund Ihrer Erfahrung jungen Fach- und Führungskräften mit auf den Weg geben?

Denke und handle, als wärst du dein Vorgesetzter. Entwickle innovative Lösungen und Konzepte, begeistere und gewinne andere dafür durch Networking und Teamwork. Erziele Spitzenleistungen in jeder Position und führe dabei Mitarbeiter zum nächsten Level. Suche Herausforderungen, die außerhalb deiner Komfortzone liegen, und nutze die Möglichkeit, internationale Erfahrungen zu sammeln.

Wie lautet Ihr persönlicher Leitsatz für erfolgreiches Management?

Führe mit Optimismus, Einfühlungsvermögen und klaren Prinzipien. Vermittle eine glaubwürdige Vision und Strategie, kommuniziere die Inhalte und erziele Einvernehmen mit deiner Organisation durch einen konstruktiven, kritischen Dialog.

Bewerberanforderungen

Was muss ein Bewerber mitbringen, damit er zu Guidant passt?

Wir suchen Mitarbeiter, die Freude daran haben, mit anderen zusammenzuarbeiten, und Spitzenleistungen zeigen wollen. Eine selbstständige Arbeitsweise sowie Flexibilität sind uns dabei besonders wichtig. Bewerber, die sich für eine Tätigkeit im Außendienst interessieren, sollten Spaß am Umgang mit Menschen und am Verkaufen haben. Der Servicegedanke ist ebenso erforderlich wie die Grundeinstellung, in jeder Veränderung eine Chance zu sehen.

Unternehmensfakten

Unternehmensname	Guidant GmbH
Branche	Medizintechnik
Zahl der Mitarbeiter in 2004 in Deutschland	210

Gesamtmitarbeiter in 2004 (international/konzernweit)	12.000
Umsatz im Jahr 2004 national	117 Millionen Euro
Umsatz im Jahr 2004 international	3,8 Milliarden US-Dollar
Firmensitz	Wingertshecke 6 35392 Giessen
Homepage	www.Guidant.de www.Guidant.com
Beschäftigte Berufsgruppen (nach ihrer Häufigkeit)	Sales Representative, Field Clinical Engineer, Customer Care Employee, Accountant, Studies Coordinator, Specialist Therapy Development, Assistant
Anfangsgehalt für Einsteiger (nach Berufsgruppen gereiht)	Field Clinical Engineers: 40.000 Euro
Durchschnittliches Jahresgehalt nach fünf Jahren (gereiht nach Berufsgruppen)	keine Angaben
Bewerberinformationen	Bitte senden Sie Ihre Bewerbung an die oben angegebene Postanschrift oder an hrger@guidant.com
Weiterbildungsstunden pro Jahr für die größte Berufsgruppe	120 Stunden
Anteil der Mitarbeiter unter 35 in Prozent	36,4 Prozent
Frauenanteil in Prozent	53,1 Prozent

HEXAL AG, Holzkirchen

GENERIKA MIT TRANSPARENZ

Das Management des Generikaherstellers HEXAL hat für die Belegschaft offene Türen. Es verfolgt eine transparente Informationspolitik in familiärer Atmosphäre.

Die HEXAL AG aus dem oberbayrischen Holzkirchen ist Deutschlands zweitgrößter Generikahersteller. Das Unternehmen entwickelt, produziert und vermarktet rezeptfreie und verschreibungspflichtige Arzneimittel für alle großen Indikationsbereiche, aber auch innovative Pharmazeutika. Bekannteste Produkte sind u. a. „ACC akut Hustenlöser", die Antiallergika „Lorano", „Cetrizin HEXAL" oder der Cholesterinsenker „SimvaHEXAL".

Die Gründer Dr. Andreas und Dr. Thomas Strüngmann haben HEXAL seit 1986 von einem kleinen Unternehmen zu einem der bedeutendsten Akteure auf dem weltweiten Generika-Markt entwickelt. Heute ist die HEXAL-Gruppe in über 40 Ländern weltweit mit Tochtergesellschaften, Repräsentanzen und strategischen Partnern vertreten. In Deutschland sind in den sechs HEXAL-Niederlassungen, darunter fünf Produktionsstätten in den neuen Bundesländern, rund 3.000 Mitarbeiter tätig, außerhalb Deutschlands sind es weitere 4.400. HEXAL erzielte 2004 einen Konzernumsatz von 1,3 Milliarden Euro. 56,5 Prozent davon wurden in Deutschland erwirtschaftet.

Im Wettbewerb *Deutschlands Beste Arbeitgeber 2005* belegt die HEXAL AG (Niederlassung Holzkirchen) Gesamtrang 5 unter den Top 50-Arbeitgebern und Platz 2 in der Kategorie der Unternehmen von 501 bis 5.000 Mitarbeitern in Deutschland. Das Unternehmen hat bereits zum dritten Mal am Wettbewerb teilgenommen.

Zusätzlich konnte sich das Unternehmen auf der europäischen Liste „100 Beste Arbeitgeber in Europa 2005" platzieren.

Unternehmensergebnisse aus dem Wettbewerb 2005

7-8 Punkte: ausgezeichnet, 5-6 Punkte: sehr gut, 3-4 Punkte: gut.

Glaubwürdigkeit

„Unsere Türen sind offen", dies legt das Leitbild fest, das unter der Mitwirkung der HEXAL-Belegschaft erstellt wurde. Die Offenheit der Kommunikation wird dadurch bestätigt, dass in der Praxis allen Mitarbeitern beispielsweise das Protokoll des 14-tägigen Meetings von Vorstand und Führungskräften zukommt. Zudem informiert der Vorstand die Mitarbeiter regelmäßig persönlich über neue Entwicklungen im Unternehmen und steht „Rede und Antwort". In dem Bürogebäude in der Zentrale sind alle Türen aus Glas – auch die der Vorstandszimmer. Offenheit fördert Vertrauen: Die Mitarbeiter loben ihre Freiräume bei der Arbeit. So geben 96 Prozent an, dass das Management auf die gute Arbeit der Mitarbeiter vertraut, ohne sie ständig zu kontrollieren. Weitere 95 Prozent der HEXAL-Mitarbeiter sind von der Kompetenz ihres Managements überzeugt. Ein Mitarbeiter findet besonders lobende Worte: „Jeder Chef ist persönlich für jeden einzelnen Mitarbeiter zu sprechen und hört auch zu. Ich finde das Management und alle Chefs hervorragend!"

Respekt

„Kompetenz vor Hierarchie" – als weiterer Leitsatz – ist die Grundlage der Zusammenarbeit im Unternehmen. Mitarbeiter werden in wichtige Entwicklungen eingebunden. Auch hier zeigt sich der Nutzen transparenter Informationspolitik. 82 Prozent der Befragten bejahen die Aussage, dass das Management aufrichtiges Interesse an ihnen als Person und nicht nur als Arbeitskraft an den Tag legt. Durch kleine Aufmerksamkeiten, Prämien und Boni zeigt das Management Anerkennung für gute Arbeit und besonderen Einsatz. Besonders positiv wird durch die Mitarbeiter das gesamte Arbeitsumfeld bewertet, hoch gelobt wird auch das Betriebsrestaurant. 97 Prozent der

Befragten empfinden, dass die Gebäude und die Einrichtungen zu einer guten Arbeitsumgebung beitragen. Gleitzeit, das Sponsoring einer Kinderkrippe namens Hexennest e.V und ein firmeneigenes Fitnessstudio unterstützen eine gute Verbindung von Beruf und Privatleben.

Fairness

„Ich empfinde es als etwas Außergewöhnliches, dass das Unternehmen älteren Mitarbeitern, entsprechend ihrer Leistung, Kompetenz und ihrem Wunsch auch über den Ruhestand hinaus weiterhin Arbeit bietet." Die Mitarbeiter unabhängig von ihrem Alter fair zu behandeln ist eine spezifische Stärke des Unternehmens und wird von 96 Prozent der befragten Mitarbeiter so erlebt. Die gute Integration und hohe Wertschätzung aller Mitarbeiter, gleich welcher beruflichen Position, bestätigt die Aussage von 92 Prozent der Mitarbeiter, die sich als vollwertiges Mitglied des Betriebes anerkannt empfinden. Selbst im Falle ungerechter Behandlung fühlen sich noch 83 Prozent der Befragten – das sind sieben Prozentpunkte mehr als im Durchschnitt aller Top-50-Wettbewerbsteilnehmer – bei ihrem Anliegen ernst genommen. Die von 79 Prozent der Befragten als angemessen empfundene Vergütungsbasis und eine Reihe von Zusatzleistungen bedienen zudem die materiellen Ansprüche.

Stolz

Mit einer sehr erfolgreichen Gründergeschichte im Hintergrund liegt der Stolz der Mitarbeiter auf dem gemeinsam Geleisteten im Spitzenbereich. 96 Prozent bejahen in der Befragung die Aussage: „Ich bin stolz auf das, was wir gemeinsam leisten." Neben dem wirtschaftlichen Erfolg fördern auch umfangreiche soziale Förderaktivitäten insbesondere im Bereich der Kindermedizin die Identifikation der Mitarbeiter. Der Stolz auf das Unternehmen hat noch einen weiteren Hintergrund: Die Angestellten schätzen das soziale Engagement der beiden Gründer. So tourt die Augsburger Puppenkiste finanziert mit HEXAL-Stiftungsgeld jedes Jahr durch 25 deutsche Kinderklinikstationen. Über die Art und Weise, in der sie bei HEXAL gemeinsam einen Beitrag für die Gesellschaft leisten, äußern sich 95 Prozent der befragten Mitarbeiter zufrieden.

Teamorientierung

HEXAL gelingt es trotz seiner Größe, eine Atmosphäre mit familiärem Charakter zu bewahren. Dies belegen Mitarbeiterkommentare wie der folgende: „An meinem Geburtstag bekam ich zuerst eine Flasche Rotwein geschickt, dann kamen um 8.30 Uhr Glückwünsche per Fax . Nachmittags gratulierte mir zusätzlich die Geschäftsleitung am Telefon. So etwas habe ich bei keiner Firma zuvor erlebt." Gerade neuen Mitarbeitern fällt die Integration leicht, und auch die Etablierten erleben eine hohe Kooperationsbereitschaft. 94 Prozent der Befragten bestätigten, dass man sich als neuer Mitarbeiter im Unternehmen willkommen fühlt. Die regelmäßig stattfindenden Großveranstaltungen wie die exklusiven Betriebsausflüge und Weihnachtsfeiern sind für alle HEXAL-Mitarbeiter Highlights des Jahres. 96 Prozent der Beschäftigten bekunden, dass sie in einem freundlichen Unternehmen arbeiten.

Drei Fragen an ...

Jürgen Höhne, Leiter Personal

Was muss Ihnen ein Unternehmen persönlich bieten, damit Ihnen die Arbeit Freude macht?
Die Wertschätzung gegenüber den Mitarbeiterinnen und Mitarbeitern steht für mich an erster Stelle. Ebenso wichtig sind Selbstständigkeit, Eigenverantwortung, Anerkennung und Freiraum.

Welche Empfehlung für die Karriereentwicklung können Sie aufgrund Ihrer Erfahrung jungen Fach- und Führungskräften mit auf den Weg geben?
Die Basis ist immer eine gute fachliche Qualifikation. Außerdem sollten junge Fach- und Führungskräfte alle Möglichkeiten – auch interkulturell – nutzen, um Sozialkompetenzen auf- und auszubauen.

Wie lautet Ihr persönlicher Leitsatz für erfolgreiches Management?
Erfolgreiches Management heißt für mich: Mitarbeiter so qualifizieren, dass sie auch ohne das Management agieren können.

Bewerberanforderungen

Was muss ein Bewerber mitbringen, damit er zu HEXAL passt?
Ein Bewerber, der zu HEXAL passt, sollte: gerne über den Tellerrand blicken; offen für Neues sein; Engagement an den Tag legen; Verantwortungsbewusstsein und Flexibilität zeigen und sich nicht zuletzt durch die Fähigkeit auszeichnen, mit Unsicherheiten und Instabilitäten umzugehen.

Unternehmensfakten

Unternehmensname	HEXAL AG
Branche	Pharma
Zahl der Mitarbeiter in 2004 in Deutschland	1.238 (Niederlassung Holzkirchen und Außendienst)
Gesamtmitarbeiter in 2004 (international/konzernweit)	circa 7.400
Umsatz im Jahr 2004 international	circa 1,3 Milliarden Euro
Umsatz im Jahr 2004 national	circa 1,3 Milliarden Euro, 56,5 Prozent wurde davon in Deutschland erwirtschaftet
Firmensitz	Industriestraße 25 83607 Holzkirchen
Homepage	www.hexal.de
Beschäftigte Berufsgruppen (nach ihrer Häufigkeit)	Pharmazeuten, Chemiker, Ärzte, Betriebswirte, chemisch-technische Assistenten, pharmazeutisch-technische Assistenten, Laboranten, Bürokaufleute
Anfangsgehalt für Einsteiger (nach Berufsgruppen gereiht)	Verhandlungsbasis
Durchschnittliches Jahresgehalt nach fünf Jahren (gereiht nach Berufsgruppen)	Verhandlungsbasis
Bewerberinformationen	www.jobs.hexal.de

Weiterbildungsstunden pro Jahr für die größte Berufsgruppe	circa fünf Tage (Schätzwert des Unternehmens)
Anteil der Mitarbeiter unter 35 in Prozent	32,1 Prozent
Frauenanteil in Prozent	67,4 Prozent

INGRAM MICRO Distribution GmbH, Dornach

COMPUTERHANDEL MIT EIGENVERANTWORTUNG

Die Belegschaft des IT-Großhändlers INGRAM MICRO schätzt die Fairness des Managements, das Eigeninitiative und Verantwortung fördert.

Die INGRAM MICRO Distribution GmbH mit Zentrale in Dornach bei München ist der führende IT-Großhändler im deutschen Markt und zugleich einer der größten Distributoren in Zentraleuropa. Das Unternehmen stellt die Verbindung von mehr als 350 namhaften IT-Herstellern zum Markt und über 30.000 Handelskunden her. Darüber hinaus bietet INGRAM MICRO zahlreiche Unterstützungsleistungen für Hersteller und Reseller in den Bereichen Logistik, Marketing, E-Commerce und Finanzen.

1972 in München unter dem Namen „Macrotron" gegründet, startete das Unternehmen zunächst mit Test- und Fertigungssystemen für die Elektronik- und Halbleiterindustrie. In den achtziger und neunziger Jahren folgten der Übergang ins Distributions- und Logistikgeschäft sowie der Börsengang. Muttergesellschaft ist heute zu 100 Prozent die INGRAM MICRO Inc., das weltweit größte Vertriebsunternehmen für Technologieprodukte mit Sitz im kalifornischen Santa Ana.

Zu INGRAM MICRO zählen in Deutschland neben der Firmenzentrale Standorte in Straubing, Braunschweig, Lippstadt und Neuwied. INGRAM MICRO ist weltweit in über 30 Ländern vertreten. Im Geschäftsjahr 2004 erzielte INGRAM MICRO in Deutschland einen Umsatz von rund 2,5 Milliarden Euro und beschäftigte insgesamt 1.197 Mitarbeiter. Der konzernweite Umsatz lag bei 25,4 Milliarden US-Dollar mit weltweit rund 14.000 Beschäftigten.

Beim Wettbewerb *Deutschlands Beste Arbeitgeber 2005* belegt die INGRAM MICRO Distribution GmbH Gesamtrang 19 unter den Top 50-Arbeitgebern und Platz 10 in der Kategorie der Unternehmen von 501 bis 5.000 Mitarbeitern in Deutschland. Das Unternehmen nahm bereits zum dritten Mal am Wettbewerb teil.

Unternehmensergebnisse aus dem Wettbewerb 2005

7-8 Punkte: ausgezeichnet, 5-6 Punkte: sehr gut, 3-4 Punkte: gut.

Glaubwürdigkeit

„Reden und Tun! Wir handeln im Sinne des gesamten Unternehmens." Die Aussagen des Unternehmens- und Führungsleitbildes sind eingängig formuliert und gelebter Bestandteil der Unternehmenspraxis. Überdurchschnittliche 84 Prozent erleben, dass ihr Management den Worten Taten folgen lässt. Um den Austausch zwischen Geschäftsleitung und Mitarbeitern zu fördern, finden regelmäßige Veranstaltungen statt. Hierzu zählen die Programme *Meet the President* und *Business updates*. Hierbei gibt die Geschäftsführung Einblick in aktuelle Unternehmensentscheidungen und greift Themen und Verbesserungswünsche auf. Klare Mitarbeiter- und Betriebsstrukturen sorgen für Transparenz. Ein Mitarbeiter lobt besonders die „lockere, jedoch kompetente und lösungsorientierte Führung der Mitarbeiter durch das Management". Mit dieser Meinung steht er nicht alleine. Insgesamt bescheinigen überdurchschnittliche 93 Prozent ihrem Management die kompetente Führung des Unternehmens.

Respekt

Aufbauend auf einem elaborierten Ausbildungskonzept wird kontinuierlich in die Entwicklung der Mitarbeiter investiert. Entwicklung wird dabei als jede Zunahme von beruflicher Kompetenz definiert – horizontalen Wechseln kommt daher eine besondere Rolle zu. Den Mitarbeitern stehen eigene Human-Resource-Consultants bei der Auswahl maßgeschneiderter interner wie externer Trainings beratend zur Seite. Die enge Zusammenarbeit zwischen Belegschaft und Geschäftsführung unterstreichen regelmäßige Mitarbeiterbefragungen und Zukunftskonferenzen. Der Mitarbeiterbeirat ist in alle Meetings der Geschäftsleitung mit einbezogen und wird somit frühzeitig und umfangreich über die Entscheidungen informiert. Beispielsweise wurde im konjunkturschwachen Jahr 2003 mit den Mitarbeitern diskutiert, das 13. Gehalt um 30 Prozent zu kürzen, um einer Entlassungswelle vorzubeugen. Nach Beschluss dieser Aktion durch Management und Mitarbeiterbeirat wurde das Jahresergebnis doch noch überschritten, und es wurde im Nachhinein der zuvor einbehaltene Anteil wieder ausbezahlt. Der diesjährige überschüssige Umsatz wurde in einer einmaligen Ausschüttung an die Mitarbeiter als Dankeschön für das gute Geschäftsjahr weitergegeben. Zudem gibt es für besondere Leistungen pro Quartal vier Auszeichnungen, die auch mit einem Gehaltszuschuss belohnt werden.

Fairness

Das Unternehmen hebt sich durch die Vielzahl der Lohnnebenleistungen von den anderen Unternehmen der Branche ab. Durch geschickte Vereinbarungen hat sich das Unternehmen ein Netzwerk von Partnerunternehmen geschaffen, deren Leistungen die Mitarbeiter zu deutlich niedrigeren Preise erwerben können. Das Angebot reicht hierbei von lokalen Restaurantbetrieben über Handwerker bis zu Dienstleistern. Durch zahlreiche Extras (Obst, Wasser, Heißgetränke) schafft das Unternehmen für alle ein angenehmes Arbeitsklima. Tolerantes Verhalten wird in einem multikulturellen Arbeitsumfeld täglich trainiert. Auf die Vielfalt in der personellen Zusammensetzung wird bereits im Rahmen der Lehrlingsrekrutierung und -ausbildung geachtet. Rund 40 Prozent der Auszubildenden sind nicht-deutscher Herkunft und erhalten eine Chance auf eine exzellente Berufsausbildung.

Stolz

Wirtschaftlich agiert INGRAM MICRO sehr erfolgreich. Das Unternehmen ist mit weitem Abstand Marktführer unter den IT-Distributoren. Die frühe Verantwortungsübernahme und der hohe Grad an Gestaltungsfreiheit bei der Bewältigung der Aufgaben fördern die Identifikation der Mitarbeiter mit ihrer Tätigkeit und dem Unternehmen. Auch die Möglichkeiten zur Entwicklung über die Aufgaben des Tagesgeschäftes hinaus und der Erfahrungsaustausch unter den Kollegen stärken das Zusammengehörigkeitsgefühl. Zudem agieren die Mitarbeiter als Unternehmer im Unternehmen, was die Eigeninitiative fördert. Demzufolge geben 89 Prozent an, dass sie stolz auf das sind, was sie gemeinsam leisten.

Teamorientierung

Das Personal versteht sich als Team, in dem unterschiedliche Sichtweisen erwünscht sind und Entscheidungen gemeinsam getragen werden – so hält es bereits das Leitbild fest. Die familiäre Atmosphäre unter Angestellten und Führungskräften wird auch von den Mitarbeitern besonders herausgestellt: „Hier kann man nicht nur auf nette Kollegen treffen, sondern mit der Zeit auch Freunde finden", beschreibt es ein Mitarbeiterkommentar. Das Motto „Hier kann man mehr man selbst sein" ist gelebter Bestandteil der Unternehmenskultur. Auch in den Befragungsergebnissen spiegelt sich die hohe Teamorientierung wider. 85 Prozent der Befragten sind der Ansicht, in einem freundlichen Unternehmen zu arbeiten.

Drei Fragen an ...

Thomas Perlitz, Vice President Human Resources and Centralized Services Central Region, Mitglied der Geschäftsleitung Deutschland, 38 Jahre

Was muss Ihnen ein Unternehmen persönlich bieten, damit Ihnen die Arbeit Freude macht?
Ein Arbeitsklima, das es mir ermöglicht, frei von Angst arbeiten zu können. Meine Ideen und Vorschläge sollen gehört und nicht gleich verworfen werden. Die Kommunikation untereinander soll auf Augenhöhe möglich sein, und Hierarchien dürfen nur eine untergeordnete Rolle spielen. Entscheidungen sollen so „tief" wie möglich in der Hierarchie getroffen werden, mein Handlungsspielraum soll nicht durch zahlreiche Regelungen eingeengt sein. Politische „Machenschaften" sollten die Ausnahme sein. Getreu unserem Motto „Hier kann man mehr man selbst sein" möchte ich mich so wenig wie möglich verstellen müssen, wenn ich am Morgen das Unternehmen betrete. Meine Kolleginnen und Kollegen sollten menschlich so gut zueinander passen, dass persönliche Begegnungen möglich sind, sich arbeitsfördernd auswirken, dass man einfach gern zusammenarbeitet und auch der Spaß nicht zu kurz kommt.

Welche Empfehlung für die Karriereentwicklung können Sie aufgrund Ihrer Erfahrung jungen Fach- und Führungskräften mit auf den Weg geben?

Lernen, lernen und nochmals lernen. Sich die Bereitschaft erhalten, lebenslang zu lernen. Ob durch Lesen, Seminare, Konferenzen oder viel Fragen. Immer dranbleiben, sich mitentwickeln. Risiken eingehen, auch mal ein Projekt übernehmen oder ins Ausland gehen, ohne immer gleich die Frage zu stellen „Und was dann?", sich durch Leistung anbieten und nicht auf eine „Einladung" warten. Ich selbst habe immer dann die größten Lernerfolge und beruflichen Erfolge gehabt, wenn ich eine Aufgabe übernommen habe, die auf den ersten Blick ganz schön groß war. Sich durchbeißen und für den Erfolg der Aufgabe einsetzen bringt einen weiter. Sich etwas zutrauen und auf den vertrauen, der einem die Aufgabe zutraut und sie einem anbietet.

Wie lautet Ihr persönlicher Leitsatz für erfolgreiches Management?

Bilde ein fachlich kompetentes Team, das zwischenmenschlich gut zueinander passt, das füreinander einsteht, sich stützt, nicht bekämpft, das Freude an der Arbeit miteinander hat, dann kommt der Erfolg fast von ganz allein.

Bewerberanforderungen

Was muss ein Bewerber mitbringen, damit er zu INGRAM MICRO Distribution passt?

Ein Bewerber muss vor allem Dynamik und Aufgeschlossenheit für Neues mitbringen. Er muss bereit sein, über den Tellerrand hinauszublicken, und sich begeistern können. Teamgeist und gesunder Aktionismus sowie sich nicht mit dem Status quo zufrieden geben sind ebenfalls wichtige Eigenschaften. Vergessen werden darf natürlich auch nicht eine solide Fachausbildung (theoretisch oder praktisch). Alles in allem sollte der Bewerber auch einfach nett sein.

Unternehmensfakten

Unternehmensname	INGRAM MICRO Distribution GmbH
Branche	Handel
Zahl der Mitarbeiter in 2004 in Deutschland	1.197

Gesamtmitarbeiter in 2004 (international/konzernweit)	circa 14.000 (weltweit)
Umsatz im Jahr 2004 national	circa 2.500 Millionen Euro
Umsatz im Jahr 2004 international	circa 22 Milliarden Euro
Firmensitz	Heisenbergbogen 3 85609 Dornach
Homepage	INGRAM MICRO Distribution GmbH: http://www.ingrammicro.de ; Muttergesellschaft: INGRAM MICRO Inc.: http://www.ingrammicro.com,
Beschäftigte Berufsgruppen (nach ihrer Häufigkeit)	Mitarbeiter in der Logistik; Mitarbeiter im Vertrieb; Mitarbeiter im Product Management; Mitarbeiter im Finance; Mitarbeiter im Human Resources; Mitarbeiter im IT
Anfangsgehalt für Einsteiger (nach Berufsgruppen gereiht)	Logistik: circa 25.000 Euro Vertrieb: circa 31.000 Euro Product Management: circa 31.000 Euro Finance: circa 31.000 Euro Human Resources: circa 31.000 Euro IT: circa 31.000 Euro
Durchschnittliches Jahresgehalt nach fünf Jahren (gereiht nach Berufsgruppen)	Individuell
Bewerberinformationen	Unter www.ingrammicro.de oder persönlich bei dem jeweiligen Ansprechpartner der Stellenanzeigen
Weiterbildungsstunden pro Jahr für die größte Berufsgruppe	in 2004: circa 30 Stunden
Anteil der Mitarbeiter unter 35 in Prozent	51,4 Prozent
Frauenanteil in Prozent	40,2 Prozent

Innovex GmbH, Mannheim

PHARMAREFERENTEN MIT PERSPEKTIVE

Beim Pharma-Personaldienstleister Innovex herrscht eine Vertrauenskultur, die Entwicklungschancen für alle Mitarbeiter bietet.

Die Innovex GmbH aus Mannheim ist ein führender Dienstleister der Health-care-Industrie für die Bereiche Vertrieb und Marketing. Das Unternehmen ist seit 1997 eine Tochtergesellschaft der Quintiles Transnational Corp. aus North Carolina/USA, des weltweit größten Outsourcing-Dienstleisters für klinische Forschung, Marketing und Vertrieb in der Pharmabranche.

Der Schwerpunkt des Leistungsspektrums von Innovex – nicht zu verwechseln mit dem US-amerikanischen Elektronikkonzern Innovex Inc. – liegt in der kommerziellen Vermarktung von Pharmaprodukten. Dazu zählen das Außendienst-Outsourcing, Marketing- und Vertriebsdienstleistungen sowie Services im Bereich Personalrekrutierung für die Pharmaindustrie. Beispielsweise präsentieren die Mitarbeiter von Innovex Ärzten oder Apothekern neu zugelassene Medikamente. Darüber hinaus bietet Innovex mit seiner „INNOversity" Fortbildungen zum Geprüften Pharmareferenten an. Zu den Kunden von Innovex zählen namhafte internationale Unternehmen der pharmazeutischen, biotechnologischen und Healthcare-Industrie.

Die Innovex GmbH wurde 1992 in Wiesbaden gegründet und beschäftigte 2004 rund 520 Mitarbeiter im Innen- und Außendienst. Weitere 260 Mitarbeiter arbeiten in der eigenständigen Innovex Services GmbH. Der Jahresumsatz lag 2004 bei 54 Millionen Euro. Weltweit arbeiten etwa 9.700 Mitarbeiter in der Innovex-Gruppe. Die Konzernmutter Quintiles Transnational beschäftigt weltweit rund 16.000 Mitarbeiter.

Im Wettbewerb *Deutschlands Beste Arbeitgeber 2005* belegt die Innovex GmbH Gesamtrang 24 unter den Top 50-Arbeitgebern und Platz 12 in der Kategorie der Unternehmen von 501 bis 5.000 Mitarbeitern in Deutschland.

Unternehmensergebnisse aus dem Wettbewerb 2005

7-8 Punkte: ausgezeichnet, 5-6 Punkte: sehr gut, 3-4 Punkte: gut.

Glaubwürdigkeit

„Mitarbeiter sind unser einziges Gut" – heißt es im Leitbild Culture & Values, bei dessen Entwicklung alle Mitarbeiter miteinbezogen waren. Bei der Umsetzung im konkreten Führungsverhalten kommt dem gegenseitigen Vertrauen eine zentrale Bedeutung zu, wie folgender Kommentar belegt: „Unsere Firma hat volles Vertrauen in die Mitarbeiter und es besteht ein sehr guter Kontakt zwischen Mitarbeitern und den Chefs. Unsere Firma hat eine gute Vision für die Zukunft." Überdurchschnittliche 94 Prozent der Befragten – zwölf Prozentpunkte über dem Top-50-Wert – erklären, das Management vertraue auf die gute Arbeit der Mitarbeiter, ohne sie ständig zu kontrollieren. Ein weiteres Merkmal der offenen Vertrauenskultur ist die Tatsache, dass bei Innovex auf eine zentrale Zeiterfassung verzichtet wird. Ferner legt die Geschäftsführung großen Wert auf die frühzeitige Weitergabe von Information über strategische Entscheidungen an die Belegschaft, die dadurch auch Gelegenheit für Anregungen und Ideen erhält. Das Management hat klare Vorstellungen von den Zielen der Organisation und davon, wie diese erreicht werden können, bestätigen 95 Prozent der Befragten – ein Spitzenwert.

Respekt

Das Angebot der unternehmenseigenen Schulungsabteilung bietet eine große Auswahl an zielgruppenspezifischen Trainings. Regelmäßig finden Seminare zu Themen wie Führung, Konfliktmanagement, Trouble-shooting oder Teamentwicklung mittels Outdoor-Training statt. Im Rahmen des Performance-Appraisal-Systems wird der Entwicklungsbedarf für jeden Mitarbeiter ermittelt. Pharmareferenten werden, unter Aufwendung erheblicher Mittel, an einer internen Pharmaschule ausgebildet. Besondere Leistungen werden durch das institutionalisierte Rewards-System honoriert und beinhalten unter anderem verschiedene „kleinere Gesten" wie ein gemeinsames Essen oder einen Blumenstrauß. Mitarbeiter, die selbst Führungsverantwortung übernehmen möchten oder von ihrem Vorgesetzten dafür vorgeschlagen werden, durchlaufen ein spezifisches Personalentwicklungsseminar. Als eine besondere Stärke des Unternehmens empfindet die Belegschaft die Arbeitsplatzgestaltung. 88 Prozent finden, Innovex ermögliche ein gutes Umfeld für das psychische und emotionale Wohlbefinden. Weitere 82 Prozent erklären, die Gebäude und die Einrichtungen trügen zu einer guten Arbeitsumgebung bei.

Fairness

Innovex bietet seinen Mitarbeitern ein 13. Monatsgehalt und gewährt 30 Tage Urlaub. Von der Dauer der Betriebszugehörigkeit abhängig, finanziert das Unternehmen ein Pensionsprogramm, das eine Erwerbsunfähigkeits- und Hinterbliebenenrente sowie ein Todesfallkapital beinhaltet. Eine Unfallversicherung, die auch Invalidität und Todesfall abdeckt, sowie ein Job-Ticket gehören auch zu den Lohnnebenleistungen. Haben Mitarbeiter eine Direktversicherung, übernimmt das Unternehmen die Pauschalsteuer. Durch Abschluss von Rahmenverträgen können die Mitarbeiter zu sehr günstigen Konditionen etwas für ihre Altersvorsorge und ihre persönliche Absicherung tun sowie eine Krankenzusatzversicherung abschließen. Hinsichtlich Neutralität und Gerechtigkeit hat sich das Unternehmen zum Ziel gesetzt, bereits im Rahmen der Personalrekrutierung Mitarbeiter einzustellen, die unter anderem auch selbst kulturelle Vielfalt schätzen – entsprechend der Maxime: „Kulturelle Vielfalt empfinden wir als Bereicherung". Außerdem gibt es Vertrauensleute im Unternehmen, die jedem Mitarbeiter bei Problemen als Ansprechpartner zur Verfügung stehen. 90 Prozent der Befragten bekunden, unabhängig von ihrer Position als vollwertiges Mitglied behandelt zu werden. 72 Prozent – das sind 14 Prozentpunkte mehr als der Benchmark-Wert der Top 50-Unternehmen – sind der Meinung, dass diejenigen Mitarbeiter befördert werden, die es am meisten verdienen.

Stolz

Die Mitarbeiter agieren in dem Bewusstsein, dass sie durch ihr selbstständiges und eigenverantwortliches Handeln entscheidend zum Unternehmenserfolg beitragen. 92 Prozent erleben ihre Arbeit nicht einfach nur als „Job", sondern sie hat eine besondere Bedeutung für sie. Weitere 90 Prozent kommen dem eigenen Bekunden nach gerne zur Arbeit.

Teamorientierung　■ ■ ■ ■ ■ ■ ▨ ▨

Bestimmender Topos der Mitarbeiterkommentare ist das als ausgezeichnet eingeschätzte Betriebsklima. So lobt ein Mitarbeiter: „Bei uns wird jeder geduzt, auch Geschäftsführungsmitglieder. Das sorgt für Zusammenhalt und Teamgeist, der in fast allen Abteilungen des Unternehmens herrscht. Bei uns begegnen sich alle auf gleicher Augenhöhe!" Andere Mitarbeiter beschreiben, dass „man eher das Gefühl hat, mit guten Bekannten zusammenzuarbeiten, anstatt mit Arbeitskollegen". Die quantitativen Ergebnisse der Untersuchung belegen die freundliche Arbeitsatmosphäre. Ich kann hier „ich selbst sein" und brauche mich nicht zu verstellen, erklären 93 Prozent der Befragten. Weitere 96 Prozent äußern, dass man sich als neuer Mitarbeiter hier willkommen fühlt. Die Betriebsgemeinschaft hat auch außerhalb des Firmengeländes Bestand. So organisieren die Mitarbeiter zum Beispiel private Motorradtouren oder Ski-Wochenenden und treffen sich zum Squash- oder Badmintonspielen.

Drei Fragen an ...

Justin van Gennep, Geschäftsführer, 48 Jahre

Was muss Ihnen ein Unternehmen persönlich bieten, damit Ihnen die Arbeit Freude macht?
Dass die operative Realität in der Organisation geprägt wird von dem Wunsch nach Wahrheit und Integrität. Diese Art des miteinander Arbeitens trägt meines Erachtens erheblich dazu bei, dass man gemeinsam dauerhaft erfolgreich ist.

Welche Empfehlung für die Karriereentwicklung können Sie aufgrund Ihrer Erfahrung jungen Fach- und Führungskräften mit auf den Weg geben?
Suche dir Arbeit, die dir wirklich Spaß macht und Bedeutung für dich hat. Gib alle deine Kraft und Talente, dann wird deine Karriere sich fast „von alleine" entwickeln.

Wie lautet Ihr persönlicher Leitsatz für erfolgreiches Management?
Immer die Wahrheit suchen, vertreten und verkörpern.

Bewerberanforderungen

Was muss ein Bewerber mitbringen, damit er zu Innovex passt?

Als Dienstleister erwarten wir von allen unseren Mitarbeitern ein Höchstmaß an Flexibilität und Einfühlungsvermögen in die Erwartungen unserer Kunden. Schlüsselkompetenzen sind z. B. Eigenmotivation, Kommunikationsfähigkeit, Kreativität und Teamfähigkeit. Zum jeweiligen fachlichen Hintergrund gehört für den Außendienst eine verkäuferische Ader dazu, für das Management ein gutes Gespür dafür, was moderne Führung bedeutet, und für den Innendienst eine ausgeprägte Bereitschaft, Planung und Improvisation in Einklang zu bringen.

Unternehmensfakten

Unternehmensname	Innovex GmbH
Branche	Gesundheitswesen
Zahl der Mitarbeiter in 2004 in Deutschland	520
Umsatz im Jahr 2004 national	54 Millionen Euro
Firmensitz	Schildkrötstr. 17–19 68199 Mannheim
Homepage	www.innovex.de, Muttergesellschaft: www.quintiles.com
Beschäftigte Berufsgruppen (nach ihrer Häufigkeit)	Pharmaberater / Geprüfte Pharmareferenten, Pharmamanagement, Administration
Anfangsgehalt für Einsteiger (nach Berufsgruppen gereiht)	keine Angaben

Durchschnittliches Jahresgehalt nach fünf Jahren (gereiht nach Berufsgruppen)	keine Angaben
Bewerberinformationen	www.innovexkarriere.de
Weiterbildungsstunden pro Jahr für die größte Berufsgruppe	circa zwei volle Tage und regelmäßige Coachings der Line Manager
Anteil der Mitarbeiter unter 35 in Prozent	46,5 Prozent
Frauenanteil in Prozent	71,9 Prozent

Janssen-Cilag GmbH, Neuss

ENGAGEMENT ALS ERFOLGSREZEPT

Die Mitarbeiter des Arzneimittelherstellers Janssen-Cilag zeichnen sich durch hohes Engagement aus und schätzen den Respekt für ihre Leistungen.

Der internationale Arzneimittelhersteller Janssen-Cilag mit deutschem Sitz in Neuss bei Düsseldorf ist eine Tochter des US-amerikanischen Healthcare-Konzerns Johnson & Johnson. Das Unternehmen erforscht, entwickelt und vertreibt weltweit verschreibungspflichtige Arzneimittel mit Schwerpunkt auf den Indikationsgebieten Anästhesie, Schmerztherapie, Psychiatrie, Mykologie, Neurologie und Geriatrie. Neben der Pharmasparte führt die Janssen-Cilag GmbH auch einen Geschäftsbereich Biotechnologie (Ortho Biotech), der die Kompetenzfelder Nephrologie, Onkologie und Transplantationsmedizin abdeckt.

Ursprung der weltweiten Janssen-Cilag-Gruppe sind die beiden Pharmazieunternehmen Janssen Pharmaceutica aus Belgien sowie Cilag aus der Schweiz, die bereits seit den sechziger Jahren der Unternehmensgruppe Johnson & Johnson angehören. Firmengründer von Janssen Pharmaceutica war der 2003 verstorbene Dr. Paul Janssen, der als eine der bedeutendsten Forscherpersönlichkeiten des 20. Jahrhunderts gilt. Die deutschen Niederlassungen von Cilag und Janssen wurden 1952 beziehungsweise 1959 gegründet. 1996 erfolgte der Zusammenschluss der beiden Unternehmen.

2004 erwirtschaftete Janssen-Cilag Deutschland einen Umsatz von 546 Millionen Euro und steht damit aktuell auf Platz 6 der forschenden Pharmaunternehmen im deutschen Markt. 2004 waren rund 1.100 Mitarbeiter bei der Janssen-Cilag GmbH beschäftigt, davon über 120 in der Forschung.

Im Wettbewerb *Deutschlands Beste Arbeitgeber 2005* belegt die Janssen-Cilag GmbH Gesamtrang 34 unter den Top 50-Arbeitgebern und Platz 18 in der Kategorie der Unternehmen von 501 bis 5.000 Mitarbeitern in Deutschland.

Unternehmensergebnisse aus dem Wettbewerb 2005

7-8 Punkte: ausgezeichnet, 5-6 Punkte: sehr gut, 3-4 Punkte: gut.

Glaubwürdigkeit

Auf regelmäßigen Tagungen vermittelt die Unternehmensführung den verschiedenen Mitarbeitergruppen die Geschäftslage und die Ziele, die gemeinsam erreicht werden sollen. Dabei wird sie von einem State-of-the-Art-Intranet namens *workersnet* unterstützt, das relevante Informationen allen Mitarbeitern zugänglich macht. Tagesaktuelle Nachrichten werden neben einer Fülle von Informationen und Dokumenten im *workersnet* veröffentlicht. Der Erfolg dieser Informationspolitik zeigt sich auch an den Befragungsergebnissen: 86 Prozent der Befragten loben ihr Management dafür, dass es klare Vorstellungen von den Zielen der Organisation hat und davon, wie diese erreicht werden können. Darüber hinaus schätzt ein Großteil der Befragten besonders die integre Umsetzung der Mitarbeiterorientierung seitens des Managements, wie aus folgendem Mitarbeiterkommentar hervorgeht: „Obwohl unsere Business-Unit aufgelöst worden ist, ist keiner entlassen worden. Wir sind alle so verteilt worden, dass jeder einen sicheren Arbeitsplatz hat. Das ist in der heutigen Zeit schon sehr ungewöhnlich!" Insgesamt glauben 81 Prozent der Befragten, dass das Management Kündigungen nur als letzten Ausweg wählt.

Respekt

Auf der Basis des mindestens jährlich stattfindenden Standortgespräches werden für alle Mitarbeiter unabhängig von ihrer hierarchischen Ebene individuelle Entwicklungsmaßnahmen vereinbart. Mit durchschnittlich 80 Weiterbildungsstunden pro Jahr werden beispielsweise die fachlichen Kenntnisse der Pharmareferenten auf aktuellem Stand gehalten. Ausbildungsbetreuer werden Auszubildenden wie Bürokaufleuten oder Fachinformatikern als Ansprechpartner und „Mentoren" an die Seite gestellt. Überdies erhalten die Auszubildenden nach Bedarf Rhetorikseminare, EDV-Kurse, Telefontrainings sowie Unterstützung zur Prüfungsvorbereitung. Zur Anerkennung von besonderem Einsatz bekommen alle Mitarbeiter im Innen- und Außendienst einmal pro Jahr eine Leistungsprämie, die im Schnitt mehr als ein Monatsgehalt umfasst. Die erfolgreichsten zehn Prozent der Außendienstmitarbeiter werden durch den Top-Club ausgezeichnet. Des Weiteren dienen spezifisch geförderte Qualifikationsmaßnahmen der Incentivierung der Mitarbeiter. Auch die angenehm gestalteten Firmengebäude und -einrichtungen sowie sehr sichere Arbeitsbedingungen bringen den Respekt des Unternehmens seinen Angestellten gegenüber zum Ausdruck. Vielfahrer unter den Mitarbeitern erhalten jährlich Sicherheitsfahrtrainings. 96 Prozent der Befragten sind der Ansicht, dass die Betriebsanlagen die körperliche Sicherheit am Arbeitsplatz gewährleisten. Und 88 Prozent der Belegschaft finden, dass die Gebäude – in diesem Falle zum Beispiel die Kantine mit großer Außenterrasse – und die Einrichtungen zu einer guten Arbeitsumgebung beitragen.

Fairness

Hinsichtlich der Ausgewogenheit sorgt das Management durch ein übertarifliches Gehalt für eine faire und leistungsgerechte Teilhabe am Unternehmenserfolg. Prämien, Spesenpauschalen und eine großzügige Firmenwagenregelung ergänzen standardmäßig das Gehalt der Pharmareferenten, welche die größte Berufsgruppe im Unternehmen bilden. Varianten der betrieblichen Altersvorsorge wie Direktversicherung und Pensionskasse stehen allen Mitarbeitern offen. Ungerechtigkeiten oder Diskriminierungsversuche können rund um die Uhr telefonisch bei einer eigens eingerichteten Notfallnummer gemeldet werden. Aber 99 Prozent der Befragten erklären, die Mitarbeiter werden unabhängig von Nationalität oder ethnischer Herkunft fair behandelt. Mit den spezifischen Entwicklungs- und Aufstiegsmöglichkeiten sowie den Rahmenbedingungen für Frauen und Mütter befasst sich das Projekt „Women's leadership". Derzeit liegt der Frauenanteil im oberen Management bei 19 Prozent.

Stolz

Janssen-Cilag ist einer der weltweit führenden Arzneimittehersteller, dessen Produkte firmeneigener Forschungs- und Entwicklungsarbeit entstammen und daher vielfältige Möglichkeiten zur Identifikation bieten. 89 Prozent der Belegschaft empfinden laut der Befragungsergebnisse persönlichen Stolz, wenn sie anderen erzählen, wo sie beschäftigt sind. Darüber hinaus zeigt Janssen-Cilag ein ausgeprägtes und langfristig angelegtes soziales Engagement. Regional und überregional unterstützt das Unternehmen zahlreiche gemeinnützige Projekte und Initiativen. So zum Beispiel das Kindernetzwerk e.V. für Kinder und Jugendliche, die an seltenen Erkrankungen leiden, und verschiedene Präventionsprojekte für Kinder, Jugendliche und Erwachsene. Durch die Registrierung als Knochenmarkspender oder große Spendenaktionen für Flutopfer trägt die Belegschaft dieses Engagement mit. 91 Prozent der Befragten äußern demgemäß auch ihre Zufriedenheit über die Art und Weise, wie sie zusammen einen Beitrag für die Gesellschaft leisten. Die Identifikation mit dem Unternehmen zeigt sich auch an der Motivation der Mitarbeiter. 90 Prozent der Befragten erleben, dass die Kollegen bereit sind, zusätzlichen Einsatz zu leisten, um Arbeiten zu erledigen.

Teamorientierung

„Wer viel arbeitet, darf auch viel feiern", lautet das Motto bei Janssen-Cilag. Großer Wert wird auf das gemeinsame Feiern besonderer Ereignisse gelegt, wie 82 Prozent der Befragten bestätigen. Das Management lässt sich dabei regelmäßig besondere Highlights einfallen. So wurde das Überschreiten der ersten Milliarden-Euro-Umsatzgrenze mit allen Mitarbeitern in Mönchengladbach gefeiert. Günter Jauch moderierte zu diesem Anlass eine firmeneigene Version seiner Show: „Wer wird Milliardär?" Zwischen solchen Meilensteinfeiern ergänzen diverse Firmensportveranstaltungen, wie das Tennis- und Fußballturnier oder der Lauftreff, die Möglichkeiten, sich mit den Kollegen abteilungsübergreifend auszutauschen.

Drei Fragen an ...

Irene Grahl, Director Human Resources, 32 Jahre

Was muss Ihnen ein Unternehmen persönlich bieten, damit Ihnen die Arbeit Freude macht?

Die Führungskultur in einem Unternehmen sollte jeden Mitarbeiter animieren, seine jeweilige Position eigenverantwortlich und mit größtmöglichen Freiräumen auszufüllen. Dazu muss der Mitarbeiter durch eine intensive, aber vor allem auf seine individuellen Bedürfnisse abgestimmte Personalentwicklung befähigt werden. Eine Atmosphäre von gegenseitiger Wertschätzung und echtem Vertrauen ist unerlässlich, damit das Zutrauen jedes Mitarbeiters in die eigenen Fähigkeiten wächst.

Welche Empfehlung für die Karriereentwicklung können Sie aufgrund Ihrer Erfahrung jungen Fach- und Führungskräften mit auf den Weg geben?

Meiner Erfahrung nach macht der Mitarbeiter am erfolgreichsten Karriere, der diese am wenigsten durchgeplant hat. Das klingt paradox. Es beschreibt jedoch die Mitarbeiter, die sich stets auf ihre jeweilige aktuelle Aufgabe konzentrieren, dort einen hervorragenden Job machen, gleichzeitig offen für neue Erfahrungen und Aufgaben sind, ohne jedoch nach einem nur die eigenen Interessen in den Vordergrund stellenden „Karrierefahrplan" zu agieren. Diese Mitarbeiter besitzen meines Erachtens eine sehr hohe soziale Kompetenz, die insbesondere für eine Führungskarriere unerlässlich ist und auch durch die besten Seminare nicht „beigebracht" werden kann.

Wie lautet Ihr persönlicher Leitsatz für erfolgreiches Management?

Offenheit – Entscheidungen transparent zu kommunizieren und konsequent umzusetzen! Mut, das Nichtdenkbare zu denken!

Bewerberanforderungen

Was muss ein Bewerber mitbringen, damit er zu Janssen-Cilag passt?

Das größte Potenzial unseres Unternehmens ist jeder Einzelne von uns. Durch Verantwortungsbewusstsein und Engagement tragen wir alle zum Erfolg von Janssen-Cilag bei. Deshalb legen wir nicht nur auf die berufliche Qualifikation Wert. Wir fordern und fördern Persönlichkeit, erwarten Kreativität, Flexibilität und Motivation. Nur wer hohe Ansprüche an sich und seine berufliche Qualifikation stellt, kann den Erfolg von Janssen-Cilag mitgestalten.

Unternehmensfakten

Unternehmensname	Janssen-Cilag GmbH
Branche	Pharma
Zahl der Mitarbeiter in 2004 in Deutschland	1.095

Gesamtmitarbeiter in 2004 (international/konzernweit)	Muttergesellschaft Johnson & Johnson: 110.000
Umsatz im Jahr 2004 national	546 Millionen Euro
Firmensitz	Raiffeisenstr. 8 D-41470 Neuss
Homepage	www.janssen-cilag.de; www.jnj.com (Muttergesellschaft: Johnson & Johnson USA)
Beschäftigte Berufsgruppen (nach ihrer Häufigkeit)	Außendienstmitarbeiter (Pharmareferenten); Mediziner und Naturwissenschaftler im Bereich Medical Affairs
Bewerberinformationen	www.janssen-cilag.de
Weiterbildungsstunden pro Jahr für die größte Berufsgruppe	Pharmareferenten erhalten im Durchschnitt circa zehn Tage (80 Stunden) für ihre berufliche Weiterbildung. Zudem erhalten alle neuen Außendienstmitarbeiter eine sechswöchige Basisschulung (Produkt- und Verkaufsschulung) plus fünf Tage zur EDV-Schulung (also 280 Stunden für neue Mitarbeiter).
Anteil der Mitarbeiter unter 35 in Prozent	22,7 Prozent
Frauenanteil in Prozent	61,0 Prozent

Johnson Wax GmbH, Haan

TEAMORIENTIERUNG ALS HAUSMITTEL

Eine freundliche Arbeitsatmosphäre und ein starker Teamgeist kennzeichnen den Reinigungsmittelhersteller Johnson Wax.

Johnson Wax aus Haan bei Düsseldorf ist die deutsche Tochter des weltweit tätigen Reinigungs- und Pflegemittelherstellers SC Johnson aus Racine im US-amerikanischen Bundesstaat Wisconsin. Das Traditionsunternehmen wurde 1886 gegründet und befindet sich heute in fünfter Generation im Besitz der Familie Johnson. Geführt wird die Unternehmensgruppe mit Unterstützung erfahrener Manager.

Das breite Produktsortiment von Johnson Wax im Bereich Haushaltsreinigung und Haushaltspflege umfasst Lufterfrischer, Bad- und WC-Reiniger, Abflussreiniger, Küchenpflegeprodukte, Möbelpflege sowie Insektenschutz. Bekannteste Produktmarken sind beispielsweise „Pronto", „Null-Null", „Brise", „Stahl-Fix", „Paral" und „Autan". Der Geschäftsbereich der industriellen Reinigung und Hygiene wird von dem eigenständigen Unternehmen Johnson Diversey (ehemals Johnson Wax Professional) mit Sitz in Mannheim abgedeckt.

Der konzernweite Nettoumsatz im Konsumgüterbereich betrug im Geschäftsjahr 2003/2004 rund fünf Milliarden US-Dollar. Weltweit beschäftigte SC Johnson rund 12.000 Mitarbeiter, 103 Mitarbeiter arbeiteten 2004 in der deutschen Marketing- und Vertriebsgesellschaft.

Im Wettbewerb *Deutschlands Beste Arbeitgeber 2005* belegt die Johnson Wax GmbH Gesamtrang 4 unter den Top 50-Arbeitgebern und Platz 3 in der Kategorie der Unternehmen von 100 bis 500 Mitarbeitern in Deutschland. Das Unternehmen nahm bereits zum dritten Mal am Wettbewerb teil.

Zusätzlich konnte sich das Unternehmen auf der europäischen Liste „100 Beste Arbeitgeber in Europa 2005" platzieren.

Unternehmensergebnisse aus dem Wettbewerb 2005

7-8 Punkte: ausgezeichnet, 5-6 Punkte: sehr gut, 3-4 Punkte: gut.

Glaubwürdigkeit

„Wir verpflichten uns zum Erhalt guter Beziehungen zwischen Mitarbeitern in aller Welt auf der Grundlage eines Gefühls der Dazugehörigkeit, des gegenseitigen Respekts und des Bewusstseins gemeinsamer Zielsetzungen", heißt es in den Leitprinzipien von Johnson Wax. Basis der Zusammenarbeit ist die offene Kommunikation im Unternehmen: Communication Meetings demonstrieren, dass die Informationswege zwischen Leitungsteam und Belegschaft kurz und barrierefrei gestaltet sind. 85 Prozent der befragten Mitarbeiter heben die gute und unkomplizierte Erreichbarkeit des Managements hervor – ein Beleg für die hohe Übereinstimmung zwischen Unternehmensphilosophie und gelebter Praxis.

Respekt

Für alle Mitarbeiter werden auf Basis des Zielvereinbarungsprozesses individuelle Entwicklungspläne erstellt. Gut 70 Prozent des Trainingsbudgets werden auf Arbeitskräfte ohne Leitungsfunktion aufgewendet. Weitere „On the Job"-Trainings schaffen die Grundlage für interne horizontale Wechsel und Aufstiege oder einen längeren Auslandsaufenthalt. „Jeder hat die Möglichkeit, seinen Arbeitsalltag so zu gestalten, dass er zu den persönlichen Präferenzen passt" ist aus Sicht eines Mitarbeiters eine Stärke von Johnson Wax und belegt die starke Eigenverantwortlichkeit und Eingebundenheit der Belegschaft in die betrieblichen Entscheidungsprozesse. Der Betriebsrat wird an Projekten, wie zum Beispiel der Ausarbeitung eines neuen Pensionsplans, beteiligt. Die Aktualisierung der deutschen Unternehmensstrategie erfolgte unter Einbeziehung der in mehreren Arbeitsgruppen organisierten Mitarbeiter.

Fairness

Die Basis des fairen Umgangs miteinander wird bei Johnson Wax bereits bei der Personalauswahl gelegt. In den Stellenanzeigen des Unternehmens werden Menschen aus unterschiedlichen Kulturen und Nationalitäten ermutigt, sich bei Johnson Wax zu bewerben. Internationalität, Respekt gegenüber anderen, Wertschätzung und Teamfähigkeit stehen ganz oben im Anforderungsprofil. Entsprechend erleben 99 Prozent, unabhängig von ihrer Position als vollwertiges Mitglied behandelt zu werden. Unterstützungsangebote zur Kinderbetreuung und Heimarbeitsplätze ermöglichen den Mitarbeitern, ihren Beruf trotz Familie weiter erfolgreich auszuüben. Frauen in Führungspositionen sind bei Johnson Wax keine Seltenheit. 97 Prozent der Befragten bestätigen, dass sie unabhängig von ihrem Geschlecht fair behandelt werden.

Stolz

Die Identifikation der Mitarbeiter mit ihrem Arbeitgeber liegt im Spitzenbereich. 97 Prozent der Befragten erfahren ihren Beitrag am Erfolg des Unternehmens und sind sich sicher, hierzu einen wichtigen Beitrag zu leisten. Überdurchschnittliche 99 Prozent der Mitarbeiter sagen über ihre Kollegen aus, dass sie bereit seien, einen zusätzlichen Einsatz zu leisten, um Arbeiten fertig zu stellen. Die starke Bindung vieler Mitarbeiter an das Unternehmen und die Kollegen bleibt auch nach dem Eintritt in das Rentenalter bestehen. In einem *20-Jahr-Club* treffen sich über 60 langjährige Mitarbeiter und Pensionäre des Unternehmens und sorgen für den Fortbestand der sozialen Netzwerke.

Teamorientierung

Die Beschäftigten des Familienunternehmens verbindet ein hoher Teamgeist. 99 Prozent der Befragten finden, dass sie in einem freundlichen Unternehmen arbeiten. Besondere Anlässe werden bei Johnson Wax gefeiert, das bestätigen 97 Prozent der Mitarbeiter. Einmal im Jahr findet außerdem eine von den Mitarbeitern organisierte gemeinsame Ski-Freizeit statt.

Drei Fragen an ...

Michael Bernhörster, Geschäftsführer SC Johnson Deutschland, 51 Jahre

Was muss Ihnen ein Unternehmen persönlich bieten, damit Ihnen die Arbeit Freude macht?

Für mich ist die vorhandene Unternehmenskultur der wichtigste Punkt. Und da hat SC Johnson eindeutig viel zu bieten. Unsere Unternehmenskultur ist extrem kollegial, fair und global teamorientiert. Hier kommen Menschen zusammen, die schnell, unbürokratisch und ohne Scheu vor Hierarchiestufen, gleichzeitig aber sehr zielorientiert und erfolgsorientiert auf ehrgeizige Ziele hinarbeiten. Ich kann mich persönlich nur dann voll entfalten, wenn ich über das normal Verlangte hinausgehe und mehr möchte. SC-Johnson-Mitarbeiter finden allerorts offene Ohren für das letzte Extra. Es wird nicht nur nach gesetzten Zielvorgaben gearbeitet, sondern wir richten uns gerne nach dem ultimativen Potenzial aus. Das geht nur, wenn die gesamte Firmenkultur flexibel ist, ambitioniert und offen miteinander umgeht. Solch ein Arbeitsumfeld bietet das „Salz in der Suppe" und bringt mir den täglichen „Kick".

Welche Empfehlung für die Karriereentwicklung können Sie aufgrund Ihrer Erfahrung jungen Fach- und Führungskräften mit auf den Weg geben?

Vertraue darauf, dass gute Leistung belohnt wird, sei mental flexibel in der täglichen Arbeit sowie in deinen langfristigen Karrierewegen und schaue permanent über den Tellerrand. Konzentration auf Projekte, Zielerreichung und kreatives Schaffen ist der beste Weg für schnelle Verantwortungserweiterung, Karriereschritte und entsprechende Entlohnung. Die Möglichkeit, einen fest angelegten Karriereplan in die Realität umzusetzen, ist heute kaum noch gegeben. Unternehmen brauchen flexible, mobile Mitarbeiter, die bereit sind, ihre Fähigkeiten in neuen Arbeitsbereichen umzusetzen, auch wenn es manchmal nicht logisch und äußerst schwierig erscheint. Räumliche Mobilität ist für einen schnellen und auch erfüllenden Karriereweg in multinationalen Unternehmen ein absolutes Muss. Wer nicht ständig über den Tellerrand schaut und auch Deutschland als den Nabel der Welt ansieht, macht sicherlich keine große Karriere. Grenzen verschwimmen oder verschwinden gar, sodass hier die mentale Flexibilität, sich auf neue Einflüsse einzustellen bzw. in seine eigenen Projekte mit einfließen zu lassen, unbedingte Voraussetzung ist. Alle Punkte sind manchmal nicht leicht umzusetzen, sind aber aus Erfahrung extrem motivierend und horizonterweiternd nicht nur für den Mitarbeiter selbst, sondern oftmals auch für seine Familie und für sein persönliches Umfeld, das man für die langfristige Erfolgsgarantie einer Karriere nicht unterschätzen sollte.

Wie lautet Ihr persönlicher Leitsatz für erfolgreiches Management?

„Don't crack under pressure". Erfolgreiches Management zeigt sich dann, wenn die Situation brenzlig ist, wenn der Druck sich erhöht, wenn Lösungen nicht offensichtlich sind. Gerade dann zeigt sich, wer kreativ denken kann, wer neue Lösungswege gehen kann, wer integrativ mit verschiedenen Leuten neue Möglichkeiten findet und wer sich nicht unterkriegen lässt. Im Erfolg lässt es sich immer gut arbeiten, unter Druck werden die eigene Standfestigkeit und der Wille zum Erfolg oftmals die wichtigere Komponente. Sich durchbeißen können ist wichtig für die eigene Selbstwertschätzung, und es kreiert Glaubwürdigkeit und Unterstützung von denen, die man führt. Letztendlich gibt es nichts Schöneres, als durchlebten Druck in Erfolg umzusetzen und dies dann gebührend feiern zu können.

Bewerberanforderungen

Was muss ein Bewerber mitbringen, damit er zu Johnson Wax passt?

Bei der Auswahl unserer Mitarbeiter ist es für uns besonders wichtig, dass er neben der fachlichen Qualifikation und sehr guten Kenntnissen der englischen Sprache über ausgeprägte Teamfähigkeit verfügt und innovativ ist. Wir suchen Persönlichkeiten, die gerne eigenständig arbeiten und hochmotiviert sind. Außerdem legen wir großen Wert darauf, dass unsere Mitarbeiter eine eigene Meinung haben und diese auch vertreten.

Unternehmensfakten

Unternehmensname	Johnson Wax GmbH
Branche	Konsumgüter
Zahl der Mitarbeiter in 2004 in Deutschland	103 Mitarbeiter
Gesamtmitarbeiter in 2004 (international/konzernweit)	rund 12.000 Mitarbeiter weltweit

Umsatz im Jahr 2004 national	keine Angaben
Umsatz im Jahr 2004 international	circa fünf Millionen US-Dollar
Firmensitz	Landstraße 27–29 42781 Haan
Homepage	www.scjohnson.de
Beschäftigte Berufsgruppen (nach ihrer Häufigkeit)	Mitarbeiter mit vorwiegend wirtschafts- wissenschaftlicher Ausbildung in den Bereichen Marketing, Vertrieb, Finanz, Logistik und Personal
Anfangsgehalt für Einsteiger (nach Berufsgruppen gereiht)	35.000 bis 41.000 Euro pro Jahr
Durchschnittliches Jahresge- halt nach fünf Jahren (gereiht nach Berufsgruppen)	keine Angaben
Bewerberinformationen	Susanne Wilczek Personalreferentin Tel.: 02129 574271 SWilczek@scj.com
Weiterbildungsstunden pro Jahr für die größte Berufs- gruppe	48 Stunden
Anteil der Mitarbeiter unter 35 in Prozent	31,1 Prozent
Frauenanteil in Prozent	40,6 Prozent

Lands' End GmbH, Mettlach

KOMPETENZ IM MODEVERSAND

Die Belegschaft des Modeversandunternehmens Lands' End bescheinigt ihrem Management eine hohe Kompetenz und Fairness.

Die Lands' End GmbH mit Sitz im saarländischen Mettlach ist eine Tochter des amerikanischen Textil-Versandhändlers Lands' End Inc. Dieser gehört zum Kaufhauskonzern Sears Roebuck, einem der traditionsreichsten Handelshäuser Amerikas.

Die Lands' End Inc. wurde 1963 in Chicago durch den Werbetexter und Segler Gary C. Comer gegründet und begann ihre Geschäftsaktivitäten mit dem Direktvertrieb von Segelausrüstungen und Seglerbekleidung. Später verschob sich das Produktspektrum ganz in Richtung klassischer Freizeit- und Business-Mode für Damen und Herren. Reisegepäck und Produkte für den Haushalt ergänzen das Angebotsspektrum. 1995 führte Lands' End neben der Katalogbestellung den Versandhandel über das Internet ein. Neben seinen Direktvertriebskanälen führt das Unternehmen eine Reihe von Inlet und Outlet Stores in den USA, Großbritannien, Japan und Deutschland. Auf dem deutschen Markt ist Lands' End seit 1996 mit Firmensitz, Ladengeschäft und einem Customer-Care-Center in Mettlach vertreten.

Die Lands' End GmbH beschäftigte 2004 in Deutschland über 350 Mitarbeiter. Weltweit arbeiten für das Unternehmen je nach Saison zwischen 7.500

und 9.000 Beschäftigte. Im Wettbewerb *Deutschlands Beste Arbeitgeber 2005* belegt die Lands' End GmbH Gesamtrang 2 unter den Top 50-Arbeitgebern und Platz 1 in der Kategorie der Unternehmen von 100 bis 500 Mitarbeitern in Deutschland.

Zusätzlich konnte sich das Unternehmen auf der europäischen Liste „100 Beste Arbeitgeber in Europa 2005" platzieren.

Unternehmensergebnisse aus dem Wettbewerb 2005

7-8 Punkte: ausgezeichnet, 5-6 Punkte: sehr gut, 3-4 Punkte: gut.

Glaubwürdigkeit

„Integrität, Ehrlichkeit und Respekt" zählen bei Lands' End zu den zentralen Werten, die unter der Formel „Qualitäten, die uns leiten" grundlegend das innerbetriebliche Miteinander regeln. Demgemäß trägt die Unternehmensleitung durch ihr Engagement zur Vermittlung dieser tragenden Unternehmenswerte bei und zeigt dies beispielsweise dadurch, dass es keine ausgewiesenen Firmenparkplätze für die Mitglieder der Geschäftsführung gibt. Die Strategie des Unternehmens ist langfristig formuliert und beinhaltet explizit Aspekte wie Mitarbeiterorientierung und den Anspruch, ein „Great Place to Work" zu sein. 100 Prozent der Befragten geben an, dass das Management klare Vorstellungen von den Zielen der Organisation hat und davon, wie diese erreicht werden können. Weitere 98 Prozent bescheinigen ihrem Management, dass es das Unternehmen kompetent führt.

Respekt

Über individuelle Entwicklungspläne werden die Mitarbeiter dabei unterstützt, ihr persönliches Potenzial zu erreichen. Überdurchschnittliche 83 Prozent bestätigen in der Befragung, dass ihnen Weiterbildung und Unterstützung – etwa in Form von Zusatzausbildungen oder Coachings – für ihre berufliche Entwicklung angeboten wird. Hoch gelobt wird seitens der Mitarbeiter das Ideenmanagement bei Lands' End. Auf so genannten „Geburtstagsmeetings" treffen sich beispielsweise alle Jubilare eines Monats im informellen Rahmen, um über die persönliche Situation und ihre Verbesserungswünsche im Unternehmen mit Mitgliedern des Leitungsteams zu sprechen. 95 Prozent der Mitarbeiter geben dementsprechend an, dass das

Management Vorschläge und Ideen der Mitarbeiter in ernsthafter Weise sucht und beantwortet. Als ausgezeichnet werden darüber hinaus die Programme zur Gesundheitsförderung erlebt – so ermöglicht das Unternehmen beispielsweise kostenlose Fitnessclub- und Schwimmbadbesuche. 89 Prozent Zustimmung zur Aussage: „Die Mitarbeiter werden hier zu einem guten Ausgleich zwischen Berufs- und Privatleben ermutigt" sprechen für den Erfolg der Maßnahmen. Dieser Wert liegt um 28 Prozentpunkte über dem Durchschnitt der Top 50-Unternehmen.

Fairness

„Mir gefällt es sehr gut, dass es hier kein Mobbing gibt. Ganz besonders toll finde ich, dass hier auch ältere Mitarbeiter noch eine Chance im Berufsleben erhalten." Mitarbeiterkommentare wie dieser belegen, dass die Zusammenarbeit im Unternehmen wesentlich durch Fairness geprägt ist. Insgesamt erleben 95 Prozent der Mitarbeiter, dass sie unabhängig von ihrer Position als vollwertiges Mitglied behandelt werden. Für den Fall, dass sich doch mal jemand ungerecht behandelt fühlen sollte, sichert die Betriebsordnung allen Mitarbeitern ein sehr explizites Beschwerderecht zu, das die sukzessive Einbindung der jeweils nächsthöheren Führungskräfte vorsieht. Den Befragungsergebnissen zufolge wird dieses Verfahren gelebt. So stimmen 86 Prozent der Belegschaft – zehn Prozentpunkte mehr als der Durchschnitt der Top 50-Unternehmen – folgender Aussage zu: „Wenn ich ungerecht behandelt werde und mich beschwere, bin ich überzeugt, dass damit fair umgegangen wird."

Stolz

Die außergewöhnlich erfolgreiche Unternehmensentwicklung in den letzten Jahren und das hohe Maß an Eigenverantwortung und Entscheidungsfreiheit schaffen die breite Basis für die Identifikation der Mitarbeiter mit ihrem Arbeitgeber. Herausragende 96 Prozent der Befragten erleben, dass die Mitarbeiter bereit sind, einen zusätzlichen Einsatz zu leisten, um die Arbeit zu erledigen. Annähernd ebenso viele (95 Prozent) sind stolz auf das, was sie im Unternehmen gemeinsam leisten. So verwundert es nicht, dass die Mitarbeiter gerne zur Arbeit kommen, was 93 Prozent der Befragten bestätigen.

Teamorientierung

Das Unternehmen unterstützt auf vielfältige Weise das Zusammengehörigkeitsgefühl seiner Mitarbeiter. So werden jährlich der so genannte *Family Day*, zu dem eigens Schaubuden und Fahrgeschäfte aufgebaut werden und die aufwändig inszenierte Weihnachtsfeier gemeinsam gefeiert. Des Weiteren ergeben sich unterjährig zahlreiche Gelegenheiten, besondere Ereignisse gemeinsam zu feiern, wie 97 Prozent der Befragten zufrieden feststellen. Lands' End unterstützt außerdem eine Nordic-Walking-Gruppe, ein Fußballteam und die Mannschaft, die am jährlich stattfindenden Drachenbootrennen in Mettlach teilnimmt, mit exklusiver Sportkleidung. Der ausgeprägte und gepflegte Teamgeist schließt auch neue Mitarbeiter schnell mit ein, wie aus folgendem Kommentar hervorgeht: „Als neue Mitarbeiterin war ich über die schnelle Integration ins Team und die tatkräftige und geduldige Unterstützung durch die älteren Mitarbeiter überrascht. Weiterhin möchte ich den freundlichen Umgangston und die gute Zusammenarbeit aller Mitarbeiter sowohl innerhalb der Abteilungen als auch der Abteilungen untereinander hervorheben". Beeindruckende 98 Prozent der Befragten bestätigen, dass man sich als neuer Mitarbeiter willkommen fühlt.

Drei Fragen an ...

Stephen Bechwar, Geschäftsführer, 43 Jahre

Was muss Ihnen ein Unternehmen persönlich bieten, damit Ihnen die Arbeit Freude macht?

Mein Unternehmen muss mir eine anspruchsvolle Aufgabe bieten, es muss die Ressourcen zur Verfügung stellen, die zur Lösung der Aufgabe erforderlich sind, und vor allem muss es mir den Freiraum und die Eigenständigkeit gewähren, die zur Erreichung meiner Ziele notwendigen Entscheidungen zu treffen.

Welche Empfehlung für die Karriereentwicklung können Sie aufgrund Ihrer Erfahrung jungen Fach- und Führungskräften mit auf den Weg geben?

Plane deine Zukunft, sei proaktiv, wenn es um die Realisierung deiner Ziele geht, sei fair zu deinen Mitarbeitern und sei ein gutes Vorbild (leading by example). Ein guter Leader denkt immer voraus, agiert im Jetzt und Hier und lässt sich aufgrund seiner vorausschauenden Mentalität selten überraschen.

Wie lautet Ihr persönlicher Leitsatz für erfolgreiches Management?

Verdiene dir den Respekt und das Vertrauen deiner Mitarbeiter, indem du dich selbst an deine Vorgaben hältst und faire und folgerichtige Entscheidungen triffst. Hilf deinen Leuten, ihre eigene Zielsetzung zu optimieren, und sorge dafür, dass sie von ihren Zielen überzeugt sind.

Bewerberanforderungen

Was muss ein Bewerber mitbringen, damit er zu Lands' End passt?

Wir suchen Menschen, die erstklassigen Kundenservice leben möchten. Wenn Sie sich damit identifizieren können, dass es Ihr Ziel ist, dass Ihre Kunden immer zu 100 Prozent zufrieden sind. Wenn Sie ein positiv denkender Mensch sind. Wenn Sie offen sind für immer neue Wege und das Wort „Fehler" für Sie seinen Schrecken verloren hat ... – dann könnte Lands' End das Unternehmen sein, das Sie schon immer gesucht haben.

Unternehmensfakten

Unternehmensname	Lands' End GmbH
Branche	Bekleidungsversandhandel
Zahl der Mitarbeiter in 2004 in Deutschland	353
Gesamtmitarbeiter in 2004 (international/konzernweit)	circa 9.000
Umsatz im Jahr 2004 national	Dazu dürfen wir keine Angaben machen (US-Aktiengesetze – Publizitätspflichten)
Firmensitz	In der Langwiese 66693 Mettlach
Homepage	www.landsend.de www.landsend.com

Beschäftigte Berufsgruppen (nach ihrer Häufigkeit)	Die größte Berufsgruppe sind unsere Teilzeit-Beschäftigten im operativen Bereich (Contact Center, Retourenbearbeitung, Ladengeschäft, Business to Business, etc.) mit 337 Mitarbeitern. Unter den Vollzeitbeschäftigten sind die größten Gruppen im operativen Geschäft und im Direct Marketing angesiedelt.
Anfangsgehalt für Einsteiger (nach Berufsgruppen gereiht)	nach Vereinbarung, abhängig von Funktion und Qualifikation
Durchschnittliches Jahresgehalt nach fünf Jahren (gereiht nach Berufsgruppen)	Kundenbetreuer (Teilzeit) circa 17.500 Euro Salaried Mitarbeiter (ohne Führungsaufgaben) 30.000 Euro 55.000 Euro (je nach Funktion)
Bewerberinformationen	E-Mail: jobs@landsend.de; Internet: www.landsend.de Heinz Joas Employee Services Manager Tel. 06864 921140
Weiterbildungsstunden pro Jahr für die größte Berufsgruppe	circa 90 Stunden im Jahr (bei 1.500 Arbeitsstunden pro Jahr)
Anteil der Mitarbeiter unter 35 in Prozent	41,9 Prozent
Frauenanteil in Prozent	80,0 Prozent

Lilly Deutschland, Bad Homburg

Lilly

PATENTREZEPT FÜR CHANCENGLEICHHEIT

Der Arzneimittelhersteller Lilly legt viel Wert auf die Karriereentwicklung seiner Mitarbeiter/-innen und setzt auf ein loyales
Verhältnis zur Belegschaft.

Lilly Deutschland ist eine Tochter des US-Pharmakonzerns Eli Lilly and
Company, eines der führenden forschenden pharmazeutischen Unternehmens der Welt. Das Unternehmen entwickelt, produziert und vertreibt Arzneimittel in den Hauptindikationsfeldern Psychiatrie/Neurologie, Endokri-
nologie, Onkologie, Kardiologie, Infektiologie und Urologie. Gegründet
wurde Eli Lilly and Company 1876 in Indianapolis im amerikanischen Bundesstaat Indiana. Zu den Meilensteinen des Unternehmens zählt die Beteiligung an der Einführung der kommerziellen Produktion und Massen-
fertigung von Insulin-Produkten für die Diabetestherapie sowie des Anti-
biotikums Penicillin in der ersten Hälfte des vergangenen Jahrhunderts
– Forschungsfelder, in denen das Unternehmen bis heute aktiv ist. Lilly ist
seit 1960 auch in Deutschland vertreten und unterhält heute Standorte in
Bad Homburg (Vertriebs- und Verwaltungszentrum), Hamburg (Lilly Research Laboratories), Gießen (europäische Fertigungs- und Distributions-
zentrale) und Norderfriedrichskoog (Pharma-Produktion). Die verschiedenen Gesellschaften von Lilly Deutschland sind unter der Lilly Pharma Holding GmbH zusammengefasst.

An den vier Standorten waren 2004 insgesamt rund 1.400 Mitarbeiter beschäftigt, die einen Umsatz von rund 470 Millionen Euro erwirtschafteten.

Weltweit arbeiten mehr als 40.000 Mitarbeiter an über 20 Produktions- und Forschungsstandorten für Eli Lilly. Der konzernweite Umsatz lag bei 13,9 Milliarden US-Dollar.

Im Wettbewerb *Deutschlands Beste Arbeitgeber 2005* belegt Lilly Deutschland Gesamtrang 17 unter den Top 50-Arbeitgebern und Platz 9 in der Kategorie der Unternehmen von 501 bis 5.000 Mitarbeitern in Deutschland. Darüber hinaus erhielt das Unternehmen den Sonderpreis in der Kategorie „Chancengleichheit der Geschlechter".

Zusätzlich konnte sich das Unternehmen auf der europäischen Liste „100 Beste Arbeitgeber in Europa 2005" platzieren.

Unternehmensergebnisse aus dem Wettbewerb 2005

7-8 Punkte: ausgezeichnet, 5-6 Punkte: sehr gut, 3-4 Punkte: gut.

Glaubwürdigkeit

„Respekt, Aufrichtigkeit und Leistung" – die zentralen Werte bleiben bei Lilly Deutschland nicht nur Lippenbekenntnis. Das *Lilly Red Book* und die Mitarbeiterrichtlinien spezifizieren die Grundwerte in Form von konkreten Handlungsaufforderungen. Mitarbeiter und Führungskräfte werden jährlich danach beurteilt, wie sie die Mitarbeiterorientierung im Unternehmensalltag umsetzen. Ein Befragter lobt beispielsweise „die großen Anstrengungen zum ‚Redemployment' von Mitarbeitern, die durch Umstrukturierung ihre Tätigkeit aufgeben müssten". 89 Prozent der Befragten glauben, dass ihr Management Kündigungen nur als letzten Ausweg wählt. Weitere 82 Prozent der Mitarbeiter halten die Geschäftspraktiken des Managements für ehrlich und ethisch vertretbar.

Respekt

„Das Wichtigste bei Lilly sind die Menschen und die Moleküle", formulierte einmal der amerikanische Firmengründer Eli Lilly. Allen Mitarbeitern wird die Möglichkeit zur beruflichen Weiterbildung und persönlichen Weiterentwicklung angeboten. Neben Schulungen zu fachbezogenen Themen setzt man auf elaborierte Mentor-Programme zur Führungskräfteentwicklung: Ein Mentor, zumeist Mitglied der Geschäftsführung, steht dem Mentee in Sachen persönlicher und fachlicher Weiterentwicklung, Karriereplanung und dem Herstellen wichtiger Kontakte zur Seite. Management Tutorials vertiefen den Kontakt zwischen Mitarbeitern und Management. In diesen zwei- bis dreistündigen Veranstaltungen geben Mitglieder der Geschäftsführung ihr Wissen über einzelne Funktionsbereiche von Lilly an die Mitarbeiter weiter. Neben dem Prämiensystem und Incentive-Programmen für den Außendienst ermöglichen so genannte Anerkennungs-Schecks die zeitnahe und individuelle Leistungshonorierung der Mitarbeiter. Besonders Frauen erleben die Flexibilität ihres Arbeitgebers zur Berücksichtigung von besonderen Lebenssituationen. So äußert sich eine Befragte lobend: „Seit kurzer Zeit bin ich Mutter, und Lilly ist vorbildlich und höchst flexibel auf meine veränderten Bedürfnisse bezüglich meiner Arbeitsplatzgestaltung durch Reduzierung der Arbeitszeit, freie Zeiteinteilung und Änderung meiner Arbeitsinhalte eingegangen."

Fairness

Der 2005 zum zweiten Mal in Folge ausgezeichnete Sonderpreisträger für „Chancengleichheit der Geschlechter" bietet allen Mitarbeitern gute Aufstiegschancen und fördert gezielt Mitarbeiterinnen, die in den nächsten Jahren eine Führungsposition im oberen Management einnehmen können. Erklärtes Ziel des Unternehmens ist es, das Management je zur Hälfte mit Männern und Frauen zu besetzen. Dabei hilft die Female Pipeline: Dieses Programm fördert gezielt Mitarbeiterinnen mit Führungspotenzial mittels Trainings, Coaching und Projektarbeiten. Des Weiteren dient die Institution WEconnect (Women Europe Connect) der europäischen Lilly-Gruppe dem Ziel, Frauen über die nationalen Grenzen hinweg zu unterstützen. So sind derzeit im Geschäftsführungs-Gremium von Lilly zwei Direktorinnen vertreten, und über 30 Prozent der Führungskräfte im Außendienst sind Frauen. 92 Prozent der Lilly-Mitarbeiter geben an, dass sie unabhängig von ihrem Geschlecht fair behandelt werden.

Stolz

Die Mitarbeiter sind stolz auf das erfolgreiche und innovative Unternehmen, das über eine der besten Produkt-Pipelines in der Pharma-Branche verfügt. 89 Prozent der Befragten geben an, dass die Mitarbeiter bereit sind, einen zusätzlichen Einsatz zu leisten, um Arbeiten fertig zu stellen. Sie loben außerdem die Personalstrategie, die keine „Hire-and-fire"-Politik verfolgt, sondern auf stabile und langfristige Bindung zwischen Mitarbeitern und dem Unternehmen setzt. Für 92 Prozent aller befragten Mitarbeiter hat ihre Arbeit eine besondere Bedeutung und ist nicht einfach nur ein „Job". Zur Identifikation trägt auch das soziale Engagement des Unternehmens bei: So unterstützt das Unternehmen beispielsweise Clown-Doktoren in Kinderkliniken oder sammelt auf Firmenfeierlichkeiten für Kinderheime.

Teamorientierung

Neue Mitarbeiter werden auf besondere Weise eingearbeitet und willkommen geheißen: Beim Get-together mit den Lilly-Kollegen wird der Neuanfang gemeinsam gefeiert. 91 Prozent der Mitarbeiter bestätigen, dass man sich als neuer Mitarbeiter im Unternehmen willkommen fühlt. Auch an Weihnachten und zu Fasching nutzen die Mitarbeiter die Gelegenheit, ausgiebig gemeinsam zu feiern. Bei hohen Temperaturen im Sommer spendiert die Geschäftsführung Eis und gibt „hitzefrei". 87 Prozent der Beschäftigten erklären, mit Freude bei Lilly zu arbeiten. Auch die qualitativen Ergebnisse der Befragung belegen den guten Teamgeist. Ein Mitarbeiter begeistert sich: „Wir sind ein super Team, ich komme auch deswegen sehr gerne zur Arbeit. Generell ist der Umgang innerhalb Lilly sehr freundschaftlich, fair und kollegial." Ein weiterer Befragter ergänzt: „Das Miteinander und der Umgangston sind sehr herzlich, und man spürt, dass es ehrlich gemeint ist."

Drei Fragen an ...

Roland Kutschenko, Direktor Human Resources, Lilly Deutschland, 50 Jahre

Was muss Ihnen ein Unternehmen persönlich bieten, damit Ihnen die Arbeit Freude macht?

Für mich persönlich sind die Rahmenbedingungen sehr wichtig, die das Unternehmen bietet. Dazu gehört unter anderem, dass sich Leistung auszahlt und dass man als Mitarbeiter Anerkennung für seine Arbeit erhält. Des Weiteren ist für mich sehr wichtig, im Team zu arbeiten, das heißt gemeinsam mit Kolleginnen und Kollegen erstklassige Ergebnisse zu erzielen, um meinen Kunden Antworten zu geben, auf die es ankommt. Außerdem schätze ich die so genannte Work-Life-Balance, das heißt ein ausgewogenes Verhältnis zwischen Beruf und Privatleben. All diese Rahmenbedingungen bietet mir Lilly – und daher macht es sehr viel Spaß, bei einem der besten Arbeitgeber Deutschlands zu arbeiten.

Welche Empfehlung für die Karriereentwicklung können Sie aufgrund Ihrer Erfahrung jungen Fach- und Führungskräften mit auf den Weg geben?

Zunächst einmal sollte sich jede junge Fach- oder Führungskraft über die eigenen Ziele im Klaren sein und die Erreichung dieser Ziele auch mit ihrem Vorgesetzten besprechen. Das Unternehmen kann die Rahmenbedingungen schaffen, aber jeder Mitarbeiter ist auch in hohem Maße selbst für seine Karriereentwicklung verantwortlich. Des Weiteren rate ich jungen Fach- und

Führungskräften, realistische Erwartungen an sich selbst und das Unternehmen zu haben, das heißt ehrgeizig Ziele zu verfolgen, aber nicht übertrieben ungeduldig zu sein.

Wie lautet Ihr persönlicher Leitsatz für erfolgreiches Management?
„Vertrauen ist die Grundlage allen erfolgreichen Handelns."

Bewerberanforderungen

Was muss ein Bewerber mitbringen, damit er zu Lilly passt?
Die wichtigsten Voraussetzungen sind eine starke Persönlichkeit, Erfolgswille, Eigeninitiative, Motivation und Begeisterungsfähigkeit, Mut zum Andersdenken, Teamfähigkeit sowie Fremdsprachenkenntnisse.

Unternehmensfakten

Unternehmensname	Lilly Deutschland
Branche	Pharma
Zahl der Mitarbeiter in 2004 in Deutschland	circa 1.400
Gesamtmitarbeiter in 2004 (international/konzernweit)	über 40.000
Umsatz im Jahr 2004 national	469,6 Millionen Euro
Umsatz im Jahr 2004 international	13,9 Milliarden US-Dollar
Firmensitz	Saalburgstr. 153, 61350 Bad Homburg

Homepage	www.lilly-pharma.de www.lrl-hamburg.de www.lilly.com
Beschäftigte Berufsgruppen (nach ihrer Häufigkeit)	Pharmareferent/in, Clinical Research Associate, Brand Manager/in, weitere Berufsgruppen im Vertrieb, Marketing und in der Medizinischen Abteilung, Mitarbeiter/innen in der Forschung, Distribution und Produktion sowie in den Bereichen Marktforschung, Training, Veranstaltungs-Management, Marketing Services, Presse- und Öffentlichkeitsarbeit, Personal, Finanz, IT, Rechtsabteilung, Strategischer Einkauf.
Anfangsgehalt für Einsteiger (nach Berufsgruppen gereiht)	keine Angaben
Durchschnittliches Jahresgehalt nach fünf Jahren (gereiht nach Berufsgruppen)	keine Angaben
Bewerberinformationen	www.lilly-pharma.de www.jobpilot.de
Weiterbildungsstunden pro Jahr für die größte Berufsgruppe	80 Stunden
Anteil der Mitarbeiter unter 35 in Prozent	25,0 Prozent
Frauenanteil in Prozent	54,1 Prozent

MetaDesign AG, Berlin

MetaDesign

UNTERNEHMEN MIT IDENTITÄT

Die Werbeagentur MetaDesign baut auf eine offene Unternehmensarchitektur und vertraut auf die Gestaltungskraft ihrer Mitarbeiter.

Die MetaDesign AG ist ein international tätiger Corporate-Identity-Spezialist mit Hauptsitz in Berlin und weiteren Büros in Zürich und San Francisco. Die Kernkompetenz der 1990 gegründeten Agentur liegt im Bereich der Markenführung für Unternehmen und Institutionen mit den Mitteln des Corporate Design. Leistungsschwerpunkt ist die Übersetzung der Corporate Identity und strategischer Markenparameter in visuelles Design.

Zu den Kunden von MetaDesign zählen neben namhaften Unternehmen aus Industrie, Handel und Dienstleistung auch Auftraggeber aus dem öffentlichen und kulturellen Sektor. 2004 war die Agentur beispielsweise an der Marketingkampagne der Gastausstellung des New Yorker Museum of Modern Art („MoMA") in Berlin beteiligt.

MetaDesign gehört zur LB Icon AB Group aus Stockholm, die seit 2001 die Aktienmehrheit an der nicht-börsennotierten MetaDesign AG hält. 2004 beschäftigte das Unternehmen rund 200 Mitarbeiter, davon 135 im Berliner Büro. Der Umsatz in Deutschland lag im selben Jahr bei 15,3 Millionen Euro.

Im Wettbewerb *Deutschlands Beste Arbeitgeber 2005* belegt die Meta-Design AG Gesamtrang 32 unter den Top 50-Arbeitgebern und Platz 12 in der Kategorie der Unternehmen von 100 bis 500 Mitarbeitern in Deutschland.

Unternehmensergebnisse aus dem Wettbewerb 2005

7-8 Punkte: ausgezeichnet, 5-6 Punkte: sehr gut, 3-4 Punkte: gut.

Glaubwürdigkeit

Die Firmenphilosophie formuliert prägnant den Stellenwert des Mitarbeiters. „Wir sind überzeugt davon, dass wir langfristig am erfolgreichsten und am effizientesten sind, wenn der Mitarbeiter als Person im Mittelpunkt unserer täglichen Arbeit steht." In der betrieblichen Praxis findet dieser Leitsatz seine Entsprechung nicht nur im Verhalten von Mitarbeitern und Führungskräften. Vielmehr kommt die Mitarbeiterorientierung insbesondere auch durch die Architektur und Arbeitsplatzgestaltung sowie dem organisationalen Aufbau des Unternehmens zum Ausdruck. Die vor kurzem eingeführte Unit-Struktur mit jeweils etwa 30 Mitarbeitern pro Organisationseinheit sorgt für kurze Informations- und Entscheidungswege. „Offene Türen" gibt es bis in die Vorstandsbüros, und jeder Mitarbeiter macht nach seinem Ermessen Gebrauch davon, die Mitglieder des Managements anzusprechen. Dies spiegelt sich auch in den Wettbewerbsergebnissen wider: 84 Prozent der Befragten loben die gute und unkomplizierte Erreichbarkeit des Managements. Die Transparenz kommt auch innenarchitektonisch besonders zum Ausdruck, indem alle Räume eingesehen werden können. Dies wird von den Mitarbeitern jedoch nicht als Kontrollversuch erlebt. 96 Prozent – zehn Prozentpunkte mehr als der Durchschnitt der Top 50-Unternehmen – erleben, dass ihr Management auf die gute Arbeit der Mitarbeiter vertraut, ohne sie ständig zu kontrollieren.

Respekt

MetaDesign setzt zur Unterstützung der beruflichen Entwicklung aller Mitarbeitergruppen auf Entwicklungspläne und Zielvereinbarungsgespräche sowie auf ein breites internes Seminarangebot. Mitarbeiter mit besonderen Fertigkeiten und Kenntnissen – so genannte Experten – fungieren als Ansprechpartner für die Fragen der Kollegen und halten auf Wunsch interne

Vorträge zu speziellen Themen. Externe Fachleute werden regelmäßig eingeladen, um kreative Impulse zu geben. In puncto Berücksichtigung der Lebenssituation und Fürsorge unterstützt das Unternehmen seine Mitarbeiter durch flexible Arbeitsarrangements oder im Bedarfsfall mit zinsgünstigen Darlehen. Besonderes Lob seitens der Mitarbeiter erfährt das Firmengebäude in einem denkmalgeschützten Umspannwerk. So sind 85 Prozent der Befragten der Meinung, dass sie bei MetaDesign ein gutes Umfeld für das psychische und emotionale Wohlbefinden vorfinden.

Fairness

Auf freiwilliger Basis gewährt das Unternehmen allen Mitarbeitern eine Gratifikation in Höhe eines Brutto-Monatsgehalts, das jeweils zur Hälfte Ende Juli und Ende November eines jeden Jahres ausgezahlt wird. Darüber hinaus dürfen sich alle Mitarbeiter über ein bezuschusstes Job-Ticket für den öffentlichen Nahverkehr sowie private Versicherungen zu besonders günstigen Konditionen freuen. Geburtstage oder Firmenjubiläen werden im Rahmen einer kleinen Feier gewürdigt, ab einer gewissen Dauer der Betriebszugehörigkeit beschenkt das Unternehmen die Jubilare mit einer wertvollen Uhr oder einem MontBlanc-Füller. Auch ohne explizite Programme liegt der Frauenanteil bei knapp über 50 Prozent. Entgegen dem Klischee des ausgeprägten „Jugendwahns" der Branche beschäftigt das Unternehmen auch ältere Mitarbeiter. Dementsprechend erleben 92 Prozent der Befragten, dass die Mitarbeiter unabhängig von ihrem Alter fair behandelt werden.

Stolz

„Es gibt viele Menschen, die mit Leib und Seele hier sind", äußert sich ein Mitarbeiter über die Motivation seiner Kollegen. Als eine der größten und angesehensten Designagenturen schafft das Unternehmen ein großes Identifikationspotenzial. 94 Prozent der Befragten bringen zum Ausdruck, dass sie stolz darauf sind, anderen erzählen zu können, wo sie arbeiten. Wesentlich für die Identifikation der Mitarbeiter ist überdies die Möglichkeit eines jeden Mitarbeiters, seinen spezifischen Beitrag zum Erfolg des Ganzen zu leisten und zu spüren. Dies unterstützt die hohe Arbeitszufriedenheit, denn 89 Prozent der Mitarbeiter bestätigen, dass sie gerne zur Arbeit kommen. Mit seiner expliziten Unterstützung des Corporate Volunteering, der Förderung von gemeinnützigem Arbeitnehmerengagement, hebt sich das Unternehmen deutlich vom Gros des gesamten Teilnehmerfeldes ab. So unterstützt das Unternehmen beispielsweise die sozialen Aktivitäten einer in der Vergangenheit an Brustkrebs erkrankten Mitarbeiterin durch die Bereitstellung von Firmenressourcen und einem freigestellten bezahlten Arbeitstag pro Woche.

Teamorientierung

Auf die Frage nach den Besonderheiten ihres Arbeitgeber heben viele Befragte den offenen Umgang und die gute Arbeitsatmosphäre hervor. So lobt ein Mitarbeiter: „Dadurch, dass wir uns alle vom Vorstand bis zum Praktikanten duzen, entsteht ein deutliches Miteinander – ein Wir-Gefühl – und ein fast familiärer Umgang. Allgemein finde ich den Umgang unserer Geschäftsleitung mit den Mitarbeitern als sehr menschlich, ehrlich und sympathisch, das wirkt vorbildlich durch alle Ebenen. Die Hierarchien sind im Umgang kaum spürbar." Die Arbeitsatmosphäre bewerten herausragende 97 Prozent der Befragten als freundlich. Zusammengehörigkeit und Solidarität zeigen die Mitarbeiter auch in „schlechten Zeiten". So konnten beispielsweise in der Vergangenheit Entlassungen verhindert werden, indem circa 40 Mitarbeiter von einer Vollzeitstelle auf eine Teilzeitstelle wechselten. Ein weiteres, häufig mit Begeisterung genanntes Thema in den Mitarbeiterkommentaren sind die Firmenfeiern: „Unsere Firmenfeste haben Charme, und sie sind immer wieder anders. Besonders in Erinnerung blieb mir ein historisches Kostümfest, bei dem wir aus dem Fundus der Babelsberger Studios wählen konnten", erinnert sich ein Befragter.

Drei Fragen an ...

Marion Rachner, Head of Human Resources, 39 Jahre

Was muss Ihnen ein Unternehmen persönlich bieten, damit Ihnen die Arbeit Freude macht?
Es muss „knistern", das heißt ich brauche interessante Menschen, ein kreatives Umfeld, vielseitige Aufgaben und vor allem einen großen Entfaltungs- und Entscheidungsspielraum.

Welche Empfehlung für die Karriereentwicklung können Sie aufgrund Ihrer Erfahrung jungen Fach- und Führungskräften mit auf den Weg geben?
Weniger nach der perfekten Aufgabe als vielmehr nach dem idealen Umfeld suchen, dabei durchaus ungewöhnliche Wege gehen und Neues probieren – frei nach dem Motto „Der Weg ist das Ziel". Und: reflektiert sein und bleiben, das hilft ungemein, um ein realistisches Selbstbild zu erhalten und seine Grenzen zu erkennen.

Wie lautet Ihr persönlicher Leitsatz für erfolgreiches Management?
Ganz einfach: Mitarbeiter erfolgreich machen.

Bewerberanforderungen

Was muss ein Bewerber mitbringen, damit er zu MetaDesign passt?

In aller Kürze: „Herz und Verstand". Unsere tagtägliche Arbeit dient dazu, Strategie und Identität eines Unternehmens ins Visuelle zu übersetzen – emotional erfassbar zu machen. Wir suchen mithin Mitarbeiter, welche die strategische Dimension unseres Tuns verstehen. Und beherzt zur Tat schreiten. Von unseren Auftraggebern hören wir oft: „Es ist – neben aller Professionalität – vor allem Ihre spürbare Leidenschaft für Ihre Arbeit, die Sie von allen anderen Agenturen unterscheidet." Ein schöneres Kompliment könnte man uns gar nicht machen. Und genau das bleibt unser Anspruch!

Unternehmensfakten

Unternehmensname	MetaDesign AG
Branche	Werbung
Zahl der Mitarbeiter in 2004 in Deutschland	135
Umsatz im Jahr 2004 national	15,3 Millionen Euro
Firmensitz	Leibnizstraße 65 10629 Berlin
Homepage	www.metadesign.de
Beschäftigte Berufsgruppen (nach ihrer Häufigkeit)	Designer
Anfangsgehalt für Einsteiger (nach Berufsgruppen gereiht)	25.200 Euro

Durchschnittliches Jahresgehalt nach fünf Jahren (gereiht nach Berufsgruppen)	40.000 Euro
Bewerberinformationen	www.metadesign.de
Weiterbildungsstunden pro Jahr für die größte Berufsgruppe	mindestens acht Stunden
Anteil der Mitarbeiter unter 35 in Prozent	44,7 Prozent
Frauenanteil in Prozent	52,0 Prozent

Microsoft Deutschland GmbH, Unterschleißheim

Microsoft®

SOFTWARE AUS LEIDENSCHAFT

Die deutsche Niederlassung des Software-Riesen Microsoft überzeugt durch hohe Identifikation und Begeisterung der Mitarbeiter für das Unternehmen.

Microsoft Deutschland mit Zentrale in Unterschleißheim bei München ist die größte europäische Auslandstochter des weltgrößten Softwareunternehmens Microsoft Inc. aus Redmond in den USA. Der Konzern ist der führende Hersteller von PC-Software, Services und Internet-Technologien für Unternehmen und private Nutzer. Die Produktpalette umfasst Betriebssysteme für PCs und Netzwerke („Windows XP/NT"), Anwendungsprogramme („Microsoft Office 2004"), Multimedia-Anwendungen sowie Internet-Plattformen und Entwickler-Tools. Aktuell bereitet Microsoft den Launch des Internet-Browsers „Internet Explorer 7" vor.

Die Microsoft Deutschland GmbH wurde 1983 gegründet. Das Unternehmen unterhält fünf regionale Niederlassungen in Hamburg, Berlin, Bad Homburg, Neuss und Böblingen sowie das Microsoft SAP Competence Center in Walldorf bei Frankfurt. Microsoft Deutschland ist für das Marketing der Microsoft-Produkte und die Kundenbetreuung im deutschen Markt zuständig, einem der Schlüsselmärkte von Microsoft. Die Produktion für die europäischen Länder ist im steuergünstigen Irland zentralisiert.

Microsoft wurde 1975 von William H. Gates und seinem Partner Paul G. Allen gegründet. 1986 ging das Unternehmen an die Börse. Weltweit ist

Microsoft heute in 85 Ländern mit Niederlassungen vertreten und beschäftigt rund 55.000 Mitarbeiter. Der Halbjahresumsatz im Geschäftsjahr 2004/2005 lag bei 20 Milliarden US-Dollar. In Deutschland waren 2004 über 1.600 Mitarbeiter für Microsoft tätig.

Im Wettbewerb *Deutschlands Beste Arbeitgeber 2005* belegt Microsoft Deutschland – wie bereits in den beiden Vorjahren – Gesamtrang 1 unter den Top 50-Arbeitgebern und Platz 1 in der Kategorie der Unternehmen von 501 bis 5.000 Mitarbeitern in Deutschland. Das Unternehmen nahm damit bereits zum dritten Mal am Wettbewerb teil.

Zusätzlich konnte sich das Unternehmen auf der europäischen Liste „100 Beste Arbeitgeber in Europa 2005" platzieren.

Unternehmensergebnisse aus dem Wettbewerb 2005

7-8 Punkte: ausgezeichnet, 5-6 Punkte: sehr gut, 3-4 Punkte: gut.

Glaubwürdigkeit ▮ ▮ ▮ ▮ ▮ ▮ ▮ ▮

Developing People! ist als Führungsgrundsatz verbindlich festgelegt und wird bei Microsoft im Alltag konsequent umgesetzt. Dabei wird in besonderer Weise auf das Prinzip der Eigenverantwortlichkeit und auf flache Hierarchien gesetzt. Zahlreiche Kommentare heben die gelebte Open-Door-Policy hervor. „Im Vergleich zu meinen vorherigen Arbeitgebern gibt es hier eine sehr offene Kommunikation zum und vom Management, positive wie negative Kritik wird gefordert und hinterfragt." Das Vertrauen, das in sie gesetzt wird, ist für die Mitarbeiter von zentraler Bedeutung. Es impliziert, ab dem ersten Tag im Unternehmen viel Verantwortung zu erhalten und zu übernehmen, das bestätigen 97 Prozent der Befragten. Einmal im Jahr trifft sich die gesamte Belegschaft für zwei Tage zum Company Meeting, um an der strategischen Ausrichtung ihres Arbeitgebers mitzuwirken.

Respekt ▮ ▮ ▮ ▮ ▮ ▮ ▮ ▮

Bei Microsoft kommt eine große Anzahl gut aufeinander abgestimmter und innovativer Maßnahmen zur Förderung der beruflichen Entwicklung zum Einsatz, die, den Kommentaren nach, auch viele Mitarbeiter überzeugen. Ein Befragter lobt: „Es gibt für mich ein besonders gutes Entwicklungsprogramm für zukünftige Führungskräfte, in dem die Mitarbeiter gezielt auf mehr Verantwortung geschult werden und auch ihre Arbeitskraft in besonderen Projekten einbringen dürfen." Zu den hier angesprochenen Programmen zählen unter anderem das *New Hire Mentor Program* und das *Talent Program*, die zusammen Neueinsteigern beziehungsweise den Potenzialträgern die berufliche Weiterentwicklung erleichtern. Über individuelle Entwicklungspläne werden den Mitarbeitern aller hierarchischen Stufen fortlaufend maßgeschneiderte Trainingsprogramme angeboten, die sie darin unterstützen, ihr volles Potenzial auszuschöpfen. Jeder Mitarbeiter kann hierzu unter verschiedenen Seminaren und anderen Qualifizierungsbausteinen das für sich passende im Intranet auswählen. Im Durchschnitt erhält jeder zwischen 15 und 25 Arbeitstage pro Jahr für fachliche Weiterbildung, Produktschulungen, Persönlichkeitstrainings und Team-Events. Selbst gesteuerte *Learning Networks* fördern abteilungsübergreifend die Zusammenarbeit, den Erfahrungsaustausch und die gegenseitige Unterstützung.

Fairness

Diversity ist bei Microsoft mehr als nur ein Schlagwort der Personalstrategen. Vielfalt von Menschen, Ideen und Ansichten wird als Stärke des Unternehmens verstanden. 89 Prozent der Befragten geben in der Untersuchung an, unabhängig von ihrer Position als vollwertiges Mitglied des Unternehmens behandelt zu werden. Der Frauenanteil bei Neueinstellungen und internen Förderprogrammen wird kontinuierlich angehoben. Frauen, die bereits in Führungspositionen arbeiten, steht die Möglichkeit offen, mit einem Coach ihrer Wahl spezielle Aspekte hinsichtlich ihrer Persönlichkeitsentwicklung zu verbessern. Jobwechsel in andere nationale Niederlassungen werden unterstützt, ausländische Mitarbeiter in Deutschland sehr gut integriert. Das belegen 97 Prozent der Befragten, die sich unabhängig von ihrer ethnischen Herkunft oder Religion fair behandelt fühlen.

Stolz

„The place to be". Das ist für die Microsoft-Mitarbeiter ihr Unternehmen. „Erst wenn man bei einem anderen Arbeitgeber war, weiß man, wie toll es hier ist!", bekräftigt ein Mitarbeiter. Alternativen zum derzeitigen Arbeitgeber werden kaum in Betracht gezogen. Die außergewöhnlich hohe Identifikation erstreckt sich über das Unternehmen als Ganzes, seine Produkte, vor allem aber die eigene Tätigkeit: 93 Prozent aller befragten Microsoft-Mitarbeiter antworten, ihre Arbeit habe eine besondere Bedeutung für sie und sei nicht einfach nur „ein Job". Zudem kommt Microsoft seiner sozialen Verantwortung in besonderer Weise nach. So unterstützt das Unternehmen beispielsweise die Stiftung

Hochbegabtenförderung e.V., die die bundesweite Förderung von hochbegabten Kindern und Jugendlichen aller sozialen Schichten zum Ziel hat.

Teamorientierung

Mit dem Gefühl, einer einzigartigen Familie anzugehören, umschreiben die Mitarbeiter ihr Verhältnis zu den Kollegen. 82 Prozent der Befragten stimmen demgemäß der Aussage zu, dass ein guter Teamgeist herrscht. Microsoft-Mitarbeiter verbringen auch im privaten Kontext viel Zeit miteinander. Neue Mitarbeiter werden von einem Mentor begleitet: „Egal wer man ist und wohin man kommt, man bekommt sofort Unterstützung und wird kollegial aufgenommen", beschreibt ein Befragter seine Eindrücke. Aufwändige Events, die im jährlichen Rhythmus stattfinden, erhöhen den Spaßfaktor und stärken den Teamgeist: 90 Prozent geben an, es mache ihnen Freude, bei Microsoft zu arbeiten.

Drei Fragen an ...

Rom de Vries, HR Director Microsoft Deutschland GmbH, 40 Jahre

Was muss Ihnen ein Unternehmen persönlich bieten, damit Ihnen die Arbeit Freude macht?

Für mich stehen hier zum einen die Aufgaben und zum anderen die Unternehmenskultur im Vordergrund. Die Aufgaben müssen natürlich interessant, herausfordernd und motivierend sein, sonst macht die Arbeit keine Freude. Freiräume, Selbstverantwortung und vor allem die übertragenen Kompetenzen, die Dinge selbst gestalten und bewegen zu können, sind hier entscheidend. Microsoft bietet exakt dieses Umfeld, damit Neues und Kreatives entstehen kann.

Welche Empfehlung für die Karriereentwicklung können Sie aufgrund Ihrer Erfahrung jungen Fach- und Führungskräften mit auf den Weg geben?

Ich nenne das „The other SIDE of IT": Da heute in der IT-Branche Solutions (S), also Lösungen und nicht „nur" Produkte, immer mehr im Fokus stehen, die weiterhin mit unterschiedlichen Anwendungen integriert (I) werden sollen, ist es wichtig, durch Dialog (D) mit den Kunden die richtigen Anwendungen zu identifizieren. Um dies zu gewährleisten, wird von IT-Profis heute vielschichtige Expertise (E) erwartet: Sie müssen die Kunden zu allererst verstehen und deren Anforderungen in passende Lösungen übersetzen können. Und sie müssen fähig sein, dem Kunden diese Lösungen und das benötigte IT-Wissen zu erklären. Diese Fähigkeiten sind bei der Entscheidung für einen IT-Anbieter (und gegen einen anderen) von entscheidender Wichtigkeit. Aus diesem Grund müssen Fach- und Führungskräfte mehr denn je zusammenarbeiten und die soziale Kompetenz mit der Fachkenntnis kombinieren. Teamfähigkeit, internationale Zusammenarbeit, Belastbarkeit, unternehmerisches Denken und Eigeninitiative sind nur einige Beispiele, die die Wichtigkeit der sozialen Kompetenz unterstreichen.

Wie lautet Ihr persönlicher Leitsatz für erfolgreiches Management?

Ein Manager sollte heute die Balance finden zwischen fachlicher Kompetenz, sozialer Kompetenz und Business-Kompetenz. Wichtig sind dabei die folgende Punkte:

a) Manager sollten in der Lage sein, eine klare Strategie zu formulieren, die verknüpft wird mit hoch gesetzten, aber umsetzbaren Zielen. Dabei sollte ihr eigenes Handeln die Orientierung vorgeben.

b) Manager der Executive-Management-Ebene müssen fähig sein, alle Mitarbeiter in der Organisation zu begeistern und zu motivieren.

c) Sind die Ziele festgesetzt, sind deren konsequente und exzellente Umsetzung und die Zielerreichung durch unterschiedliche Maßnahmen und Projekte von entscheidender Wichtigkeit.

d) Und zum guten Schluss: Die Erfolge sollten gemeinsam gefeiert werden!

Bewerberanforderungen

Was muss ein Bewerber mitbringen, damit er zu Microsoft passt?

Die jeweiligen Anforderungen an einen Bewerber hängen stark davon ab, für welchen Bereich er sich bewirbt (z. B. Sales, Marketing, Services oder Entwicklung). Generell muss ein Bewerber eine exzellente universitäre Ausbildung und hervorragende IT-Kenntnisse mitbringen. Wir achten stark auf ein Profil mit gleichzeitig breitem Know-how über die unterschiedlichsten Anwendungen und tiefem Wissen zu bestimmten Themen. Er sollte dabei bereits eine Reihe verschiedener beruflicher und persönlicher Erfahrungen gemacht haben. Ebenso bedeutend und wichtig ist die soziale Kompetenz und dass er mit unseren Microsoft Values konform geht. Zu diesen zählen z. B.: Offenheit, Ehrlichkeit, respektvoller Umgang mit anderen, unternehmerisches Denken und Handeln, ein hohes Maß an Eigeninitiative, Flexibilität und Belastbarkeit sowie hierarchiefreies Denken und eine gute Zusammenarbeit in internationalen Teams.

Unternehmensfakten

Unternehmensname	Microsoft Deutschland GmbH
Branche	IT
Zahl der Mitarbeiter in 2004 in Deutschland	1.618
Gesamtmitarbeiter in 2004 (international/konzernweit)	57.086
Umsatz im Jahr 2004 international	36,84 Milliarden US-Dollar (30. Juni 2004)
Firmensitz	Konrad-Zuse-Str. 1 85716 Unterschleißheim
Homepage	www.microsoft.com/germany www.microsoft.com
Beschäftigte Berufsgruppen (nach ihrer Häufigkeit)	Technischer Berater, Technischer Support, Vertriebsmitarbeiter, Marketingmitarbeiter
Anfangsgehalt für Einsteiger (nach Berufsgruppen gereiht)	Für alle Traineeprogramme: 40.000 – 48.000 €
Durchschnittliches Jahresgehalt nach fünf Jahren (gereiht nach Berufsgruppen)	keine Angaben

Bewerberinformationen	www.microsoft.com/germany/careers
Weiterbildungsstunden pro Jahr für die größte Berufsgruppe	* die Anzahl der Weiterbildungstage ist relativ unabhängig von der Berufgruppe und beträgt circa 20 Tage (160 Stunden), * incl. lokale Trainings + internationale Briefings + Soft Skills, * technischen Jobs stehen noch bis zu zehn weitere Trainingstage (gesamt 240 Stunden) zur Verfügung
Anteil der Mitarbeiter unter 35 in Prozent	26,2 Prozent
Frauenanteil in Prozent	24,4 Prozent

Morgan Stanley Bank AG, Frankfurt am Main

Morgan Stanley

INTEGRITÄT ZAHLT SICH AUS

Die Belegschaft der Morgan Stanley Bank beurteilt ihr Management als ehrlich und glaubwürdig und schätzt die Familienfreundlichkeit des Unternehmens.

Die Morgan Stanley Bank AG mit Sitz in Frankfurt am Main ist eine Tochtergesellschaft des traditionsreichen US-Bankhauses Morgan Stanley. Der global operierende Finanzdienstleister ist einer der Marktführer in den Bereichen Investmentbanking, Vermögensverwaltung, Wertpapier- und Rohstoffhandel sowie im Kreditgeschäft. Morgan Stanley zählt außerdem zu den weltweit größten Häusern, die Unternehmens- und volkswirtschaftliche Studien für ihre Kunden erstellen (Research). International führend ist Morgan Stanley in der Begleitung von Firmenfusionen und -übernahmen (Mergers & Acquisitition) sowie Börsengängen (IPOs). Die Bank begleitete beispielsweise die Börsengänge der Postbank und von Premiere, den beiden größten IPOs in Deutschland in den vergangenen drei Jahren. Größere europäische Niederlassungen von Morgan Stanley finden sich neben Frankfurt an führenden Banken- und Börsenstandorten wie London, Paris, Mailand, Madrid und Zürich.

Der Name des Hauses Morgan Stanley geht zurück auf John Pierpont Morgan, den mächtigsten Bankier der amerikanischen Wirtschaft zu Beginn des

20. Jahrhunderts. 1933 wurde das Bankhaus aufgrund gesetzlicher Auflagen in eine Kreditbank sowie eine Investmentbank geteilt (Trennbankensystem). Die heutige Morgan Stanley wurde 1935 von Henry S. Morgan in New York gegründet. 1997 fusionierte Morgan Stanley mit dem Finanzdienstleister Dean Witter Discover & Co. aus San Francisco. Im Bilanzjahr 2004 betrugen die weltweiten Nettoeinkünfte von Morgan Stanley 23,8 Milliarden US-Dollar. Das verwaltete Vermögen belief sich auf 424 Milliarden US-Dollar. Morgan Stanley beschäftigte 2004 mehr als 53.000 Mitarbeiter in über 600 Büros in 28 Ländern, davon über 6.600 Angestellte in 13 europäischen Büros. Die 1987 in Deutschland gegründete Morgan Stanley Bank AG beschäftigte 2004 rund 260 Mitarbeiter.

Im Wettbewerb *Deutschlands Beste Arbeitgeber 2005* belegt Morgan Stanley Bank AG Gesamtrang 35 unter den Top 50-Arbeitgebern und Platz 13 in der Kategorie der Unternehmen von 100 bis 500 Mitarbeitern in Deutschland.

Unternehmensergebnisse
aus dem Wettbewerb 2005
7-8 Punkte: ausgezeichnet, 5-6 Punkte: sehr gut, 3-4 Punkte: gut.

Glaubwürdigkeit

Integrity – doing the right thing with the highest ethical and business standards – ist der zentrale Grundsatz der Unternehmensführung. Überdurchschnittliche 92 Prozent der Belegschaft sind der Meinung, die Geschäftspraktiken ihres Managements seien ehrlich und ethisch vertretbar. Ein Code of Conduct und ein Code of Ethics legen die Erwartungen an das firmeninterne und das Verhalten der Mitarbeiter außerhalb des Unternehmens dar und betonen überdies die Eigenverantwortlichkeit der Mitarbeiter. 95 Prozent zustimmende Antworten belegen, dass das Management auf die gute Arbeit der Mitarbeiter vertraut, ohne sie dabei ständig zu kontrollieren. Ein weiteres Element der Führungskultur ist eine offene interne Kommunikation. Online-basierte Foren und eine Politik der offenen Türen unterstützen die unkomplizierte Erreichbarkeit des Managements. Regelmäßig lädt der Vorstand sieben bis zehn Mitarbeiter zu so genannten *Lunch Sessions* ein. Sie dienen dem Austausch von Ideen, Anregungen und der Weitergabe von Informationen.

Respekt

Die Förderung der beruflichen Entwicklung aller Mitarbeiter ist ein zentrales Anliegen des Unternehmens, wie der folgende Mitarbeiterkommentar zeigt: „Gerade als Junior wird man sehr ernst genommen und bekommt früh Verantwortung. Die Rahmenbedingungen der Arbeit sind optimal." 97 Prozent der Befragten bestätigen, die notwendigen Mittel und die Ausstattung zu erhalten, um ihre Arbeit gut erledigen zu können. Darüber hinaus unterstützen definierte Entwicklungspfade, so genannte Tracks, und der jährliche *Performance Evaluation Process* die Karriereentwicklung der Mitarbeiter. Besonderer Einsatz wird durch interne Awards und Prämien gewürdigt. Wenn es die Geschäftsabläufe zulassen, wird durch flexible Arbeitszeit- und Arbeitsplatzgestaltung Rücksicht auf spezielle Wünsche der Mitarbeiter genommen. Wer möchte, kann über das Programm *Time Value*, ein Zeitwertmodell, Teile seiner Bezüge zurücklegen, um sich so einen früheren Eintritt in den Vorruhestand zu ermöglichen. Weiterhin engagiert sich das Unternehmen durch Zuschüsse zum Fitnesscenter, regelmäßige Gesundheitschecks, Rücken- und Ernährungskurse für seine Mitarbeiter. Hinzu kommt, dass das Gebäude und seine Einrichtung eine gute Arbeitsumgebung sind, was 86 Prozent der Befragten bestätigen.

Fairness

Gehalt und Lohnnebenleistungen, die die Mitarbeiter bei Morgan Stanley erhalten, sind sehr umfangreich, denn sie dienen nicht zu letzt dazu, Mitarbeiter sowohl zu gewinnen als auch zu binden. Dazu zählen kleinere Annehmlichkeiten wie kostenlose Getränke und kostenlose Verpflegung bei Überstunden. Das Unternehmen hat sich zum Ziel gesetzt, die talentiertesten Mitarbeiter zu beschäftigen und ein ausgewogenes Verhältnis zwischen den Geschlechtern verschiedener Nationalitäten, Glaubensrichtungen und Lebensformen herzustellen. Die Umsetzung dieses Gedankens obliegt einem hauptamtlichen Diversity Officer, zu dessen Aufgaben die Realisierung diverser Förderprogramme gehört. So werden beispielsweise weibliche Führungskräfte durch ein *Women's Development Programme* gefördert. Außerdem können Mitarbeiter/innen die Dienste eines Familienservices zur Hilfe bei der Betreuung von Kindern oder pflegebedürftigen Familienmitgliedern in Anspruch nehmen.

Stolz

Morgan Stanley zählt zu den weltweit führenden Investmentbanken und bietet eine Unternehmenskultur, die allen Mitarbeitern die Möglichkeit gibt, unternehmerisch tätig zu werden und eigene Ideen und Vorstellungen umzusetzten. Von der hohen Identifikation der Belegschaft mit ihrem Arbeitgeber zeugen 94 Prozent der Befragten, die der Aussage zustimmen, die Mitarbeiter seien bereit, einen zusätzlichen Einsatz zu leisten, um die Arbeit zu erledigen. 84 Prozent kommen gerne zur Arbeit. Einmal im Jahr findet ein Wettbewerb statt, zu dem Mitarbeiter benannt werden können, die sich durch vorbildliches Umsetzen der Firmenwerte oder durch herausragendes soziales Engagement ausgezeichnet haben. Für 84 Prozent der Mitarbeiter ist die Arbeit nicht einfach nur ein „Job", sondern hat eine besondere Bedeutung.

Teamorientierung

Das Unternehmen unterstützt die interne Zusammenarbeit und das Betriebsklima. Ein *Social Committee*, bestehend aus zwölf Mitgliedern, verfolgt das Ziel, die Mitarbeiter auch außerhalb der Bürozeiten abteilungsübergreifend zusammenzubringen, und lädt in unregelmäßigen Abständen zu Veranstaltungen und Freizeitaktivitäten wie Beach Volleyball, Weinproben oder Bowling ein. Des Weiteren veranstaltet das Unternehmen jährlich sowohl im Sommer als auch zu Weihnachten Feste für alle Mitarbeiter und deren Familien und Partner. Zudem hat das Unternehmen mit Erfolg Workshops entwickelt, um über Kollegialität und Arbeitsatmosphäre die Effektivität der Teamarbeit zu verbessern. So erleben 95 Prozent der Befragten, dass Mitarbeiter, die innerhalb der Organisation ihre Funktion oder die Abteilung wechseln, gut aufgenommen und integriert werden. 93 Prozent der Befragten loben die freundliche Arbeitsatmosphäre.

Drei Fragen an ...

Hans Jörg Schüttler, Vorsitzender des Vorstandes, 49 Jahre

Was muss Ihnen ein Unternehmen persönlich bieten, damit Ihnen die Arbeit Freude macht?
Fachliche Herausforderungen, interessante Transaktionen, an der Sache orientierte, unpolitische Entscheidungsfindung sowie die Arbeit im Team mit hochqualifizierten und engagierten Kollegen.

Welche Empfehlung für die Karriereentwicklung können Sie aufgrund Ihrer Erfahrung jungen Fach- und Führungskräften mit auf den Weg geben?
Focus and Intensity. Der Beitrag zum langfristigen Unternehmenserfolg sollte im Einklang mit dem Umfeld erbracht werden. Dabei bleibt genug Raum

für die individuellen Stärken. Die Übernahme von Verantwortung und der Aufbau von Netzwerken innerhalb und außerhalb des Unternehmens sind wichtig.

Wie lautet Ihr persönlicher Leitsatz für erfolgreiches Management?
Die Aufgabe des Managements liegt in der Unterstützung der Mitarbeiter, klarer Zielsetzung und gelegentlichem Weichenstellen.

Bewerberanforderungen

Was muss ein Bewerber mitbringen, damit er zu Morgan Stanley Bank passt?
Wir erwarten von Kandidaten Engagement, Tatkraft und Dynamik sowie unternehmerisches Denken. Ebenso wichtig ist uns, dass die Kandidaten sich mit unserer Unternehmenskultur identifizieren können, sie leben und aktiv gestalten.

Unternehmensfakten

Unternehmensname	Morgan Stanley Bank AG
Branche	Finanzdienstleistungen
Zahl der Mitarbeiter in 2004 in Deutschland	260
Gesamtmitarbeiter in 2004 (international/konzernweit)	53.200 international
Umsatz im Jahr 2004 international	23,8 Milliarden US-Dollar
Firmensitz	Junghofstraße 13–15, 60311 Frankfurt am Main

Homepage	www.morganstanley.com
Beschäftigte Berufsgruppen (nach ihrer Häufigkeit)	Professionals
Anfangsgehalt für Einsteiger (nach Berufsgruppen gereiht)	keine Angaben
Durchschnittliches Jahresgehalt nach fünf Jahren (gereiht nach Berufsgruppen)	keine Angaben
Bewerberinformationen	Morgan Stanley Bank AG Human Resources Junghofstr. 13–15 60311 Frankfurt www.morganstanley.com
Weiterbildungsstunden pro Jahr für die größte Berufsgruppe	circa 30 Stunden
Anteil der Mitarbeiter unter 35 in Prozent	49,0 Prozent
Frauenanteil in Prozent	42,4 Prozent

NATIONAL INSTRUMENTS
Germany GmbH, München

VIRTUELLE
INSTRUMENTE,
LEBENDIGE
KOMMUNIKATION

Das Management des Elektronikunternehmens NATIONAL

INSTRUMENTS zeichnet sich durch persönliche Kommunikation

aus. Neue Mitarbeiter fühlen sich willkommen.

NATIONAL INSTRUMENTS Germany ist die deutsche Niederlassung des im texanischen Austin beheimateten Mess- und Automatisierungstechnik-Spezialisten NATIONAL INSTRUMENTS (NI). Das Unternehmen ist einer der führenden Hersteller von Soft- und Hardware für PC-gestützte virtuelle Mess- und Automatisierungssysteme in den Bereichen Messtechnik, Motorensteuerung und Hochleistungsbildverarbeitung.

Ein zentrales Softwareprodukt von NI ist beispielsweise „LabVIEW", das Ingenieuren und Wissenschaftlern eine grafische Entwicklungsumgebung mit integrierten Funktionen der Signalerfassung, Messwertanalyse und Daten-präsentation für die Erstellung anwendungsspezifischer Mess- und Prüfsys-teme bereitstellt. Zu den Kunden von NI zählen weltweit mehr als 25.000 Firmen, darunter namhafte Unternehmen und Organisationen wie Micro-soft, Toshiba, NASA oder die U.S. Air Force.

NATIONAL INSTRUMENTS wurde 1976 gegründet und unterhält derzeit Direktvertriebsbüros in über 40 Ländern weltweit. Die deutsche Niederlas-sung wurde 1991 eröffnet und ist in den Bereichen Vertrieb, Service und Schulung tätig.

NATIONAL INSTRUMENTS Germany erwirtschaftete im vergangenen Ge-schäftsjahr einen Umsatz von 12,7 Millionen Euro und beschäftigte 114 Mit-arbeiter. Weltweit sind derzeit rund 3.500 Mitarbeiter für das Unternehmen tätig. Der Gesamtumsatz lag 2004 bei 514 Millionen US-Dollar.

Im Wettbewerb *Deutschlands Beste Arbeitgeber 2005* belegt die NATIO-NAL INSTRUMENTS Germany GmbH Gesamtrang 42 unter den Top 50-Ar-beitgebern und Platz 17 in der Kategorie der Unternehmen von 100 bis 500 Mitarbeitern in Deutschland.

Unternehmensergebnisse aus dem Wettbewerb 2005

7-8 Punkte: ausgezeichnet, 5-6 Punkte: sehr gut, 3-4 Punkte: gut.

Glaubwürdigkeit

Die Unternehmensleitsätze sind bei NATIONAL INSTRUMENTS in Form des *NI Triangles* dargestellt, dessen grafische Mitte den Mitarbeiter und dessen Erfolg im Unternehmen ausweist. Aufbauend auf die schriftlich fi-xierte Politik der offenen Tür setzt man auf eine Vielzahl von Kommunika-tionsmedien, die nach den Prinzipien ehrlich, regelmäßig, relevant und zu-treffend gestaltet sind. Beispielsweise sorgen das wöchentliche *Monday Morning Business Meeting*, die quartalsweise stattfindenden *Business Dis-cussions* und die Personalversammlungen für einen transparenten Informa-tionsfluss. *ORGA-Meetings* ermöglichen im institutionalisierten Rahmen ein Feedback an Abteilungsleiter und Geschäftsführung. Besonders geschätzt wird von den Befragten die gerade zwischen den Hierarchien gut funktio-nierende Kommunikation: „Der Geschäftsführer kennt alle Mitarbeiter mit Namen, ist bei der Einstellung und später bei den Trainings mit dabei und motiviert sehr gut", sagt ein Mitarbeiter lobend. Die gute und unkomplizier-te Erreichbarkeit des Managements bestätigen dementsprechend heraus-ragende 90 Prozent der befragten Mitarbeiter.

Respekt

Die langfristige Bindung der Mitarbeiter an das Unternehmen ist erklärtes Firmenziel. Hierzu zählt, den Mitarbeitern ein angenehmes Arbeitsumfeld zu bieten. 87 Prozent der Beschäftigten bejahen die Aussage, dass sie die notwendigen Mittel und die Ausstattung erhalten, um ihre Arbeit gut auszu-führen. Zusätzliche Leistungen wie kostenlose Getränke während der Ar-beitszeit, Geschäftsessen und Firmenfeiern runden das Angebot ab. Schlüs-selpositionen werden nur in Ausnahmefällen extern besetzt. Alle derzeiti-gen Führungskräfte wurden intern weiterentwickelt und auf ihre jetzige Stelle gezielt vorbereitet. „Lebenslanges Lernen ist nicht nur eine Worthül-se oder ein Motto – es gilt für jedermann", kommentiert ein Mitarbeiter. Ein attraktives Bonussystem, das sich aus unternehmenseinheitlichen und indi-viduell verhandelten Komponenten zusammensetzt, vermittelt Anerken-nung für Geleistetes.

Fairness

Durch gezielte Einstellungen wurde der Frauenanteil im Unternehmen in den letzten Jahren erhöht. Unter den 22 Führungskräften der unteren bezie-hungsweise mittleren Führungsebene befinden sich derzeit acht Frauen. Von den drei Personen der Geschäftsführung ist eine weiblich. Home-Of-fice- und Teilzeitregelungen ermöglichen Männern wie Frauen die Verein-barung von Beruf und Familie. Eine faire und geschlechtsunabhängige Be-handlung erleben überdurchschnittliche 96 Prozent der befragten Belegschaft. Mit Ausnahmen der klassischen Einsteigerpositionen für Hochschulabsolventen wird gemäß der Unternehmensleitlinie im Rahmen der Personalrekrutierung älteren Bewerbern bei gleicher Qualifikation Chancengleichheit garantiert.

Stolz

Mitarbeiter von NATIONAL INSTRUMENTS arbeiten stets mit den neuesten Technologien. Das Wachstum der letzten Jahre und die globale Präsenz er-möglichen es jedem Einzelnen, neue Perspektiven und Entwicklungsmög-lichkeiten wahrzunehmen und sich mit dem Unternehmen zu identifizieren. NATIONAL INSTRUMENTS Germany in München zählt neben Tokio zu den weltweit größten Niederlassungen. Loyalität dem Unternehmen gegenüber wird belohnt: Zehn und mehr Jahre Betriebszugehörigkeit werden mit Extrabonus und Auszeichnung anerkannt. 81 Prozent der Beschäftigten glauben, im Unternehmen einen wichtigen Beitrag leisten zu können.

Teamorientierung

Neue Mitarbeiter werden mit einem Begrüßungspaket im Team willkommen geheißen. Das Mitarbeiterfrühstück mit dem Geschäftsführer erleichtert den Kontakt zum oberen Management. 91 Prozent der Befragten sagen aus: Als neuer Mitarbeiter fühlt man sich im Unternehmen willkommen. Zudem bieten die ungewöhnlich ausführlichen Bewerbungsgespräche, die einen ganzen Tag dauern können, allen Beteiligten, Bewerber wie Firma, nicht nur eine gute Entscheidungsgrundlage. Der Bewerber lernt hierbei auch zukünftige Kollegen kennen, die bei der Entscheidung ein Mitspracherecht zuerkannt bekommen. Ausgezeichnete Geschäftsergebnisse, Geburtstage und Jubiläen werden gerne zum spontanen Feiern genutzt, und die Firma steuert Verpflegung und Getränke bei. Teambuilding-Events in den bayerischen Alpen werden von den Abteilungsleitern tatkräftig und finanziell unterstützt. Überdurchschnittliche 90 Prozent sagen von sich: „Ich kann im Unternehmen ‚ich selbst sein' und brauche mich nicht zu verstellen."

Drei Fragen an ...

Michael Dams, Geschäftsführer, 47 Jahre

Was muss Ihnen ein Unternehmen persönlich bieten, damit Ihnen die Arbeit Freude macht?
Einen Freiraum zur Umsetzung eigener Ideen, eine finanzielle Grundsicherung und die Gewissheit, fair behandelt zu werden.

Welche Empfehlung für die Karriereentwicklung können Sie aufgrund Ihrer Erfahrung jungen Fach- und Führungskräften mit auf den Weg geben?
Nicht auf Kosten anderer Erfolge für sich einnehmen, lieber einmal mehr jemanden für dessen Einsatz und Beitrag würdigen. Rechtzeitig Vertrauen in Delegation entwickeln, denn man kann nur mehr leisten, wenn andere mithelfen können. Ausreichend Zeit mit den Stars, d. h. den wirklich guten Mitarbeitern, verbringen. Führungskräfte verbreiten Schwung und tolerieren es, wenn doch einmal ein Fehler passiert. Keine Angst vor schwierigen Ent-

scheidungen zulassen, aber den richtigen Zeitpunkt finden. Versuchen, Vorbild zu sein, aber nicht Unfehlbarkeit vorspielen.

Wie lautet Ihr persönlicher Leitsatz für erfolgreiches Management?
It's okay to have fun!

Bewerberanforderungen

Was muss ein Bewerber mitbringen, damit er zu NATIONAL INSTRUMENTS passt?
Sie sollten neben guten Englischkenntnissen und Spaß am Arbeiten mit Kunden auch ein hohes Maß an Engagement mitbringen. Ein Auslandsaufenthalt wäre von Vorteil. In den Bereichen Application Engineering und Vertrieb sind eine sehr gute Kommunikationsfähigkeit und ein überzeugendes persönliches Auftreten wichtig. Auch zeichnen Sie Qualitätsbewusstsein, Eigeninitiative und Begeisterungsfähigkeit aus. Dafür erwarten Sie ein gutes Betriebsklima und viel Freiraum für Ihre Ideen.

Unternehmensfakten

Unternehmensname	NATIONAL INSTRUMENTS Germany GmbH
Branche	Elektrotechnik/Elektronik
Zahl der Mitarbeiter in 2004 in Deutschland	114
Gesamtmitarbeiter in 2004 (international/konzernweit)	mehr als 3.000 Mitarbeiter weltweit
Umsatz im Jahr 2004 international	2003: 11,0 Millionen Euro 2004: 12,7 Millionen Euro

Firmensitz	Konrad-Celtis-Str. 79 81369 München
Homepage	www.ni.com/germany www.ni.com
Beschäftigte Berufsgruppen (nach ihrer Häufigkeit)	Hochschulabsolventen der Elektrotechnik/ Mechatronik/physikalischen Technik und ähn- licher Fachbereiche, staatlich geprüfte Elek- trotechniker sowie kaufmännisches Personal
Anfangsgehalt für Einsteiger (nach Berufsgruppen gereiht)	nach Vereinbarung
Durchschnittliches Jahresge- halt nach fünf Jahren (gereiht nach Berufsgruppen)	nach Vereinbarung
Bewerberinformationen	www.ni.com/germany
Weiterbildungsstunden pro Jahr für die größte Berufs- gruppe	190 Stunden
Anteil der Mitarbeiter unter 35 in Prozent	76,3 Prozent
Frauenanteil in Prozent	35,1 Prozent

norisbank AG, Nürnberg

n✺risbank

PROFIT MIT LEISTUNG UND SPASS

Die Norisbank zeichnet sich durch eine Unternehmenskultur aus, die Leistung würdigt. Erfolge werden gemeinsam gefeiert.

Die dem FinanzVerbund der Volks- und Raiffeisenbanken zugehörige norisbank AG mit Hauptsitz in Nürnberg ist ein konsumentenorientiertes Kreditinstitut. Besonders spezialisiert hat sich das 1998 aus der Fusion der Franken WKV Bank mit der Noris Verbraucherbank hervorgegangene Unternehmen auf das Ratenkreditgeschäft. Wachstumsträger Nummer eins des Geldhauses ist derzeit der Konsumentenkredit „easyCredit". Zahlreiche Partnerbanken des FinanzVerbundes werden in diesem Segment von der norisbank betreut. Als Retail-Bank bietet die norisbank Privatkunden zudem alle wesentlichen Bankdienstleistungen wie Giro, Sparen, Fonds, Vorsorge und Kredite. Neben der Filialbetreuung bietet die norisbank ihren Kunden zahlreiche webBanking-Angebote.

Eigentümer der norisbank AG ist seit 2003 die DZ-Bank, eine Zentralbank der Volksbanken Raiffeisenbanken mit rund 1.200 angeschlossenen genossenschaftlichen Instituten.

Die norisbank war 2004 bundesweit mit 99 Filialen vertreten und betreut derzeit rund 500.000 Kunden. Die Bilanzsumme betrug 3,9 Milliarden Euro, die Kundeneinlagen beliefen sich auf 1,8 Milliarden Euro. Im Geschäftsjahr 2004 waren insgesamt 1.126 Mitarbeiter bei der norisbank beschäftigt.

Im Wettbewerb *Deutschlands Beste Arbeitgeber 2005* belegt die norisbank AG Gesamtrang 49 unter den Top 50-Arbeitgebern und Platz 24 in der Kategorie der Unternehmen von 501 bis 5.000 Mitarbeitern in Deutschland.

Unternehmensergebnisse aus dem Wettbewerb 2005

7-8 Punkte: ausgezeichnet, 5-6 Punkte: sehr gut, 3-4 Punkte: gut.

Glaubwürdigkeit

Größtmögliche Transparenz hinsichtlich der internen Kommunikation ist das angestrebte Ziel der norisbank. So werden beispielsweise die Inhalte des jährlichen Strategietreffens zu Beginn des Geschäftsjahres allen Mitarbeitern im Intranet zugänglich gemacht. Die Inhalte werden dabei ungefiltert dokumentiert und durch die persönlichen Erläuterungen der unmittelbaren Führungskräfte ergänzt. Auch haben Auszubildende Gelegenheit, Vorstandsmitglieder persönlich und direkt zu erleben. Bei den jährlichen Einführungsseminaren beispielsweise steht der Vorstand allen Auszubildenden Rede und Antwort. Insgesamt erleben überdurchschnittliche 82 Prozent der Befragten, dass ihr Management seinen Worten Taten folgen lässt. Führungskräfte, „die für ihre Mitarbeiter durch dick und dünn gehen", prägen nach Meinung eines Befragten die Zusammenarbeit bei der norisbank. Dementsprechend sind sich 85 Prozent der Befragten sicher, das Management wähle Kündigungen nur als letzten Ausweg.

Respekt

Entwicklungsrunde, Mitarbeitergespräch, Potenzialworkshop und Entwicklungsmaßnahme sind die vier Module, auf denen das Personalentwicklungsprogramm bei der norisbank basiert. Die Mitarbeiter bekommen jedes Quartal die Gelegenheit, sich in fachlichen wie überfachlichen Belangen weiterzuentwickeln. Im Rahmen des „Ideenmanagements" und der KV-Prozesse fördert und fordert das Unternehmen die Zusammen- und Mitarbeit der gesamten Belegschaft. Teil des kooperativen Führungsstils ist, dem Grundsatz folgend, „Betroffene zu Beteiligten machen", die Mitarbeiter frühzeitig und umfassend in die betrieblichen Entscheidungsprozesse mit einzubinden. Zudem äußern überdurchschnittliche 80 Prozent der Mitarbeiter im Rahmen der Befragung, dass das Management Anerkennung für gute Arbeit und besonderen Einsatz zeigt. Es werden dabei unter anderem Geschenk- oder Essensgutscheine ausgegeben, um Annerkennung für herausragendes Engagement zu zeigen.

Fairness

Die Entlohnung bei der norisbank wird von überdurchschnittlichen 75 Prozent der Befragten als angemessen empfunden. Die zufrieden stellende Entlohnung wird noch durch eine Reihe attraktiver Lohnnebenleistungen ergänzt. Diese umfassen etwa einen monatlichen Fahrtkostenzuschuss, diverse Jubiläumszahlungen und umfangreiche Möglichkeiten, die Finanzprodukte des Hauses zu besonderen Konditionen in Anspruch nehmen zu können. In puncto Neutralität und Gerechtigkeit ist es aktuelles Ziel der Personalstrategie, den Anteil der Frauen im Management, der derzeit bei circa 34 Prozent liegt, deutlich zu erhöhen. Das Vertrauensarbeitszeitmodell trägt dabei in besonderem Maße dazu bei, Karriere und Familie miteinander in Einklang zu bekommen. Insgesamt liegt im Bereich Fairness eine Stärke des Unternehmens. 92 Prozent fühlen sich unabhängig von ihrer Position als vollwertiges Mitglied behandelt.

Stolz

Entscheidender Grund für die starke Identifikation der Mitarbeiter mit ihrem Arbeitgeber ist die kontinuierliche Beteiligung an der Erfolgsgeschichte des jungen Unternehmens, die vor dem Hintergrund der ansonsten stagnierenden Entwicklung im Bankengewerbe noch mehr Gewicht erhält. Für 89 Prozent der Befragten hat die Arbeit dementsprechend eine besondere Bedeutung und ist nicht einfach nur ein „Job". Darüber hinaus bietet das soziale Engagement der Bank ein großes Identifikationspotenzial für die Mitarbeiter. Aktionen in Zusammenarbeit mit der Deutschen Kinder-Krebshilfe, der Bürgerstiftung Nürnberg und der Blindeninstitutsstiftung werden von den Mitarbeitern mitgetragen und wurden teilweise von diesen in ihrer Freizeit angeschoben. Die ausgeprägte Loyalität der Mitarbeiter zu ihrem Unternehmen zeigt sich auch dadurch, dass überdurchschnittliche 82 Prozent in Betracht ziehen, bis zu ihrem Ruhestand hier zu arbeiten.

Teamorientierung

Leitmotiv des Unternehmens ist es, „eine Spaß-Leistungskultur zu leben". Strukturell findet dieses Motiv in den Vertriebswettbewerben zwischen einzelnen Filialen seine Entsprechung. Dem Teamgedanken folgend, werden die Prämien für gesamte Filialen ausgeschrieben. Mitarbeiterfeste und gemeinsame Grillabende geben den Angestellten Gelegenheit, sich auch außerhalb der Arbeitszeit auszutauschen und besser kennen zu lernen. Auch hier zeigt sich eine besondere Stärke des Unternehmens: 93 Prozent der Befragten bestätigen, dass Mitarbeiter gut aufgenommen und integriert werden, wenn sie innerhalb der Organisation ihre Funktion oder die Abteilung wechseln. 94 Prozent loben die freundliche Arbeitsatmosphäre.

Drei Fragen an ...

Theophil Graband, Vorstandsvorsitzender norisbank AG, 50 Jahre

Was muss Ihnen ein Unternehmen persönlich bieten, damit Ihnen die Arbeit Freude macht?

Freude an der Arbeit resultiert aus der Herausforderung an die Führungsaufgabe. Hierzu gehören insbesondere die Gestaltungsmöglichkeiten, also die Freiheit, Dinge zu verändern und neu auszurichten, um ein Unternehmen in den Erfolg zu führen. Erfolg ist hierbei kein kurzfristiges Ereignis, sondern hat eine nachhaltige Dimension, die sich insbesondere an der Ertragskraft ablesen lässt. Freude an der Arbeit ist aber immer auch an Menschen gekoppelt, an Mitarbeiter, mit denen man im direkten Kontakt und Austausch steht, als auch an die gesamte Mannschaft. Hier müssen sich Führung, Motivation und Leistungsbereitschaft wechselseitig verstärken.

Welche Empfehlung für die Karriereentwicklung können Sie aufgrund Ihrer Erfahrung jungen Fach- und Führungskräften mit auf den Weg geben?

Karriere ist letztlich für den Nachwuchs immer eine Frage, mit wie viel Spaß sie an ihre Aufgaben herangehen. Nur die Herausforderungen, die man gern annimmt, lassen sich auch angemessen bewältigen. Ohne Lust auf Höchstleistung können in den seltensten Fällen die geforderten Arbeitsergebnisse erreicht werden. Dabei ist es aber auch wichtig, niemals das eigene, persönliche Profil aufzugeben. Denn der Weg auf der Karriereleiter ist an Charaktere gekoppelt, die einen als Mensch und Mitarbeiter unverwechselbar machen.

Wie lautet Ihr persönlicher Leitsatz für erfolgreiches Management?

Man muss wissen, was man kann. Das muss man perfekt umsetzen.

Bewerberanforderungen

Was muss ein Bewerber mitbringen, damit er zur norisbank passt?
Das Leitmotiv der norisbank heißt „Erfolg durch Spaß-Leistungskultur". Dahinter steht die Erfahrung, dass nur Mitarbeiter mit Spaß am Job auch Top-Arbeitsergebnisse produzieren. Spaß an der Arbeit resultiert aus emotionaler, fachlicher und finanzieller Anerkennung. Die norisbank setzt in ihrer Personalpolitik auf einen Nachwuchs, der – neben fachlicher und sozialer Kompetenz – diese Leistungsbereitschaft tatsächlich mitbringt. Darüber hinaus gehört eine große Neugier im Sinne einer kontinuierlichen Veränderungsbereitschaft mit zum Wunschprofil.

Unternehmensfakten

Unternehmensname	norisbank AG
Branche	Finanzdienstleistungen
Zahl der Mitarbeiter in 2004 in Deutschland	1.126
Umsatz im Jahr 2004 national	Neugeschäft easyCredit: 1,4 Milliarden Euro; Bilanzsumme: 3,9 Milliarden Euro
Firmensitz	90489 Nürnberg Rathenauplatz 12–18
Homepage	www.norisbank.de www.easyCredit.de
Beschäftigte Berufsgruppen (nach ihrer Häufigkeit)	1. Fachspezialisten und Führungskräfte im Vertrieb von Kredit- und kreditnahen Produkten 2. Fachspezialisten und Führungskräfte in der Kredit-Produktion (easyCredit)

Anfangsgehalt für Einsteiger (nach Berufsgruppen gereiht)	1. 53.000 Euro 2. 49.000 Euro
Durchschnittliches Jahresgehalt nach fünf Jahren (gereiht nach Berufsgruppen)	1. 73.000 Euro 2. 65.000 Euro
Bewerberinformationen	www.norisbank.de
Weiterbildungsstunden pro Jahr für die größte Berufsgruppe	Kundenberater: circa 30 Std. per annum
Anteil der Mitarbeiter unter 35 in Prozent	28,9 Prozent
Frauenanteil in Prozent	65,7 Prozent

Novartis Pharma GmbH, Nürnberg

ᘯ NOVARTIS

PHARMA MIT SOZIALER VERANTWORTUNG

Der Pharmakonzern Novartis unterstützt die berufliche Entwicklung seiner Mitarbeiter und fördert das soziale Engagement der Belegschaft.

Die Novartis Pharma GmbH nimmt als deutsche Tochter der Pharmasparte der Schweizer Novartis AG eine führende Position unter den forschenden Arzneimittelherstellern in Deutschland ein. Das Unternehmen entwickelt, produziert und vertreibt ein umfangreiches Portfolio verschreibungspflichtiger Arzneimittel für ein breites Therapiespektrum in der Humanmedizin. Die Novartis Pharma GmbH mit Firmenzentrale in Nürnberg ist eine von insgesamt zehn Novartis-Gesellschaften in Deutschland.

Entstanden ist der Basler Healthcare-Konzern Novartis 1996 durch die Fusion der Schweizer Traditionsfirmen Ciba-Geigy und Sandoz, dem bis dahin größten Unternehmenszusammenschluss in der Wirtschaftsgeschichte. Die Novartis Pharma GmbH erwirtschaftete 2004 in Deutschland einen Umsatz von 813 Millionen Euro und beschäftigte 1.730 Mitarbeiter. Der Produktionsstandort im badischen Wehr wurde als eigenständige Einheit 2004 rechtlich selbstständig. Der Konzernumsatz der Novartis AG in den Geschäftsbereichen Humanpharma, Consumer Health, Generika, Augenheilmittel sowie Tiergesundheit lag bei 28,2 Milliarden US-Dollar mit 81.400 Beschäftigten in über 140 Ländern.

Im Wettbewerb *Deutschlands Beste Arbeitgeber 2005* belegt die Novartis Pharma GmbH Gesamtrang 45 unter den Top 50-Arbeitgebern und Platz 22 in der Kategorie der Unternehmen von 501 bis 5.000 Mitarbeitern in Deutschland.

Unternehmensergebnisse aus dem Wettbewerb 2005

7-8 Punkte: ausgezeichnet, 5-6 Punkte: sehr gut, 3-4 Punkte: gut.

Glaubwürdigkeit

Die Personalpolitik orientiert sich an den Grundsätzen von Fairness, Offenheit und gegenseitiger Achtung. In der täglichen Praxis zeigen sich diese Prinzipien unter anderem an der „Geschäftsleitung zum Anfassen". Bei Novartis ist es zum Beispiel durchaus üblich, beim täglichen Mittagessen mit einzelnen Mitgliedern der Geschäftsleitung zwanglos zusammen zu sitzen und Themen anzusprechen, die einem jeweils besonders wichtig erscheinen. Überdies hat das Management auch im informativen Rahmen stets ein offenes Ohr für die Belange der Mitarbeiter, was Maßnahmen wie *Four-o'clock-tea* und regelmäßige „Bürotouren" der Geschäftsleitung belegen. Eigens eingerichtete Online-Foren wie etwa „Fragen Sie Emmanuel Puginier" helfen, die direkte Kommunikation zwischen Geschäftsführer und Mitarbeiter zu ergänzen. Besonders hervorzuheben sind die Aktivitäten, die dazu beitragen, den Firmenkodex umzusetzen. Neben Informationsveranstaltungen mit allen Mitarbeitern ist beispielsweise ein interaktives E-Training zum Kodex installiert, das alle Mitarbeiter absolvieren müssen.

Respekt

Bereits vor der Arbeitsaufnahme werden neue Mitarbeiter im Rahmen des firmeneigenen globalen Einarbeitungsprogramms *GO!* mit den Strukturen, Strategien und Abläufen des Unternehmens ebenso wie mit den Prozessen und Systemen der Personalentwicklung vertraut gemacht. Im Zuge der fortlaufenden Qualifizierung finanziert Novartis neben funktionalen Trainings insbesondere Weiterbildungsmaßnahmen zum Führungsverhalten und persönlichen Fertigkeiten wie zum Beispiel Rhetorik, Präsentationstechniken oder Zeit- und Selbstmanagement. Darüber hinaus werden MBA-Kurse sowie Fortbildungen mit geprüften (IHK-)Abschlüssen finanziell unterstützt. Regelmäßig werden weiterführende Potenziale und die nötigen Entwicklungsschritte ermittelt. Die Mitarbeiter bekommen hierbei Unterstützung durch ein breites Spektrum von Maßnahmen wie Mentoring, Coaching, Seminare renommierter Anbieter und nicht zuletzt eine weiterführende Position. Die Einbeziehung der Teammitglieder bei der Einstellung neuer Mitarbeiter sowie die Durchführung von Open-Space-Veranstaltungen und Mitarbeiterbefragungen sprechen für die ausgeprägte, gute Qualität der innerbetrieblichen Zusammenarbeit.

Fairness

Die als Cafeteria-Systems angebotenen umfangreichen Zusatzleistungen sprechen insgesamt für eine ausgewogene Teilhabe aller im Hinblick auf Vergütung und materielle Anerkennung. Neben diversen Sonderzahlungen bei Jubiläen und privaten Anlässen sowie einer verbilligten Monatskarte für den öffentlichen Nahverkehr gewährt Novartis eine verlängerte Entgeltfortzahlung im Krankheitsfall und ein umfassendes Paket an subventionierten Versicherungen für den privaten Kontext. Für die hohe Sensibilität des Unternehmens bezüglich des Themas Diversity sprechen das eigens eingesetzte *Diversity Council* unter der Leitung eines weiblichen Geschäftsleitungsmitgliedes sowie der Kodex-Beauftragte. Direkte Folge dieser Bemühungen ist unter anderem der Anstieg der Zahl der weiblichen Mitarbeiter in der mittleren und oberen Führungsebene. Bei Neueintritten liegt die Quote bereits bei 50 Prozent. Auf der obersten Führungsebene sind derzeit vier der zehn Vertreter weiblich. Den grundsätzlich fairen Umgang im Unternehmen belegen beispielsweise die freiwilligen Sozialleistungen, die auch für eingetragene gleichgeschlechtliche Lebenspartnerschaften gewährt werden.

Stolz

Novartis zeigt sich als ein Unternehmen, das seine gesellschaftliche Verantwortung ernst nimmt und durch vielfältige Aktivitäten unter Beweis stellt. Mit dem Ziel, Krankheiten wie Lepra und Malaria einzudämmen, engagiert sich Novartis als Partner der WHO auf globaler Ebene durch die Ausgabe von Medikamenten kostenlos oder zum Selbstkostenpreis. Anlässlich des jährlich stattfindenden *Community Partnership Day* werden weltweit Mitarbeiter für einen Arbeitstag bezahlt freigestellt, um sich für vielfältige soziale Aktivitäten engagieren zu können. Auf dem Programm können dann etwa das Renovieren einer Kindertagesstätte oder die Gestaltung eines Kinderspielplatzes bei einer Klinik stehen. Dementsprechend betonen überdurchschnittliche 94 Prozent der Befragten, dass ihre Arbeit eine besondere Bedeutung für sie hat und nicht einfach nur ein „Job" ist.

Teamorientierung

„Ich fühle mich als Mensch, so wie ich bin, wertgeschätzt", beschreibt ein Mitarbeiter die wechselseitige Wertschätzung durch die Kollegen. Jeder einzelne Mitarbeiter – vom Vorsitzenden der Geschäftsführung bis zu den neuen Auszubildenden – ist mit Foto und persönlichen Angaben im Intranet dargestellt, was die gegenseitige Ansprache und den Teamgeist fördert. Durch Teambuilding-Workshops, regelmäßige gemeinsame Abteilungsessen und Stammtische unterstützt Novartis das Miteinander und die Zusammenarbeit. Wenn Mitarbeiter innerhalb der Organisation ihre Funktion oder die Abteilung wechseln, werden sie gut aufgenommen und integriert, bestätigen 84 Prozent der Befragten. In der Freizeit treffen sich Teile der Belegschaft zu vielfältigen Aktivitäten. Sie verbringen beispielsweise gemeinsame Ski-Wochenenden oder nehmen als Team am Nürnberger Stadtlauf teil.

Drei Fragen an ...

Dr. Emmanuel Puginier, Vorsitzender der Geschäftsführung Novartis Pharma GmbH, 43 Jahre

Was muss Ihnen ein Unternehmen persönlich bieten, damit Ihnen die Arbeit Freude macht?

Für mich ist ein anspruchsvolles und herausforderndes Umfeld wichtig. Ich möchte gefordert werden und mich bei meiner Arbeit weiterentwickeln und Neues lernen. Es macht mir Freude, Situationen auf der Grundlage von Fakten zu analysieren, zu bewerten und Entscheidungen zu treffen. Dazu braucht man ein Team von motivierten, kompetenten und engagierten Mitarbeitern, die Spaß an ihrem Job haben.

Welche Empfehlung für die Karriereentwicklung können Sie aufgrund Ihrer Erfahrung jungen Fach- und Führungskräften mit auf den Weg geben?

Entscheidend ist, immer die bevorstehenden Aufgaben und die eigenen Möglichkeiten im Blick zu haben. Es kommt nicht so sehr auf die eigene Position und Hierarchie an. Man muss stattdessen immer bereit sein, neue Wege zu gehen und etwas zu riskieren. Gleichzeitig sollte man mobil und flexibel sein – räumlich wie geistig. Und man sollte bestrebt sein, mit seinem Handeln einen messbaren und nachhaltigen Erfolg zu erzielen.

Wie lautet Ihr persönlicher Leitsatz für erfolgreiches Management?

Einen Leitsatz habe ich nicht, aber ein Grundprinzip: Erfolgreiches Management setzt voraus, dass man eine vernünftige Strategie hat und bei der Umsetzung jeden Tag exakt auf alle Details achtet. Die Strategie muss klar und eindeutig im Unternehmen kommuniziert werden, Informationen und Entscheidungen müssen transparent sein. Die erfolgreiche Umsetzung beginnt schon bei der Personalauswahl und wird unterstützt durch entsprechende Personalentwicklungsmaßnahmen. Messbare Ziele und die mit deren Erreichung verbundene leistungsbezogene Vergütung fördern die Motivation und Zielstrebigkeit im Team. Die Realisierung kann zudem beschleunigt werden, indem Entscheidungen auf vielen verschiedenen Ebenen im Unternehmen getroffen werden und somit die Kompetenz aller Mitarbeiter genutzt wird.

Bewerberanforderungen

Was muss ein Bewerber mitbringen, damit er zu Novartis Pharma passt?

Am besten passen Bewerber zu uns, die sich in einem leistungsorientierten Umfeld wohl fühlen, die innovativ denken, bereit sind, ganz neue Wege zu gehen, proaktiv neue Herausforderungen suchen und dabei auch unternehmerisch denken und handeln. Außerdem sollten die Bewerber bereit sein, persönlich Verantwortung für ihre Aufgaben und Projekte zu übernehmen, aber auch unser Konzept der sozialen Verantwortung zu teilen und voranzutreiben. Ausgeprägte Teamfähigkeit, Engagement und eine hohe Flexibilität sowohl hinsichtlich der Aufgaben als auch im Hinblick auf nationale und internationale Einsätze runden das Idealprofil ab.

Unternehmensfakten

Unternehmensname	Novartis Pharma GmbH
Branche	Pharma

Zahl der Mitarbeiter in 2004 in Deutschland	1.730
Gesamtmitarbeiter in 2004 (international/konzernweit)	81.400
Umsatz im Jahr 2004 national	Umsatz in 2004: 813 Millionen Euro (in Deutschland)
Umsatz im Jahr 2004 international	Umsatz in 2004: 28,2 Milliarden US-Dollar
Firmensitz	Roonstraße 25 90429 Nürnberg
Homepage	Novartis Pharma Deutschland: www.novartispharma.de Holding (Deutschland): www.novartis.de Konzern (weltweit): www.novartis.com
Beschäftigte Berufsgruppen (nach ihrer Häufigkeit)	Mediziner, Biologen, Chemiker, Pharmazeuten, Wirtschaftswissenschaftler, Informatiker
Anfangsgehalt für Einsteiger (nach Berufsgruppen gereiht)	40.000 bis 50.000 Euro per annum zuzüglich leistungsbezogene Prämie
Durchschnittliches Jahresgehalt nach fünf Jahren (gereiht nach Berufsgruppen)	keine Angaben
Bewerberinformationen	Novartis Pharma GmbH Roonstraße 25 90429 Nürnberg Tel.: 0911 273-0 www.novartispharma.de
Weiterbildungsstunden pro Jahr für die größte Berufsgruppe	circa zwei bis zehn Tage im Jahr, je nach Funktion und Aufgabe
Anteil der Mitarbeiter unter 35 in Prozent	20 Prozent
Frauenanteil in Prozent	52 Prozent

O$_2$ (Germany) GmbH & Co. OHG, München

O$_2$

WE CAN DO

Das Selbstverständnis des Mobilfunkanbieters O$_2$ stiftet in der Belegschaft eine hohe Identifikation und motiviert zu besonderem Einsatz.

Der Mobilfunknetzbetreiber O$_2$ Germany mit Zentrale in München ist eine Tochter der britischen Holding O$_2$ plc. Unter der Marke O$_2$ sind dort Mobilfunkgesellschaften aus Großbritannien, Deutschland, Irland und der Isle of Man zusammengeschlossen. O$_2$ plc hat mehr als 23 Millionen Kunden in diesen Ländern.

O$_2$ Germany ist im Jahr 2002 aus der deutschen VIAG Interkom hervorgegangen. Heute ist O$_2$ Germany der viertgrößte Mobilfunknetzbetreiber in Deutschland. Der Kundenstamm umfasste Ende 2004 rund 7,4 Millionen Mobilfunkkunden (Vertrags- und Prepaid-Kunden). Mittels umfangreicher Netzinfrastruktur bietet O$_2$ neben innovativen Postpaid- und Prepaid-Produkten auch mobile Datendienste auf Basis der GPRS-Technologie für Privat- und Geschäftskunden in Deutschland an. Das Unternehmen vermarktet zudem seit Juli 2004 Produkte für die neue Mobilfunkgeneration UMTS.

Das deutschlandweite Vertriebsnetz von O$_2$ umfasst rund 540 O$_2$-Shops und O$_2$-Partnershops, 9.000 Fachhändler, Großmärkte sowie weitere Vertriebskanäle, darunter auch eine Kooperation mit dem Tchibo-Konzern.

O_2 ist in Deutschland derzeit mit 20 Niederlassungen vertreten und beschäftigte zum 31.12.2004 rund 3.800 Mitarbeiter. Der erzielte Umsatz lag im ersten Halbjahr des Geschäftsjahres 2004/2005 (April bis September 2004) bei 1,31 Milliarden Euro.

Im Wettbewerb *Deutschlands Beste Arbeitgeber 2005* belegt O_2 Germany den Gesamtrang 21 unter den Top 50-Arbeitgebern und Platz 11 in der Kategorie der Unternehmen von 501 bis 5.000 Mitarbeitern.

Unternehmensergebnisse aus dem Wettbewerb 2005

7-8 Punkte: ausgezeichnet, 5-6 Punkte: sehr gut, 3-4 Punkte: gut.

Glaubwürdigkeit

„O_2 can do." Dieser Slogan ist Markenversprechen und Selbstverständnis zugleich. Mitarbeiterorientierung als Prinzip der Personalführung ist bei O_2 in den Firmengrundsätzen verankert. Dies bedeutet unter anderem die umfassende Bereitstellung aller Informationen, welche die Mitarbeiter benötigen, um ihre Arbeit gut zu erledigen. Zur Information der Mitarbeiter sowie zur Berichterstattung über aktuelle Unternehmensgeschehnisse wird ein breites Spektrum von Kommunikationsmitteln eingesetzt, das vom unternehmenseigenen Fernsehkanal über Intranet und Newsletter bis hin zur sechs Mal jährlich erscheinenden Mitarbeiterzeitung reicht. Der Mitarbeiterinformation zu aktuellen Themen hinsichtlich des Status quo der Umsetzung der Unternehmensstrategie dient auch eine Serie von Veranstaltungen, die in Form einer Tour durch die regionalen Unternehmensstandorte organisiert sind. Bei diesen Veranstaltungen stellen sich auch Mitglieder der Geschäftsführung den Fragen der Mitarbeiter. Generell legt das Management großen Wert auf die nachhaltige Vermittlung der Unternehmensstrategie. Ziel ist es, jedem Mitarbeiter die Möglichkeit zu geben, am Unternehmensgeschehen teilzunehmen und seinen persönlichen Teil zum Unternehmenserfolg beizutragen. Die Befragungsergebnisse bestätigen den Erfolg dieser offenen Kommunikation: Überdurchschnittliche 91 Prozent der Befragten loben die kompetente Führung des Unternehmens. Weitere 92 Prozent der Belegschaft bewerten zudem die Geschäftspraktiken des Managements als ehrlich und ethisch vertretbar.

Respekt

O_2 bietet allen Mitarbeitergruppen sehr individuell zugeschnittene Weiter-
bildungs- und Entwicklungsmöglichkeiten. Die Programme reichen von Maßnahmen im Rahmen des *Performance Management System* über das *Agent
Development Program* für geringer Qualifizierte bis hin zu diversen Weiterbildungen zur Fach- und Führungslaufbahn inklusive einer dezidierten Förderung von High Potentials. Dabei legt das Unternehmen besonderen Wert auf
die Evaluation des Weiterbildungserfolges. In der Vortragsreihe *Master Class*
referieren regelmäßig Vertreter von Best-Practice-Unternehmen sowie aus
Forschung und Wissenschaft über aktuell diskutierte Management-Themen.
Das ermöglicht den Mitarbeitern einen Blick über den „Tellerrand" des Unternehmens hinaus. Außergewöhnliche Leistungen werden bei O_2 über variable Gehaltsanteile, Aktiensparpläne oder Incentive-Programme belohnt.
Engagierte Mitarbeiter erfahren durch Preise eine besondere Würdigung. So
wird der *Excellence Award* für dauerhaft überdurchschnittliche Leistungen
verliehen; für besondere Erfolge, zum Beispiel ein erfolgreich abgeschlossenes Projekt, gibt es den *Recognition Award* in Form eines Sachpreises im
Wert bis zu 750 Euro, der auf die spezifischen Freizeitinteressen des Preisträgers abgestimmt ist. Als Instrument des Wissens- und Ideenmanagements
wurde der Wettbewerb *Smartidee* eingeführt; hierbei werden Vorschläge und
Ideen der Mitarbeiter gesammelt und prämiert. Zudem finden unter der Be-
zeichnung *reflect O_2* jährlich Mitarbeiterbefragungen statt. Im Intranet besteht darüber hinaus die Möglichkeit, zu zahlreichen Themen Anregungen,
Kritik oder Anerkennung direkt an die verantwortlichen Bereiche zu senden.
Auch im Hinblick auf die Subdimension *Caring* kommt das Unternehmen
seiner Verantwortung nach. So wurde beispielsweise ein Unterstützungsfonds
für in Not geratene Mitarbeiter geschaffen.

Fairness

Vor allem die Mitarbeiter des größten Unternehmensbereichs Netzplanung und
-betrieb erhalten ein Gehalt, das über dem Tarif liegt. Daneben bietet O_2 seinen
Mitarbeitern ein umfangreiches Paket an Lohnnebenleistungen. Auf großen Zuspruch seitens der Mitarbeiter stoßen die kostenlos zur Verfügung gestellten
Mobiltelefone inklusive eines monatlichen Gesprächsguthabens und einer Be-
freiung von der Grundgebühr. Darüber hinaus werden für alle Mitarbeiter unter
Berücksichtigung ihrer privaten Umstände individuelle Arbeitszeitregelungen
arrangiert. Das Vergütungssystem beinhaltet auch für tarifliche Mitarbeiter variable Gehaltsbestandteile in Höhe von zehn Prozent. Das gewährleistet eine faire Teilhabe an den Unternehmensgewinnen. 74 Prozent der Befragten – elf Prozentpunkte mehr als im Durchschnitt der Top 50-Unternehmen – denken, dass
sie angemessen an den Gewinnen der Organisation beteiligt werden.

Im Hinblick auf Neutralität und Gerechtigkeit verlangen die Geschäftsgrundsätze, jeden Mitarbeiter gerecht und objektiv, unvoreingenommen und ohne Rücksicht auf leistungsunabhängige Merkmale zu behandeln. Mitarbeiter, die der Meinung sind, dass gegen diesen Grundsatz verstoßen wird, können sich vertraulich an den Betriebsrat, die Personalabteilung, den Diversity-Beauftragten oder an übergeordnete Stellen innerhalb des Konzerns wenden. Schließlich wird die Einhaltung der Gleichbehandlung bezüglich der Karriereentwicklung und Vergütung im Rahmen des *Corporate Social Responsibility Report* regelmäßig durch externe und unabhängige Wirtschaftsgutachter überprüft. So genannte *Cross Mentorings* bieten insbesondere weiblichen Führungskräften besondere Entwicklungsmöglichkeiten. Den teilnehmenden weiblichen Mentees werden erfahrene Führungskräfte anderer Unternehmen als Mentoren zur Seite gestellt. Dies bietet die Chance zu einem intensiven Erfahrungsaustausch. Auch die Befragungsergebnisse belegen ein hohes Maß an *Fairness* und Gerechtigkeit im Unternehmen. So bejahen 86 Prozent der Befragten die Aussage „Ich werde hier unabhängig von meiner Position als vollwertiges Mitglied behandelt". 95 Prozent fühlen sich unabhängig von Nationalität oder ethnischer Herkunft fair behandelt.

Stolz

Kaum ein Unternehmen des Wettbewerbs weist eine solche Fülle identifikationsfördernder Aspekte auf. Zum einem sind hier die zahlreichen Auszeichnungen zu nennen, die O_2 in seiner noch jungen Geschichte bereits gewinnen konnte. Hierzu zählen beispielsweise der „Bayerische Qualitätspreis" und diverse Awards, die den technischen Service und das Angebot des Unternehmens würdigen. Zum anderen nimmt O_2 seine Verantwortung für die Gesellschaft umfassend wahr und beteiligt sich deshalb an Projekten für Kinder und Jugendliche sowie an Sponsoring-Aktivitäten im Bereich Bildung, Kultur und Sport. So stellt das Unternehmen im Rahmen des Projekts „Schola-21" E-Learning-Plattformen für Schulen bereit und fördert Jugendsportvereine. Dem entspricht die hohe Wertschätzung der Mitarbeiter für ihre Arbeit. So geben 93 Prozent der Befragten an, dass ihre Arbeit eine besondere Bedeutung für sie hat und nicht einfach nur ein „Job" ist. Weit überdurchschnittliche 94 Prozent der Befragten sind überdies stolz auf das, was man bei O_2 gemeinsam leistet.

Teamorientierung

Ein integraler Bestandteil der Performance-Kultur bei O_2 ist das gemeinsame Feiern von Erfolgen. So veranstaltet das Unternehmen beim Erreichen wichtiger Meilensteine aufwändig inszenierte Events. Zur Kultur des Feierns gehört vor allem auch die Jahresfeier von O_2, zu der alle Mitarbeiter aus dem gesamten Bundesgebiet auf Kosten des Unternehmens nach München eingeladen wurden. Des Weiteren finden an den Hauptstandorten des Unternehmens Sommerfeste unter wechselndem Motto statt. In München unterhält das Unternehmen zudem in einem der größten und modernsten Kinos eine eigene Lounge, die einzelne Organisationseinheiten für betriebliche Anlässe, aber auch Mitarbeiter zur privaten Nutzung mieten können. Die Aussage „Besondere Ereignisse werden bei uns gefeiert" wird von 84 Prozent der Mannschaft von O$_2$ zustimmend beantwortet. Darüber hinaus unterstützen das umfangreiche Sportprogramm und das eigene Fitnessstudio des Unternehmens Kollegialität und Freundschaften unter den Mitarbeitern. 94 Prozent der Befragten heben lobend die freundliche Arbeitsatmosphäre hervor, weitere 88 Prozent stimmen der Aussage „Ich kann hier ich selbst sein und brauche mich nicht zu verstellen" zu – beides überdurchschnittliche Werte.

Drei Fragen an ...

Joachim Kugoth, Bereichsleiter Human Resources

Was muss Ihnen ein Unternehmen persönlich bieten, damit Ihnen die Arbeit Freude macht?

Grundsätzlich gibt es drei Einflussgrößen, die auf die Arbeit und die Freude daran einwirken: die Unternehmenskultur, die Beziehung zum Vorgesetzten sowie das persönliche Arbeitsumfeld. Besonders in einer durch Wertschätzung, *Respekt, Fairness* und Offenheit gekennzeichneten Unternehmenskultur fühle ich mich wohl. Ein Vorgesetzter sollte einen sowohl bei der Wahrnehmung des Aufgabengebietes als auch in der Entwicklung der eigenen Persönlichkeit und Reife fördern und unterstützen. Erst dadurch, dass eine Führungskraft Verantwortung an ihre Mitarbeiter überträgt, können diese wachsen. Mein direktes Arbeitsumfeld sollte mir die Möglichkeit – und auch ausreichend Freiraum – bieten, um meine Persönlichkeit und Erfahrung einzubringen. Letztendlich bringt mich das Wissen um die Eigenverantwortung zu Spaß an der Arbeit und damit auch zu Höchstleistungen.

Welche Empfehlung für die Karriereentwicklung können Sie aufgrund Ihrer Erfahrung jungen Fach- und Führungskräften mit auf den Weg geben?

Eigenverantwortung ist nicht nur ein Motivator in Bezug auf die tagtägliche Leistung, sondern auch der Antreiber für persönliches Wachstum. Jeder kann seine eigene Entwicklung vorantreiben, indem er sich über seine eigenen Stärken und Schwächen klar wird. Entscheidend hierfür ist die Rückmeldung von anderen. Sie gilt es zum einen aktiv zu suchen, zum anderen dann aber auch anzunehmen und konstruktiv in eine Veränderung des eigenen Verhaltens umzusetzen. Erst wenn man seine Stärken und Schwächen erkannt hat, kann man an und mit diesen arbeiten. Wichtig ist die Bereitschaft, leidenschaftlich und mutig neue Wege zu gehen und Dinge zu tun, an die man glaubt und für die man eintritt. Es ist wichtig, über den Tellerrand hinaus zu schauen und keine Angst vor Unbekanntem zu haben. Wir benötigen Gestalter – also Menschen, die den Mut haben, Neuland zu betreten, die eine hohe Einsatzbereitschaft mitbringen und die etwas bewirken wollen. Meist sind dies diejenigen, die andere begeistern können.

Wie lautet Ihr persönlicher Leitsatz für erfolgreiches Management?

Sei offen für Neues und für Veränderung. Sei ehrgeizig, übernehme Verantwortung und verfolge konsequent deine Ziele. Sei klar – im Sinne von ehrlich und direkt – in der Kommunikation. Und sei vertrauenswürdig durch Zuverlässigkeit, Ehrlichkeit, Kritikfähigkeit und Transparenz in deinem Handeln.

Bewerberanforderungen

Was muss ein Bewerber mitbringen, damit er zu O_2 passt?

Absolute Kundenorientierung, überdurchschnittliches Engagement, Offenheit und Verantwortungsbewusstsein – das sind die Charaktereigenschaften, die wir bei einem Bewerber voraussetzen. Die Kunden von O_2 stehen im Fokus unserer Arbeit und unserer Zukunftsvisionen. Unsere Kommunikation ist klar, direkt und verständlich. „Can do" – die Grundhaltung von O_2 – wird immer wieder neu von allen Mitarbeitern durch kreative Ideen mit Leben gefüllt. Wir suchen Menschen, die sich mit unserer „Can do"-Haltung identifizieren.

Unternehmensfakten

Unternehmensname	O_2 (Germany) GmbH & Co. OHG
Branche	Telekommunikation
Zahl der Mitarbeiter in 2004 in Deutschland	circa 3.800
Gesamtmitarbeiter in 2004 (international/konzernweit)	circa 13.000

Umsatz im Jahr 2004 national	1,31 Millionen Euro im ersten Halbjahr (April bis September 2004)
Umsatz im Jahr 2004 international	3,285 britische Pfund im ersten Halbjahr (April bis September 2004
Firmensitz	Georg-Brauchle-Ring 23–25, 80992 München
Homepage	www.o2.com/de www.mmo2.com
Beschäftigte Berufsgruppen (nach ihrer Häufigkeit)	Mitarbeiter Netzplanung, Netzbetrieb, Customer Service, Handel
Anfangsgehalt für Einsteiger (nach Berufsgruppen gereiht)	circa 41.000 Euro
Durchschnittliches Jahresgehalt nach fünf Jahren (gereiht nach Berufsgruppen)	leistungs- und funktionsabhängig
Bewerberinformationen	www.o2.com/de
Weiterbildungsstunden pro Jahr für die größte Berufsgruppe	fünf Tage pro Mitarbeiter
Anteil der Mitarbeiter unter 35 in Prozent	44,8 Prozent
Frauenanteil in Prozent	35,1 Prozent

Peek & Cloppenburg KG, Düsseldorf

Peek & Cloppenburg KG

DÜSSELDORF

VON MODE UND MENSCHEN

Das Bekleidungshaus Peek & Cloppenburg Düsseldorf bietet seinen Mitarbeitern ein motivierendes Klima und zahlreiche Aufstiegschancen.

Das Modehaus Peek & Cloppenburg ist eines der führenden Unternehmen im Bekleidungseinzelhandel in Deutschland. Die Textilkette bietet in der Damen-, Herren- und Kinderbekleidung eine vielfältige Sortimentsstruktur aus Eigenmarken und zahlreichen Premium-Marken wie etwa „Boss", „Joop" oder „Giorgio Armani".

Peek & Cloppenburg wurde 1869 von den Kaufleuten Johann Theodor Peek und Heinrich Cloppenburg in Rotterdam gegründet. Die ersten Häuser in Deutschland wurden zu Beginn des 20. Jahrhunderts in Berlin und Düsseldorf (1901) und in Hamburg (1911) errichtet. Durch die Eröffnung in Hamburg entwickelten sich in Deutschland zwei rechtlich und wirtschaftlich unabhängige Unternehmen mit ihren heutigen Hauptsitzen in Düsseldorf (P&C West) und Hamburg (P&C Nord).

Das Düsseldorfer Unternehmen unterhält derzeit 65 Bekleidungshäuser in West-, Süd- und Ostdeutschland. Das neueste „Weltstadthaus" in Köln wird im September 2005 eröffnet. Weitere 14 europäische Filialen befinden sich in den Nachbarländern Belgien, Niederlande, Österreich, Polen, Tschechien und Slowakei. 1991 wurde zudem der Herrenausstatter Anson's mit heute bundesweit 18 Filialen gegründet.

In Deutschland waren 2004 über 9.800 Mitarbeiter bei P&C Düsseldorf beschäftigt. Der Netto-Umsatz in Deutschland lag bei rund 1,1 Milliarden Euro.

Im Wettbewerb *Deutschlands Beste Arbeitgeber 2005* belegt Peek & Cloppenburg Düsseldorf Gesamtrang 48 unter den Top 50-Arbeitgebern und Platz 6 in der Kategorie der Unternehmen über 5.000 Mitarbeiter in Deutschland.

Unternehmensergebnisse aus dem Wettbewerb 2005

7-8 Punkte: ausgezeichnet, 5-6 Punkte: sehr gut, 3-4 Punkte: gut.

Glaubwürdigkeit

Ziel des Managements ist es, „hochqualifizierte Führungskräfte einzusetzen, die ein Klima der Motivation, des Engagements, der Mitverantwortung, der Loyalität und des Vertrauens schaffen". Flache Hierarchien als wesentliche Rahmenbedingung hierfür ermöglichen in den Verkaufshäusern und der Zentrale kurze Wege zu Führungskräften und Unternehmensleitung. Häufig werden informelle Wege des Austausches gewählt, beispielsweise die so genannten „Rolltreppengespräche" in den Verkaufshäusern, bei denen Informationen und Anregungen zwischen Mitarbeitern und deren Vorgesetzten ausgetauscht werden. Es finden regelmäßig Gesprächsrunden mit der Geschäftsleitung statt, sowohl in den Abteilungen der Verkaufshäuser als auch der Zentrale. Dabei haben repräsentativ alle Mitarbeitergruppen direkten Kontakt zur Unternehmensleitung. In der Befragung bescheinigt die Belegschaft der Geschäftsleitung die kompetente Führung des Unternehmens. Jeweils 88 Prozent sagen aus, das Management führe das Unternehmen kompetent und habe klare Vorstellungen von den Zielen der Organisation und davon, wie diese erreicht werden können.

Respekt

Die Mitarbeiter erhalten durch das Personalentwicklungssystem, das gezielt Potenzialträger identifiziert und den Bildungsbedarf festlegt, die Chance, beständig ihr Qualifikationsprofil zu verbessern. Auszubildende im dualen System werden durch qualifizierten innerbetrieblichen Unterricht zusätzlich gefördert. Charakteristisch für die Politik der Personalentwicklung ist außerdem die Unterstützung der Nachwuchskräfte beim Erwerb formaler Bildungsabschlüsse, wie etwa dem Betriebswirt (IHK) oder dem/der Dipl.-Betriebswirt/in (FH). Mitarbeiter mit Führungsverantwortung im mittleren und oberen Management können nach einer Weiterbildungsbedarfsanalyse mit ihrem Vorgesetzten zweimal jährlich Seminare zu Arbeits-, Management- und Kommunikationstechniken oder Persönlichkeitsentwicklung belegen. „Auch ohne akademische Titel kann man durch Einsatz und Leistung vorankommen", lobt ein Befragter die Beförderungspraxis des Unternehmens. Karrierechancen ergeben sich somit auf der Basis von Studium und Ausbildung in gleicher Weise. Der Grundsatz interner Stellenbesetzung trägt hierzu in entscheidender Weise bei. Außergewöhnliches Engagement erfährt auf allen Ebenen besondere Würdigung – so etwa durch Erfolgsbeteiligung oder umsatzabhängige Provisionen. Ideen der Mitarbeiter können über das betriebliche Vorschlagswesen eingebracht werden. Sie werden von den Fachabteilungen und dem Betriebsrat beurteilt und in Abhängigkeit des Erfolgswertes honoriert. In puncto Berücksichtigung der Lebenssituation bietet das Unternehmen eine verlängerte Elternzeit an, temporäre Teilzeit-Modelle und für einzelne Funktionsbereiche Job-Sharing-Modelle.

Fairness

Laut Auskunft des Unternehmens liegen die Gehälter in allen Funktionsbereichen durchschnittlich circa 20 Prozent über dem Tarifgehalt. Auch die Mitarbeiter empfinden, dass sie für ihre geleistete Arbeit angemessen bezahlt werden – diese Aussage bestätigen überdurchschnittliche 79 Prozent. Darüber hinaus bietet das Unternehmen die Möglichkeit, ein Jobticket, vergünstigte Versicherungen und die Firmenraten in Vertragshotels oder auf bestimmten Flugstrecken zu nutzen. Auf der Basis des Tarifvertrags werden außerdem diverse Programme zur privaten Altersvorsorge unterstützt. Eine weitere Stärke liegt nach Einschätzung der Mitarbeiter im fairen und neutralen Umgang miteinander. 85 Prozent fühlen sich unabhängig von ihrer Position als vollwertiges Mitglied behandelt. Frauen sind hinsichtlich der Übernahme von Leitungsfunktion in allen Bereichen stark vertreten. 65 Prozent der Abteilungsleitungspositionen und 50 Prozent der Storemanagerpositionen sind von Frauen besetzt. Laut Auskunft des Unternehmens sind in den kreativen Bereichen des Modeunternehmens überdurchschnittlich viele Homosexuelle beschäftigt. Die Befragung bestätigt das unverkrampfte Miteinander: 96 Prozent stimmen der Aussage zu, dass die Mitarbeiter unabhängig von ihrer sexuellen Orientierung fair behandelt werden.

Stolz

„Deutschlandweit sind wir eines der besten Geschäfte im Textilbereich!", begeistert sich ein Mitarbeiter für seinen Arbeitgeber. Peek & Cloppenburg gilt bei Mitarbeitern und Branchenkennern als erfolgreiches, innovatives und wirtschaftlich gesundes Unternehmen, das in vielen Sparten Marktführer ist. Durch großzügige, moderne Verkaufshäuser setzt das Unternehmen nicht nur städtebauliche Akzente, sondern bringt dadurch auch sein Selbstverständnis und -bewusstsein zum Ausdruck. 90 Prozent aller Befragten geben dementsprechend an, darauf stolz zu sein, anderen erzählen zu können, wo sie arbeiten. Weitere 87 Prozent sind stolz auf das, was sie gemeinsam leisten, nicht zuletzt aufgrund der vielfältigen Bemühungen, die Geschäftspraktiken des Unternehmens integer zu gestalten. So demonstriert das Unternehmen sein soziales Verantwortungsbewusstsein beispielsweise im für Bekleidungsindustrie und -handel besonders prekären Bereich der Zulieferbeziehung und ausländischen Produktionsbedingungen. Hier hat das Unternehmen die Standards der International Labour Organization für alle Zulieferbetriebe als verbindlichen Rahmen eingeführt und lässt dies auch extern durch die Gesellschaft für technische Zusammenarbeit überwachen.

Teamorientierung

Die Mitarbeiter schätzen die angenehme Arbeitsatmosphäre, die das Unternehmen bietet. „Ich fühle mich wohl, es ist mein zweites Zuhause", kommentiert ein Mitarbeiter sein Wohlbehagen, das von einem Großteil der Befragten geteilt wird. Jeweils 86 Prozent sagen, es mache Freude, bei Peek & Cloppenburg zu arbeiten, und als neuer Mitarbeiter fühle man sich willkommen. Durch regelmäßige Feiern und gemeinsame Sportveranstaltungen wie Fußball- und Golfturniere fördert Peek & Cloppenburg das gute Klima. In den Verkaufshäusern finden aufwändige Weihnachtsfeiern für das gesamte Haus statt. Jubiläen aller Art und Geburtstage werden gerne auf Abteilungsebene feierlich begangen. Diverse Partys markieren darüber hinaus das Ende der firmeneigenen Ausbildungsabschnitte. Jährlicher Höhepunkt für die leitenden Mitarbeiter ist die Veranstaltung auf Schloss Hugenpoet in Essen, zu der hochrangige Gastreferenten aus Politik, Kultur oder Sport begrüßt werden. „Wir haben hier eine freundliche Arbeitsatmosphäre", bestätigen 87 Prozent der Befragten.

Drei Fragen an ...

Andreas Heller, Mitglied der Geschäftsleitung, zuständig für HR, 58 Jahre

Was muss Ihnen ein Unternehmen persönlich bieten, damit Ihnen die Arbeit Freude macht?

Eine interessante und herausfordernde Aufgabenstellung, die mir ganz besonders liegt.

Welche Empfehlung für die Karriereentwicklung können Sie aufgrund Ihrer Erfahrung jungen Fach- und Führungskräften mit auf den Weg geben?

Genau hinhören, Fragen stellen, sich selbst richtig einschätzen lernen, immer die Aufgabe anstreben, in der man seine individuelle Begabung am besten einbringen kann.

Wie lautet Ihr persönlicher Leitsatz für erfolgreiches Management?

Eine Atmosphäre und Rahmenbedingungen schaffen, in der Mitarbeiter erfolgreich arbeiten können.

Bewerberanforderungen

Was muss ein Bewerber mitbringen, damit er zu Peek & Cloppenburg passt?

Wir suchen engagierte und hochmotivierte Mitarbeiter, die mit einem hervorragenden Abschluss bei uns starten wollen. Von unseren jungen Führungskräften erwarten wir einen ausgeprägten Sinn für Mode und Lifestyle mit einer unternehmerischen Denkweise, die bereits nach kurzer Einarbeitung in einer ersten verantwortungsvollen Position bewiesen werden kann.

Unternehmensfakten

Unternehmensname	Peek & Cloppenburg KG Düsseldorf
Branche	Handel

Zahl der Mitarbeiter in 2004 in Deutschland	circa 9.800
Umsatz im Jahr 2004 national	1,1 Milliarden Euro (netto)
Firmensitz	Berliner Allee 2 40212 Düsseldorf
Homepage	www.peekundcloppenburg.de
Beschäftigte Berufsgruppen (nach ihrer Häufigkeit)	diverse
Anfangsgehalt für Einsteiger (nach Berufsgruppen gereiht)	abhängig von Qualifikation und Position
Durchschnittliches Jahresgehalt nach fünf Jahren (gereiht nach Berufsgruppen)	abhängig von Qualifikation und Position
Bewerberinformationen	www.peekundcloppenburg.de Stichwort „Karriere"
Weiterbildungsstunden pro Jahr für die größte Berufsgruppe	durchschnittlich 20 Stunden pro Jahr
Anteil der Mitarbeiter unter 35 in Prozent	39,9 Prozent
Frauenanteil in Prozent	70,8 Prozent

Pfizer Gruppe Deutschland, Karlsruhe

HEALTH AND FAIRNESS

Die Belegschaft des Pharmaunternehmen Pfizer schätzt die faire Behandlung und die überdurchschnittlichen Sozialleistungen.

Das US-amerikanische Pharmaunternehmen Pfizer, gegründet im Jahr 1848 von den Schwaben Karl Christian Friedrich Pfizer und Karl F. Erhart aus Ludwigsburg in einem Brooklyner Industriegebiet als Feinchemie-Unternehmen Pfizer & Co. hat seine deutsche Zentralniederlassung in Karlsruhe und gehört weltweit zu den führenden Arzneimittelherstellern. Aus Karlsruhe steuert Pfizer Deutschland seit 1958 die Geschäftsaktivitäten in den Segmenten Humanarzneimittel, Consumer Health Care und Tiergesundheit. Schwerpunktmäßig richtet sich das Medikamentenportfolio von Pfizer an Patienten mit Herz-Kreislauf-Erkrankungen, Erkrankungen des zentralen Nervensystems sowie Atemwegs- und Infektionskrankheiten, aber auch in anderen Indikationsbereichen und im Krankenhauswesen spielt Pfizer eine wichtige Rolle. Am Standort Karlsruhe befindet sich auch das Distributions- und Logistikzentrum für Deutschland und Österreich.

Große Produktionsstandorte in Deutschland befinden sich mit dem Arzneimittelwerk Gödecke (Tochter seit 2000) in Freiburg und mit der Heinrich Mack Nachf. (Tochter seit 1971) in Illertissen bei Ulm sowie mit der Heumann PCS GmbH (Tochter seit 2003) in Feucht bei Nürnberg.

Pfizer Deutschland beschäftigte im Geschäftsjahr 2004 insgesamt 5.200 Mitarbeiter, die einen Gesamtumsatz von rund 1,8 Milliarden Euro erwirtschafteten, wovon 90 Prozent dem verschreibungspflichtigen Medikamentenmarkt zuzuschreiben sind. Der Konzerngesamtumsatz lag im Geschäftsjahr 2004 bei 52,5 Milliarden US-Dollar. Weltweit waren über 120.000 Mitarbeiter in mehr als 85 Ländern bei den zahlreichen Gesellschaften der Pfizer Gruppe beschäftigt.

Beim Wettbewerb *Deutschlands Beste Arbeitgeber 2005* belegt die Pfizer-Gruppe Deutschland Gesamtrang 31 unter den Top 50-Arbeitgebern und Platz 4 in der Kategorie der Unternehmen über 5.000 Mitarbeiter in Deutschland.

Unternehmensergebnisse aus dem Wettbewerb 2005

7-8 Punkte: ausgezeichnet, 5-6 Punkte: sehr gut, 3-4 Punkte: gut.

Glaubwürdigkeit

Bei Pfizer werden die firmeninternen Führungsleitlinien, die so genannten *Leader Behaviors*, intensiv und über alle Ebenen kommuniziert. Diese Kriterien, zu denen unter anderem auch das Fördern offener Diskussion gehört, bilden auch den Maßstab der 360°-Führungskräftebeurteilung, die in regelmäßigen Abständen durchgeführt wird. Dies spiegelt sich auch in den Wettbewerbsergebnisse wider: 76 Prozent der Mitarbeiter bestätigen, dass das Management seine Erwartungen klar und deutlich macht. Die offene Informationspolitik des Unternehmens lässt sich aber auch daran erkennen, dass die Belegschaft über vielfältige Medien wie E-Mail, schwarzes Brett, Newsletter, dem Mitarbeitermagazin *Pfizer Life* oder zahlreichen Team-Meetings über die Neuigkeiten aus dem Unternehmen informiert wird. Dem Urteil eines Mitarbeiters nach sind die Möglichkeiten der Kommunikation „in diesem Riesenkonzern in jede nur denkbare Richtung kaum noch zu toppen!". Eine konsequent ausgerichtete „Open-Door-Policy" und ungezwungene Umgangsformen erleichtern überdies die Zusammenarbeit mit Führungskräften.

Respekt

Durch individuelle Entwicklungspläne erhält jeder Mitarbeiter bei Pfizer eine Perspektive für seinen beruflichen Werdegang im Unternehmen. Das hausinterne Trainings-Center sowie die Führungskräfteentwicklung unterstützen Mitarbeiter und Führungskräfte bei der Erstellung individueller Leistungspläne. Neben dem Einsatz bewährter Unterrichtsmedien im Schulungsbereich bietet Pfizer seinen Mitarbeitern die Möglichkeit, gemeinsam relevante Themen und Projekte in Form von interaktiven Veranstaltungen unter dem Motto *Lunch & Learn* aufzubereiten. Das Unternehmen investiert weiterhin erheblich in die Gesundheitsförderung seiner Beschäftigten. So organisiert es beispielsweise Kampagnen zur Schlaganfallprävention oder „Cholesterin-Testwochen". Auch der Speiseplan der Kantine weist einen besonderen Service auf: Die Kalorienzahl der Gerichte wird stets mit angegeben. Insgesamt zeigt sich Pfizer als ein fürsorglicher Arbeitgeber, dem die privaten Sorgen und Nöte seine Mitarbeiter wichtig sind. So erfahren nicht nur selbst erkrankte Mitarbeiter, sondern auch Mitarbeiter, deren nächste Angehörige Schicksalsschläge erlitten haben, besondere Unterstützung. Ein besonderes Beispiel ist der unternehmensweite Aufruf zur Knochenmarkspende im Falle einer Leukämieerkrankung.

Fairness

Die Verdienstmöglichkeiten bei Pfizer liegen über dem Branchendurchschnitt, was sich auch darin widerspiegelt, dass 60 Prozent der Mitarbeiter meinen, für ihre Arbeit angemessen bezahlt zu werden. Besondere Wertschätzung und Beliebtheit bei der Belegschaft erfährt weiterhin das Altersvorsorgeprogramm des Unternehmens. Das Besondere daran ist, dass die Mitarbeiter im Laufe des Berufslebens immer wieder neu darüber entscheiden können, wie viel sie für die Rente ansparen möchten. Ein zusätzliches Weihnachts- und Urlaubsgeld sowie ein Bonusprogramm ergänzen das attraktive Grundgehalt bei allen Mitarbeitergruppen. 79 Prozent der Mitarbeiter – zehn Prozentpunkte über dem Mittel der Top 50-Unternehmen – bestätigen die Verfügung über besondere und einzigartige Sozialleistungen. Der Außendienst lobt weiterhin insbesondere das Prämiensystem. Im Hinblick auf die Aspekte „Neutralität" und „Gerechtigkeit" zeigt sich das Unternehmen auf der Höhe der Zeit: Bei gleichgeschlechtlichen Paaren wird die Heiratszuwendung in gleicher Höhe gewährt. Zudem verfolgt Pfizer das Ziel, Menschen mit Behinderungen gleichberechtigt am Berufsleben teilnehmen zu lassen. 96 Prozent der Befragten bejahen die Aussage, dass Mitarbeiter unabhängig von körperlicher oder geistiger Behinderung fair behandelt werden.

Stolz

Stolz sind die Pfizer-Mitarbeiter vor allem auf den wirtschaftlichen Erfolg des Unternehmens. Ein Mitarbeiter lobt: „Pfizer ist die Nummer eins in der Pharmabranche. Es ist ein ganz besonderer Sog, die ‚unbegrenzten' Möglichkeiten zu erleben und zu nutzen, die diese Marktstellung mit sich bringt." Als einer der weltweit führenden forschende Arzneimittelhersteller leistet das Unternehmen mit seinen innovativen Medikamenten einen wichtigen Beitrag zur Gesundheit von Millionen von Patienten. Dies liegt zu einem großen Teil am Engagement und am Commitment der Mitarbeiter: 85 Prozent der Befragten sind bereit, einen zusätzlichen Einsatz zu leisten, um Arbeiten fertig zu stellen, weitere 81 Prozent – elf Prozentpunkte über dem Durchschnitt der 50 besten Arbeitgeber – ziehen es in Betracht, bis zu ihrem Ruhestand bei Pfizer zu arbeiten. Auch das soziale Engagement des Unternehmens trägt dazu bei, dass die Mitarbeiter hohes Identifikationsgefühl aufweisen. So stattet Pfizer beispielsweise die Schulen vor Ort mit Laptops aus oder engagiert sich in der Behindertenarbeit.

Teamorientierung

„Bei Pfizer steht der Teamgeist an erster Stelle. Gemeinsam sind wir stark!", heißt es im Leitbild des Unternehmens. Dass der Teamgedanke unternehmensweit gelebt wird, zeigen die Befragungsergebnisse: 86 Prozent der Beschäftigten bestätigen, dass sich Mitarbeiter, die neu ins Unternehmen eingetreten sind, willkommen fühlen. Das Unternehmen fördert das Zusammengehörigkeitsgefühl und die Teamorientierung innerhalb der Belegschaft durch entsprechende klimatische Bedingungen. 85 Prozent der Mitarbeiter geben an, dass eine freundliche Arbeitsatmosphäre im Unternehmen vorherrscht. Ein Mitarbeiter äußert sich hierzu konkret: „In meinem Unternehmen werden Authentizität und Individualismus der einzelnen Mitarbeiter nicht nur geschätzt, sondern auch durch spezielle Schulungsangebote gefördert. Ich fühle mich ‚aufgehoben' und als ein wichtiges Element in meinem Unternehmen."

Drei Fragen an ...

Gerhard Tschentscher, Direktor Human Resources, 44 Jahre

Was muss Ihnen ein Unternehmen persönlich bieten, damit Ihnen die Arbeit Freude macht?

Eine Firmenkultur, die geprägt ist von Integrität und von Wertschätzung für ihre Mitarbeiter, als zentralem Erfolgsfaktor auf dem Weg zum Erreichen von ambitionierten Zielen. Dies setzt ein entsprechendes Commitment des Managements voraus. Dabei müssen Innovationen gewünscht sein, und es muss Raum für Kreativität geben. Jeder Einzelne muss die Unternehmensziele kennen, um seinen individuellen Beitrag leisten zu können. Offene Diskussion und der Austausch von Ideen sind dafür unerlässlich. Prozesse und Systeme müssen stetig hinterfragt, Talent erkannt und entsprechend gefördert werden.

Welche Empfehlung für die Karriereentwicklung können Sie aufgrund Ihrer Erfahrung jungen Fach- und Führungskräften mit auf den Weg geben?

Nutzen der Möglichkeiten im Rahmen des jährlichen Development-Planning-Prozesses, um zusammen mit dem jeweiligen Vorgesetzten Weiterentwicklungsmöglichkeiten zum Ausbau des Potenzials sowie zur Entwicklung der Persönlichkeit und des Standings innerhalb des Unternehmens zu evaluieren. Fachwissen sollte kontinuierlich ausgebaut werden. Dabei ist es unerlässlich, frühzeitig Verantwortung für das zugewiesene Aufgabenfeld zu übernehmen und ergebnis- und prozessorientiert zu arbeiten, Veränderungen aktiv zu gestalten sowie Lösungen zu suchen, um vermeintliche Hindernisse zu überwinden. Leistungswille und ausgeprägte Kundenorientierung sind dafür absolut notwendig.

Wie lautet Ihr persönlicher Leitsatz für erfolgreiches Management?

Arbeit muss Spaß machen.

Bewerberanforderungen

Was muss ein Bewerber mitbringen, damit er zu Pfizer passt?

Talente sollten Leistungsstärke und Führungspotenzial mitbringen sowie offen für neue Lösungswege und pragmatische Lösungsansätze sein. Wir suchen engagierte Mitarbeiter, die sich mit unseren Werten und *Leader Behaviors* identifizieren und diese leben.

Unternehmensfakten

Unternehmensname	Pfizer Gruppe Deutschland
Branche	Pharma
Zahl der Mitarbeiter in 2004 in Deutschland	5.200

Gesamtmitarbeiter in 2004 (international/konzernweit)	circa 120.000
Umsatz im Jahr 2004 national	1.800 Millionen Euro
Umsatz im Jahr 2004 international	circa 52,2 Milliarden US-Dollar
Firmensitz	Pfizerstr. 1 76131 Karlsruhe
Homepage	www.pfizer.de www.pfizer.com
Beschäftigte Berufsgruppen (nach ihrer Häufigkeit)	Pharmareferent
Anfangsgehalt für Einsteiger (nach Berufsgruppen gereiht)	circa 35.000 Euro
Durchschnittliches Jahresgehalt nach fünf Jahren (gereiht nach Berufsgruppen)	keine Angaben
Bewerberinformationen	www.pfizer.de
Weiterbildungsstunden pro Jahr für die größte Berufsgruppe	circa ein bis zwei Wochen
Anteil der Mitarbeiter unter 35 in Prozent	28,1 Prozent
Frauenanteil in Prozent	53,6 Prozent

Procter & Gamble Service GmbH (Vertriebsgesellschaft Deutschland), Schwalbach

MARKEN UND MITARBEITER

Die deutsche Vertriebsgesellschaft des Markenartikelkonzerns Procter & Gamble legt Wert auf die berufliche Entwicklung der Mitarbeiter und beteiligt die Belegschaft am Erfolg.

Die Procter & Gamble Service GmbH ist die deutsche Vertriebsgesellschaft von Procter & Gamble (P&G), dem größten Konsumartikelkonzern der Welt mit Stammsitz in Cincinnati/Ohio (USA).

P&G erzeugt und vertreibt weltweit rund 300 Markenprodukte in den zentralen Geschäftsbereichen Baby- und Familienhygiene, Schönheitspflege, Haushaltspflege, Gesundheit sowie Nahrungsmittel. Zu den bekanntesten Marken im europäischen Raum zählen beispielsweise „Pampers", „Ariel", „Always", „Tempo", „Pantene" oder „Max Factor". Hinzu kamen nach den jüngsten milliardenschweren Übernahmen „Wella" und „Gillette".

Das von den Einwanderern William Procter und James Gamble in Amerika gegründete Unternehmen begann seine Geschäfte 1837 mit dem Verkauf von Seifen und Kerzen. In Deutschland ist P&G seit 1960 tätig. Neben der Zentrale in Schwalbach am Taunus unterhält P&G Produktionsstätten in Crailsheim, Euskirchen, Groß-Gerau, Neuss, Weiterstadt, Witzenhausen und Worms sowie ein Distributionszentrum in Dreieich. Die P&G Service Vertriebsgesellschaft ist eine von mehreren nationalen P&G Gesellschaften und verantwortlich für die Marktentwicklung in Deutschland.

P&G erzielte im Geschäftsjahr 2003/2004 einen weltweiten Umsatz von 51,4 Milliarden US-Dollar und beschäftigte rund 110.000 Mitarbeiter in fast 80 Ländern. Die deutsche Vertriebsgesellschaft von P&G beschäftigte in diesem Geschäftsjahr 850 Mitarbeiter und erwirtschaftete einen Umsatz in Höhe von 2,6 Milliarden Euro.

Im Wettbewerb *Deutschlands Beste Arbeitgeber 2005* belegt die P&G Vertriebsgesellschaft Deutschland Gesamtrang 8 unter den Top 50-Arbeitgebern und Platz 4 in der Kategorie der Unternehmen von 501 bis 5.000 Mitarbeitern in Deutschland.

Zusätzlich konnte sich das Unternehmen auf der europäischen Liste „100 Beste Arbeitgeber in Europa 2005" platzieren.

Unternehmensergebnisse aus dem Wettbewerb 2005
7-8 Punkte: ausgezeichnet, 5-6 Punkte: sehr gut, 3-4 Punkte: gut.

Glaubwürdigkeit

Auffallendes Merkmal der Unternehmenskultur von P&G ist der explizite Charakter von Werten und Visionen und deren konsistente Umsetzung in Form von Medien und Programmen. Zentral dabei sind die von P&G definierten Kernkompetenzen, die so genannten *Success Driver*. Diese beinhalten u. a. die *Power of minds*, einen Eckpfeiler zur Festlegung des erwünschten Führungsstils innerhalb des Unternehmens. Diese lauten: „Entschlossen denken und handeln, Kompetenzen einsetzen, Innovation schaffen und Bewährtes nutzen". Um dies zu erreichen, setzt man bei P&G auf eine offene und uneingeschränkte Kommunikation. Diese wird realisiert, indem die Mitarbeiter nicht nur standardmäßig auf E-Mail, Internet und Intranet zugreifen, sondern auch regelmäßig Medien wie Chat-Plattformen, Web-Konferenzen und weitere Online-Tools nutzen können. Ebenso unterstreicht die Architektur von Gebäuden und Arbeitsumgebungen die Umsetzung der zentralen Unternehmensgrundsätze wie beispielsweise der „Open-Door-Policy". So arbeiten in den jüngeren Gebäudeteilen grundsätzlich alle Mitarbeiter in Großraumbüros, die keine statusbezogenen Unterteilungen aufweisen und somit eine unkomplizierte

Ansprechbarkeit und Erreichbarkeit der Führungskräfte ermöglichen. Bestechende 87 Prozent der Befragten erleben, dass sie sich mit jeder vernünftigen Frage an das Management wenden können und eine direkte und offene Antwort erhalten. Weitere Prinzipien der Führungskultur sind das Gewähren von Freiräumen und Vertrauen. Weit überdurchschnittliche 95 Prozent sind der Meinung, viel Verantwortung zu haben. Des Weiteren bekunden 96 Prozent der Befragten, dass das Management auf die gute Arbeit der Mitarbeiter vertraut, ohne sie ständig zu kontrollieren.

Respekt

Eine Grundüberzeugung von P&G ist es, dass die Mitarbeiter das wichtigste Kapital des Unternehmens sind. Insbesondere in Bereichen, wo verstärkt Hochschulabsolventen als Berufsanfänger eingestellt werden, bedeutet dies, dass kontinuierliches Training und persönliche Weiterentwicklung von herausragender Bedeutung sind. So wird die Leistungsfähigkeit der Organisation gesichert. Alle Mitarbeiter erhalten die Trainingsmaßnahmen, die individuell und bedarfsgerecht notwendig sind. Beginnend mit so genannten Onboarding-Workshops über kontinuierliches Coaching bis hin zur Inanspruchnahme interner und externer Trainings umfasst die Unterstützung sowohl fachliche als auch unternehmenskultur- und persönlichkeitsbezogene Themen. 86 Prozent der Befragten – 13 Prozentpunkte über dem Mittel der Top 50-Unternehmen – stimmen demnach der Aussage „Mir wird Weiterbildung und Unterstützung für meine berufliche Entwicklung angeboten" zu. Dieses Entwicklungskonzept unterstützt auch die Rekrutierungsstrategie von P&G, nach der die Führungskräfte des Unternehmens so weit wie möglich aus den eigenen Reihen besetzt werden: Talente werden somit früh entdeckt und durch gezielte Programme gefordert und gefördert. Die nachhaltige Förderung individueller Karriere- und Lebenswege findet außerdem ihre Entsprechung in der frühen Festlegung der so genannten *Destination Jobs*. Zur Anerkennung außergewöhnlicher Leistungen bietet das Unternehmen eine Reihe von „Incentives", die häufig den Erwerb von Unternehmensaktien einschließen. Eine weitere Stärke der innerbetrieblichen Zusammenarbeit ist die proaktive Miteinbeziehung der Belegschaft und ihrer Vertretungsorgane in betriebliche Entscheidungsprozesse. Über regelmäßige Mitarbeiterbefragungen werden auf institutionalisiertem Wege die Meinungen und Verbesserungswünsche der Mitarbeiter eingeholt. So wundert es nicht, dass 86 Prozent der Mitarbeiter erleben, dass das Management die Vorschläge und Ideen der Mitarbeiter ernsthaft sucht und beantwortet. In puncto *Caring* wird werdenden Eltern zusätzliche Freizeit eingeräumt; allgemein ist man bei P&G darum bemüht, die jeweilige Lebenssituation der Mitarbeiter angemessen zu berücksichtigen. Weiterhin bietet P&G allen Mitarbeitern spezielle Programme zur Förderung der Work-Life-Balance.

Diese umfassen neben flexiblen Arbeitszeiten auch Sportangebote, gesundheitliche Check-ups, Vorträge zu Ernährungs- und Lebensgewohnheiten und Entspannungsangebote. 90 Prozent der Befragten bestätigen in diesem Zusammenhang, sich Zeit frei nehmen zu können, wenn sie es für notwendig halten.

Fairness

Mit einer breiten Palette attraktiver Lohnnebenleistungen ergänzt das Unternehmen die ohnehin übertarifliche Vergütung seiner Mitarbeiter. Beim Kauf von Hausprodukten kommen alle Mitarbeiter in den Genuss eines beachtlichen Rabatts, bei zahlreichen Versicherungsleistungen und auch bei der privaten Altersvorsorge werden sie finanziell unterstützt und profitieren von Sonderkonditionen. So umfasst beispielsweise die geförderte betriebliche Altersvorsorge den P&G-Versorgungsplan, vermögenswirksame Leistungen, Kapitalbeteiligungen durch bezuschusste Belegschaftsaktien und Direktversicherungen. Hervorzuheben ist an dieser Stelle auch der 30-tägige Urlaub, der jedem Mitarbeiter eingeräumt wird. P&G arbeitet an der täglichen Umsetzung eines Kodex zur Verhinderung von Diskriminierung und zur Förderung eines fairen und unvoreingenommen Umgangs. Dies soll Benachteiligungen ganz gleich welcher Art unterbinden und gleichzeitig für diese Themen sensibilisieren. Ein besonderer Schwerpunkt der „Diversity-Aktivitäten" von P&G ist im Bereich der Frauenförderung auszumachen. Diese erhalten zusätzliche Unterstützungsleistungen, wie etwa durch die Förderung von Heimarbeitsplätzen oder durch die Zusammenarbeit mit dem Familienservice Frankfurt. Formal festgelegt ist ein Rekrutierungsziel von 45 Prozent Frauenanteil im Top-Management, und bereits heute liegt das Verhältnis von männlichen und weiblichen Führungskräften bei etwa drei zu eins. Diskriminierung aufgrund ausländischer Herkunft ist bei P&G kein Thema. Herausragende 99 Prozent der Befragten loben, dass die Mitarbeiter unabhängig von Nationalität oder ethnischer Herkunft fair behandelt werden.

Stolz

Das Unternehmen ist seit Jahrzehnten äußerst erfolgreich am Markt und lässt seine Mitarbeiter an diesem Erfolg teilhaben, was in einer hohen Identifikation der Belegschaft mit ihrem Arbeitgeber resultiert. Eindrucksvolle 96 Prozent der Befragten bejahen die Aussage „Ich bin stolz, anderen erzählen zu können, dass ich hier arbeite". Weitere 94 Prozent der Mitarbeiter bringen im Rahmen der Befragung zum Ausdruck, dass sie gerne zur Arbeit erscheinen. Ein weiteres Thema ist das außergewöhnlich breit gefächerte soziale Engagement von P&G. Der *Contributions Report 2004* belegt: Das

Unternehmen unterstützt zahlreiche Projekte und gemeinnützige Einrichtungen auf vorbildliche Art und Weise. Konkrete Beispiele sind die Förderung der Kinderhilfsorganisation der UNO „Unicef", des Wettbewerbs „Jugend forscht", der SOS-Kinderdörfer, des Aktionsbündnisses für Frauen- und Kinderrechte „AKIFRA" oder des Vereins Nestwärme für Familien mit schwerkranken Kindern. Die dafür benötigten Finanzmittel werden unter anderem durch die Erlöse des Mitarbeiter-Weihnachtsbasars in der Schwalbacher Zentrale aufgebracht.

Teamorientierung

Herausragende 98 Prozent der Befragten erleben die Arbeitsatmosphäre bei P&G als freundlich. Insgesamt wird deutlich, dass dem Unternehmen viel an einem offenen und freundlichen Betriebsklima und einem abteilungs- und bereichsübergreifenden Zusammengehörigkeitsgefühl liegt. Dies zeigt sich zum Beispiel an den weitreichenden Bemühungen zur Integration neu akquirierter Unternehmensbereiche. Die entsprechenden Mitarbeiter werden beispielsweise im Rahmen ganztägiger Willkommensveranstaltungen begrüßt. Darüber hinaus nutzt die Belegschaft viele spontane, kleinere Anlässe zum gemeinsamen Feiern etwa von Beförderungen oder Versetzungen. Bemerkenswerte 94 Prozent aller Befragten bestätigten schließlich auch die Aussage: „Es macht Freude, hier zu arbeiten".

Drei Fragen an ...

Gerhard Ritter, Geschäftsführer Personal, 51 Jahre

Was muss Ihnen ein Unternehmen persönlich bieten, damit Ihnen die Arbeit Freude macht?

Zunächst einmal ständig neue, interessante Aufgaben, die Herausforderungen und Lernmöglichkeiten darstellen und nicht Routine. Zweitens ist es wichtig, genügend Freiheitsgrade bei der Aufgabenerfüllung zu haben. Drittens ist es wichtig, dass ich – egal in welchem Stadium meiner Karriere ich bin – Weiterentwicklungsmöglichkeiten geboten bekomme. Und schließlich spielt die Unternehmenskultur eine entscheidende Rolle. Es muss Spaß machen, jeden Tag zur Arbeit zu kommen, man muss sich im Jobumfeld wohl fühlen und Menschen treffen, mit denen man gerne zusammenarbeitet und Dinge bewegen kann. Das Arbeitsumfeld muss das Erreichen von Top-Ergebnissen fördern.

Welche Empfehlung für die Karriereentwicklung können Sie aufgrund Ihrer Erfahrung jungen Fach- und Führungskräften mit auf den Weg geben?

Das Wichtigste ist, die vereinbarten Ziele zu erreichen, Ergebnisse abzuliefern und auf dem Weg zur Zielerreichung flexibel zu sein. Ferner sollte man realistisch und sich jederzeit darüber im Klaren sein, was man will, wie weit man kommen will und was man einzubringen bereit und in der Lage ist.

Wie lautet Ihr persönlicher Leitsatz für erfolgreiches Management?

„Walk your Talk": Der Vorgesetzte muss das, was er von seiner Organisation verlangt, jeden Tag vorleben, „Role-Model" sein. Das setzt voraus, dass er die Ziele der Organisation klar definiert und transparent kommuniziert, seine Mitarbeiter und Mitarbeiterinnen in Entscheidungsprozesse einbezieht und ihnen ehrlich sagt, wo sie stehen.

Bewerberanforderungen

Was muss ein Bewerber mitbringen, damit er zu Procter & Gamble passt?

Unser Handeln wird von den Bedürfnissen der Verbraucher bestimmt. Deshalb sollten unsere Mitarbeiter genauso vielfältig sein wie unsere Verbraucher. Gleichermaßen gut ausgebildete fachliche und soziale Kompetenzen sind wichtig, um im zukünftigen Job erfolgreich zu sein. Die Affinität für den zukünftigen Arbeitsbereich sollte klar ersichtlich sein. Zudem bilden Flexibilität, Führungsqualitäten und Innovationsfähigkeit wichtige Zusatzqualifikationen. Der Lebenslauf sollte einen gesunden Mix aus Hard und Soft Skills aufzeigen. Ein Bewerber muss zudem bereit sein, Verantwortung zu übernehmen, und in der Lage sein, andere von den eigenen Ideen zu überzeugen. Entscheidend ist immer das Gesamtprofil. Jeder Bewerber ist eine Persönlichkeit und wird als solche wahrgenommen und behandelt.

Unternehmensfakten

Unternehmensname	Procter & Gamble Service GmbH (Vertriebsgesellschaft Deutschland)
Branche	Konsumgüter

Zahl der Mitarbeiter in 2004 in Deutschland	circa 850 in der Vertriebsgesellschaft Deutschland
Gesamtmitarbeiter in 2004 (international/konzernweit)	circa 110.000
Umsatz im Jahr 2004 national	2,6 Milliarden Euro (Fiskaljahr 2003/04)
Umsatz im Jahr 2004 international	51,4 Milliarden US-Dollar (Fiskaljahr 2003/04)
Firmensitz	Sulzbacher Straße 40 D-65824 Schwalbach am Taunus
Homepage	www.procterundgamble.de www.pg.com
Beschäftigte Berufsgruppen (nach ihrer Häufigkeit)	Angestellte (Tarif) und Manager (außertariflich)
Anfangsgehalt für Einsteiger (nach Berufsgruppen gereiht)	Hochschulabschluss-abhängig ab 45.900 Euro
Durchschnittliches Jahresgehalt nach fünf Jahren (gereiht nach Berufsgruppen)	individuell und leistungsabhängig
Bewerberinformationen	www.pgcareers.com
Weiterbildungsstunden pro Jahr für die größte Berufsgruppe	keine Erfassung
Anteil der Mitarbeiter unter 35 in Prozent	29,5 Prozent
Frauenanteil in Prozent	54,2 Prozent

Rohde & Schwarz GmbH & Co. KG, München

KOMMUNIKATION BESTIMMT DAS GESCHÄFT

Die Mobilfunkgeräte des Elektronikspezialisten Rohde & Schwarz gelten als abhörsicher. Im Unternehmen hingegen herrscht offener Informationsaustausch.

Die Rohde & Schwarz-Firmengruppe mit Hauptsitz in München entwickelt, produziert und vertreibt ein breites Spektrum an Elektronikprodukten für den Investitionsgüterbereich. Hauptanwendungsgebiete liegen im Bereich der Mobilfunktechnik, Rundfunktechnik, Messtechnik, Überwachungs- und Ortungstechnik, Funkkommunikation sowie in der Kommunikationssicherheit. 2001 gelang beispielsweise die Entwicklung des weltweit ersten abhörsicheren GSM-Mobiltelefons, 1948 wurde Europas erster UKW-Hörfunksender von den befreundeten und bedeutenden Physikern Dr. Hermann Schwarz und Dr. Lothar Rohde erfunden. Keimzelle der heutigen Weltfirma Rohde & Schwarz war 1933 die Gründung des „Physikalisch-technischen Entwicklungslabors Dr. L. Rohde und Dr. H. Schwarz".

Rohde & Schwarz betreibt heute Werke in Memmingen im Allgäu, in Teisnach im Bayrischen Wald sowie in Vimperk im benachbarten Tschechien. In

Köln ist zudem das Rohde & Schwarz-Dienstleistungszentrum angesiedelt, eines der größten Service-Zentren für elektronische Mess- und Nachrichtentechnik in Europa. International unterhält der Elektronikhersteller Vertretungen bzw. Repräsentanzen in über 70 Ländern der Welt.

Weltweit beschäftigt die jeweils zur Hälfte im Besitz der Gründerfamilien Schwarz und Rohde befindliche Firmengruppe 6.150 Mitarbeiter, 4.554 Beschäftigte arbeiten in Deutschland. Im Geschäftsjahr 2003/4 erzielte das Unternehmen einen Gesamtumsatz von 941 Millionen Euro, in Deutschland wurden 808 Millionen Euro erwirtschaftet.

Im Wettbewerb *Deutschlands Beste Arbeitgeber 2005* belegt die Rohde & Schwarz GmbH & Co. KG Gesamtrang 38 unter den Top 50-Arbeitgebern und Platz 19 in der Kategorie der Unternehmen von 501 bis 5.000 Mitarbeitern in Deutschland.

Unternehmensergebnisse
aus dem Wettbewerb 2005
7-8 Punkte: ausgezeichnet, 5-6 Punkte: sehr gut, 3-4 Punkte: gut.

Glaubwürdigkeit

„Wir pflegen offenen und konstruktiven Informationsaustausch, unabhängig von Hierarchie und organisatorischer Zugehörigkeit" ist der Grundsatz, der die Haltung des Managements hinsichtlich der innerbetrieblichen Kommunikation auf den Punkt bringt. Um diese Politik technisch umzusetzen, ist in der gesamten Unternehmensgruppe ein globales Mitarbeiterinformationssystem installiert. Sämtliche Mitarbeiter haben Zugriff auf aktuelle Unternehmensdaten und die Möglichkeit, weitergehende Fragen zu stellen und Feedback zu geben. Kontinuität und Transparenz charakterisieren auch die Führungspolitik. Ein Mitarbeiter bemerkt hierzu lobend, dass er das Gefühl habe, „dass es keine konjunkturbedingten Hau-Ruck-Aktionen gibt, sondern Entscheidungen gut überdacht und kommuniziert werden". Eine weitere Stärke des Unternehmens liegt in seiner Fähigkeit, die Eigenverantwortlichkeit seiner Mitarbeiter zu fordern und zu fördern. Das Votum der Mitarbeiter in der Befragung bestätigt das: 87 Prozent sind der Ansicht, das Management vertraue auf die gute Arbeit der Teams, ohne sie ständig zu kontrollieren.

Respekt

Das Rohde & Schwarz-Weiterbildungsprogramm bietet eine breite Palette von Bildungsangeboten zu Beruf und Persönlichkeit, die die Mitarbeiter auf der Basis jährlicher Stärken-Schwächen-Analysen wahrnehmen können. Mit dem *Qualiteam*-Prozess unterhält Rohde & Schwarz ein selbst entwickeltes Weiterbildungsinstrument. Jedes Team kann mit dessen Hilfe eigenverantwortlich den Weiterbildungsbedarf bestimmen und Maßnahmen einleiten, um die benötigten Fähigkeiten im notwendigen Ausprägungsgrad zu entwickeln. Überdurchschnittliche 80 Prozent geben dementsprechend an, Weiterbildung und Unterstützung für die berufliche Entwicklung angeboten zu bekommen. Zur Belohnung herausragender Leistungen im Rahmen der strategischen Zielsetzungen werden zweimal jährlich Awards verliehen, etwa als Auszeichnung für die beste Zukunftsidee. Die Preisträger werden auch in der Mitarbeiterzeitschrift veröffentlicht. Die Arbeitszeitmodelle erlauben ein flexibles Austarieren von beruflichen und privaten Belangen: 86 Prozent der Beschäftigten – elf Prozentpunkte über dem Durchschnitt der Top 50-Unternehmen – bejahen die Aussage, dass sie sich Zeit frei nehmen können, wenn sie es für notwendig halten. Mitarbeitern, die in eine finanzielle Notlage geraten sind, lässt der eigens gegründete Unterstützungsverein unbürokratisch finanzielle Hilfe zukommen.

Fairness

Das vom Unternehmen eingerichtete Versorgungswerk bietet zahlreiche Extras zu den gesetzlichen Sozialleistungen. Hierzu zählen die betriebliche Altersversorgung mit Entgeltumwandlung und die für alle Mitarbeiter angelegte Betriebsrente, die ausschließlich Rohde & Schwarz finanziert. Des Weiteren besteht im Rahmen der so genannten Car-Policy die Möglichkeit, zu vorteilhaften Konditionen Autos zu leasen und dabei gleichzeitig vom Steuervorteil und von günstigen Großkundenrabatten zu profitieren. Im Hinblick auf die Bewertungsdimensionen Neutralität und Gerechtigkeit fällt besonders auf, dass auch Menschen mit einem körperlichen oder geistigen Handicap bei Rohde & Schwarz eine Chance auf berufliche Entwicklung erhalten. Eine Vereinbarung mit dem Betriebsrat regelt deren Integration. Derzeit sind im Unternehmen 128 körperlich oder geistig behinderte Mitarbeiter beschäftigt.

Stolz

Das Unternehmen ist in sehr zukunftsorientierten Marktsegmenten tätig, steht auf einem finanziell sehr stabilen Fundament und bietet daher den

Mitarbeitern sehr gute Zukunftsperspektiven. Aufgrund dieser Umstände war das Unternehmen im Gegensatz zu vielen Konkurrenten nicht gezwungen, trotz andauernder Krisenzeiten Mitarbeiter in erheblichem Umfange abzubauen. Die Loyalität der Beschäftigten ihrem Arbeitgeber gegenüber ist nicht zuletzt aus diesen Gründen stark ausgeprägt. 86 Prozent der befragten Beschäftigten ziehen in Betracht, bis zu ihrem Ruhestand bei Rohde & Schwarz zu arbeiten. Weitere 87 Prozent sind stolz auf das, was sie in ihrem Unternehmen gemeinsam leisten.

Teamorientierung

In den Teams bei Rohde & Schwarz herrscht ein tolerantes und aufgeschlossenes Arbeitsklima. 87 Prozent der Befragten erklärten in der Untersuchung, sie könnten im Unternehmen sie selbst sein und bräuchten sich nicht zu verstellen. Auch gemeinsames Feiern – zu informellen wie offiziellen Anlässen – hat einen hohen Stellenwert im Unternehmen. Auch die zweimal jährlich stattfindenden Betriebsversammlungen schließen jeweils mit einer Feier ab. Im Sommer 2004 feierte das Unternehmen bereits zum zweiten Mal das Milliardenfest, das die erste Auftragseingangsmilliarde kennzeichnet und aus Dank für die Mitarbeiter gebührend festlich begangen wird. Das Fest wurde im Stil des Oktoberfestes auf dem Münchener Werksgelände mit mehreren Festzelten, Bands, Künstlern und einem Vergnügungsparcours gefeiert. Zudem findet jedes Jahr ein Ski-Riesentorlauf statt, zu dem sich alle Mitarbeiter anmelden können. Das Fußballturnier wird jährlich unter den Mannschaften der Tochterfirmen durchgeführt.

Drei Fragen an ...

Dr. Hubert Amend , Bereichsleiter Personal, Mitglied der Geschäftsleitung, 61 Jahre

Was muss Ihnen ein Unternehmen persönlich bieten, damit Ihnen die Arbeit Freude macht?
Interessante, herausfordernde Aufgaben und Entwicklungsmöglichkeiten, ferner Freiräume, um eigene Ideen zu verwirklichen.

Welche Empfehlung für die Karriereentwicklung können Sie aufgrund Ihrer Erfahrung jungen Fach- und Führungskräften mit auf den Weg geben?
Neugierde und den Willen, sich kontinuierlich weiterzuentwickeln und in anderen Funktionen, auch in fremden Kulturen, Erfahrungen zu sammeln.

Wie lautet Ihr persönlicher Leitsatz für erfolgreiches Management?

Mit Zielen führen; die Mitarbeiter von der Notwendigkeit der Ziele überzeugen und Identifikation mit den Zielen herstellen („wollen"); die Mitarbeiter befähigen und qualifizieren, ihre Ziele zu erreichen und ihre Beiträge zu erbringen („können"); ihnen die nötigen Freiräume bei der Realisierung ihrer Ziele und Aufgaben einräumen („dürfen")

Bewerberanforderungen

Was muss ein Bewerber mitbringen, damit er zu Rohde & Schwarz passt?

Neben einer sehr hohen fachlichen Kompetenz müssen die Bewerber die Bereitschaft und Fähigkeit erkennen lassen, Eigeninitiative zu ergreifen und Verantwortung zu suchen und zu übernehmen. Ferner müssen sie ausgeprägt team- und netzwerkfähig sein.

Unternehmensfakten

Unternehmensname	Rohde & Schwarz GmbH & Co. KG
Branche	Elektrotechnik / Elektronik
Zahl der Mitarbeiter in 2004 in Deutschland	4.554
Gesamtmitarbeiter in 2004 (international/konzernweit)	6.150
Umsatz im Jahr 2004 national	808 Millionen Euro
Umsatz im Jahr 2004 international	941 Millionen Euro
Firmensitz	Mühldorfstraße 15 81671 München

Homepage	www.rohde-schwarz.com
Beschäftigte Berufsgruppen (nach ihrer Häufigkeit)	Entwicklungsingenieure vor allem Elektrotechnik/Nachrichtentechnik, Informatiker, Wirtschaftsingenieure, Industrieelektroniker
Anfangsgehalt für Einsteiger (nach Berufsgruppen gereiht)	Höhe des Gehalts richtet sich nach Erfahrung und Qualifikation
Durchschnittliches Jahresgehalt nach fünf Jahren (gereiht nach Berufsgruppen)	Höhe des Gehalts richtet sich nach Erfahrung und Qualifikation
Bewerberinformationen	www.jobs.rohde-schwarz.com
Weiterbildungsstunden pro Jahr für die größte Berufsgruppe	ein bis zwei Wochen
Anteil der Mitarbeiter unter 35 in Prozent	31,6 Prozent
Frauenanteil in Prozent	24,7 Prozent

SAP Deutschland, Walldorf

ENTHUSIASMUS FÜR PROGRAMME UND MITARBEITER

Der Softwarekonzern SAP bietet seinen Mitarbeitern ein umfangreiches Weiterbildungsangebot und setzt auf die Internationalität der Mitarbeiter.

Der Walldorfer Softwarekonzern SAP gilt als deutsches IT-Vorzeigeunternehmen. „Von Walldorf an die Wallstreet" lautet die gern zitierte Kurzformel der Unternehmenshistorie. 1972 von fünf IBM-Mitarbeitern gegründet, hat der seit 1988 börsennotierte Konzern im Laufe der neunziger Jahre den Durchbruch an die internationale Spitze der Anbieter für Business-Software-Lösungen geschafft. Das Portfolio der SAP umfasst die Geschäftsanwendungen der mySAP Business Suite sowie Softwarelösungen für den Mittelstand, die auf der Technologieplattform SAP NetWeaver aufbauen. Für kleine und mittlere Firmen werden außerdem leistungsfähige Standardlösungen angeboten. Darüber hinaus unterstützt SAP mit mehr als 25 branchenspezifischen Lösungsportfolios industriespezifische Kernprozesse von Automobil bis Versorgung sowie öffentliche Verwaltung.

Als Weltmarktführer im Bereich Unternehmenssoftware liegt SAP an dritter Stelle der größten unabhängigen Softwareunternehmen. SAP-Lösungen sind bei über 26.000 Kunden in mehr als 120 Ländern im Einsatz. SAP erzielte im Geschäftsjahr 2004 einen Gesamtumsatz von rund 7,5 Milliarden Euro.

Neben dem Hauptentwicklungszentrum in Walldorf unterhält die SAP Entwicklungslabors unter anderem in den USA, Japan, Indien, Israel, Bulgarien, China und Frankreich.

Der Konzern beschäftigt derzeit mehr als 32.200 Mitarbeiter in über 50 Ländern, davon rund 13.500 an insgesamt elf Standorten in Deutschland.

Im Wettbewerb *Deutschlands Beste Arbeitgeber 2005* belegt die SAP Deutschland Gesamtrang 12 unter den Top 50-Arbeitgebern und Platz 1 in der Kategorie der Unternehmen mit über 5.000 Mitarbeitern in Deutschland.

Zusätzlich konnte sich das Unternehmen auf der europäischen Liste „100 Beste Arbeitgeber in Europa 2005" platzieren.

Unternehmensergebnisse aus dem Wettbewerb 2005

7-8 Punkte: ausgezeichnet, 5-6 Punkte: sehr gut, 3-4 Punkte: gut.

Glaubwürdigkeit ■ ■ ■ ■ ■ ■ ■ □

„Software And People" so lautet eine unternehmensinterne Übersetzung des Firmenkürzels SAP. Trotz Großkonzernstruktur sind bei SAP viele Aspekte der Unternehmenskultur kleinerer Unternehmen, wie unkomplizierte Ansprechbarkeit und Erreichbarkeit des Managements, erhalten geblieben. Ein hoher Anteil an Mitarbeiterkommentaren betont dies:. „Nach anfänglichen Schwierigkeiten habe ich auch keine Scheu, das „Du" gegenüber Vorstandmitgliedern zu verwenden, von denen man zumindest einen regelmäßig im Fitnessraum trifft." Vierteljährlich finden Mitarbeiterversammlungen statt, auf denen Vorstandsmitglieder die kommenden Aufgaben der SAP erläutern und den Mitarbeitern anschließend im Rahmen allgemeiner Fragestunden Rede und Antwort stehen. Interne Kommunikationsmedien wie SAP TV, Mitarbeiterzeitung, Vorstands-Newsletter und Intranet halten die Belegschaft kontinuierlich bezüglich relevanter Geschäftsentwicklungen auf dem Laufenden. Die Vorstände essen in der „normalen" Kantine, laden zu Lunch-Meetings oder beteiligen sich an „Jour Fixes". Weitere herausragende Aspekte der Führungskultur bei SAP sind die weitreichende Eigenverantwortung und persönliche Freiräume. 84 Prozent der Befragten geben an, dass das Management auf die gute Arbeit der Mitarbeiter vertraue, ohne sie ständig zu kontrollieren.

Respekt

Mit der *SAP University* zur betriebsinternen Weiterbildung und einem außergewöhnlich breit gefächerten E-Learning-Angebot zu Themen wie Projektmanagement, Präsentations-, Persönlichkeits- und Sprachtraining, Konfliktmanagement und technischem wie betriebswirtschaftlichem SAP-Produktwissen bietet das Unternehmen der Belegschaft kontinuierliche Möglichkeiten zur Weiterqualifikation. Für externe Weiterbildungen und Qualifikationsmaßnahmen übernimmt SAP bis zu 50 Prozent der Kosten. Individuelle Entwicklungsbedarfe und -potenziale werden im Rahmen eines Performance-Management-Prozesses ermittelt und in Bildungsmaßnahmen umgesetzt. Überdurchschnittliche 81 Prozent der Befragten stimmen der Aussage zu: „Mir wird Weiterbildung und Unterstützung für meine berufliche Entwicklung angeboten". SAP hat zudem ein Talent-Management-System eingeführt und unterhält ein leistungsorientiertes Vergütungssystem. Im Hinblick auf die innerbetriebliche Zusammenarbeit wird unter anderem alle zwei Jahre eine weltweite Mitarbeiterbefragung durchgeführt. Zudem sorgen Vorschlagswesen sowie Fokus-Gruppen für spezielle Fragestellungen für eine vielfältige Einbindung der Mitarbeiter in die betrieblichen Entscheidungsprozesse. Auch ein ausgewogenes Verhältnis von Arbeit und Privatleben nimmt bei SAP einen hohen Stellenwert ein. „Ich finde es klasse, dass ich von zu Hause aus arbeiten kann. Damit kann ich mich weiterhin um mein einjähriges Kind kümmern und bleibe auch im Berufsleben immer auf dem Laufenden", so beschreibt eine Mitarbeiterin die Berücksichtigung ihrer Lebenssituation. Flexible Arbeitszeitregelungen, die Kleinstkinderbetreuung *Babyplace* sowie ein umfangreiches betriebliches Gesundheitsmanagement sind weitere Belege dafür.

Fairness

SAP bietet den Mitarbeiter ein differenziertes System zur betrieblichen Altersvorsorge und ergänzt durch diverse Lohnnebenleistungen die Gehälter der Belegschaft. Für alle Mitarbeiter gibt es beispielsweise eine Standard-Erfolgsbeteiligung, Aktienprogramme und günstige Versicherungen. Hervorzuheben sind zudem zinslose Baudarlehen und umfangreiche Sport- und Kulturangebote. Die kostenlosen Sportmöglichkeiten umfassen Tennisplätze, Beach Volleyball sowie ein Fitnesscenter. Besonderes Lob erfährt seitens der Mitarbeiter außerdem das kostenfreie Mittagessen respektive die Kantine mit großer Auswahl und hoher Qualität. Hinsichtlich der Neutralität und Gerechtigkeit bei SAP zeigt sich das besondere Engagement des Unternehmens in der Förderung von Toleranz und bei der Integration nicht-deutscher Mitarbeiter. So gab es beispielsweise 2004 eine indische Woche mit verschiedenen Veranstaltungen, die jeweils unterschiedliche Facetten Indiens beleuchteten. Zudem stellt SAP Mitgliedern verschiedener Religionsgemeinschaften entsprechende Gebetsräume zur Verfügung und es existiert eine weltweit agierende Interessenvertretung für homosexuelle SAP-Mitarbeiter. 96 Prozent der Befragten geben an, dass die Mitarbeiter bei SAP unabhängig von ihrer Nationalität oder ethnischen Herkunft fair behandelt werden.

Stolz

85 Prozent der befragten Mitarbeiter drücken ihren Stolz darüber aus, anderen erzählen zu können, bei SAP zu arbeiten. Zum einem fußt die hohe Identifikation auf dem hohen Ansehen, das das Unternehmen als einziges im globalen Maßstab erfolgreiche deutsche Software-Unternehmen genießt. Zum anderen lebt SAP die Philosophie der „Corporate Citizenship"; dies bedeutet, dass SAP seine Aufgaben und Pflichten als Bürger der Gemeinschaften, in denen es agiert, ernst nimmt. Zahlreiche Projekte und Initiativen tragen dies auch nach außen: Praktische und konzeptionelle Hilfeleistungen finden sich da ebenso wie unmittelbare finanzielle Unterstützung in den Bereichen Soziales, Wissenschaft, Forschung, Bildung, Kultur, Sport und regionales Sponsoring. Exemplarisch lassen sich der SAP Solidarity Fund e.V, die World Childhood Foundation und die Amadeu Antonio Stiftung nennen.

Teamorientierung

Herausragende 94 Prozent der befragten SAP-Mitarbeiter loben die freundliche und offene Arbeitsatmosphäre im Unternehmen. SAP unterstützt dies durch die Gestaltung entsprechender Rahmenbedingungen. So gibt es bei SAP eine lockere Kleiderordnung, jeder kann anziehen, was er möchte, und muss sich nicht „verkleiden" – sofern kein Kundenkontakt oder externer Besuch ansteht Überdurchschnittliche 86 Prozent der befragten Mitarbeiter geben an, dass sie „sie selbst sein können" und sich nicht zu verstellen brauchen. Diverse Veranstaltungen im Sommer (Sportturniere etc.), Weihnachtsfeier und Abteilungsausflüge im Rahmen der Arbeitszeit sind feste Einrichtungen im Jahresturnus und tragen dazu bei, dass neben der Arbeit das betriebliche Vergnügen nicht zu kurz kommt. Ein weiteres Programm zielt auf die Integration neuer Mitarbeiter. Das so genannte „Patenkonzept" soll sicherstellen, dass neuen Mitarbeitern der Einstieg so reibungslos wie möglich gelingt. 88 Prozent der Befragten geben entsprechend an, dass man sich als neuer Mitarbeiter bei SAP willkommen fühlt.

Drei Fragen an ...

Claus Heinrich, Vorstand, 49 Jahre

Was muss Ihnen ein Unternehmen persönlich bieten, damit Ihnen die Arbeit Freude macht?

Eine herausfordernde, komplexe Aufgabe, hohe persönliche und gestalterische Freiräume sowie eine offene und inspirierende Arbeitsatmosphäre sind für mich in diesem Kontext die wichtigsten Gesichtspunkte, um seine Arbeit mit Freude, Motivation und Enthusiasmus zu tun. Von meinem „Employer of Choice" erwarte ich persönlich zum Beispiel die Förderung der individuellen Weiterentwicklung und Karriereplanung. Wichtig sind natürlich ebenfalls flexible Arbeitszeitmodelle, unterschiedliche Vergütungskonzepte, die den Qualifikationen und Leistungen der Mitarbeiter Rechnung tragen, sowie darüber hinaus ein breites Spektrum an zusätzlichen Angeboten für ein inspirierendes Arbeitsklima.

Welche Empfehlung für die Karriereentwicklung können Sie aufgrund Ihrer Erfahrung jungen Fach- und Führungskräften mit auf den Weg geben?

Die klassische, aufwärts gerichtete Karriere in einem angestammten Beruf gibt es zunehmend weniger. Junge Leute müssen flexibel sein und bleiben und bereit sein, jederzeit neue Dinge zu lernen. Ausbildung/Studium ist nicht mehr gleich zukünftiger Beruf. Ständiges Lernen, ein Wechsel zwischen Selbstständigkeit, Projekt-Tätigkeit und fester Anstellung werden die Regel sein. Eine Dienstleistungsgesellschaft sowie die systematische Kundenorientierung der Unternehmen fordern Qualifikationen wie kommunikative Fähigkeiten, konzeptionelles und Problem lösendes Denken, aber auch Konflikt- und Kritikfähigkeit, Selbstständigkeit und Verantwortungsbereitschaft. Diese Fähigkeiten wiegen mindestens genauso viel wie eine fachliche Qualifikation. Risikobereitschaft ist daher gefragt, kombiniert mit eigenen Zielen, die man wirklich erreichen möchte.

Wie lautet Ihr persönlicher Leitsatz für erfolgreiches Management?

Es gibt keine bessere Motivation für Mitarbeiter als Erfolg.

Bewerberanforderungen

Was muss ein Bewerber mitbringen, damit er zu SAP passt?

Bei Hochschulabsolvent/innen legen wir großen Wert auf gute bis sehr gute Noten und ein zügig abgeschlossenes Studium sowie auf berufsrelevante Praktika. Bei berufserfahrenen Bewerber/innen ist uns besonders wichtig, dass diese Branchen- oder Spezialwissen erworben haben, mit dem sie das Know-how der Firma ergänzen können. Wichtig ist aber vor allem, dass die Bewerber in ihrer Einstellung und ihrer Persönlichkeit zu SAP passen: Sie sind selbstständig, arbeiten teamorientiert und wollen schnell Verantwortung übernehmen. Aufgrund der internationalen Ausrichtung in allen Unternehmensbereichen sind gute Englischkenntnisse erforderlich.

Unternehmensfakten

Unternehmensname	SAP
Branche	IT
Zahl der Mitarbeiter in 2004 in Deutschland	13.500
Gesamtmitarbeiter in 2004 (international/konzernweit)	32.205
Umsatz im Jahr 2004 national	1.780 Millionen Euro
Umsatz im Jahr 2004 international	7,5 Milliarden Euro
Firmensitz	Neurottstraße 16 69190 Walldorf

Homepage	www.sap.com
	www.sap.info
Beschäftigte Berufsgruppen (nach ihrer Häufigkeit)	Entwicklung
	Beratung
	Support
	Product Management
	Quality Management
	Finance / Controlling
	Human Ressources
Anfangsgehalt für Einsteiger (nach Berufsgruppen gereiht)	38.000 bis 45.000 Euro
Durchschnittliches Jahresgehalt nach fünf Jahren	zahlt marktgerechte Gehälter
Bewerberinformationen	www.sap.de/jobs
Weiterbildungsstunden pro Jahr für die größte Berufsgruppe	Im Durchschnitt erhalten die Mitarbeiter 2,5 Tage Classroom-Training. Je nach Berufserfahrung des Mitarbeiters fällt dieser Anteil größer aus.
Anteil der Mitarbeiter unter 35 in Prozent	46,2 Prozent
Frauenanteil in Prozent	28,3 Prozent

Sapient GmbH, München/Düsseldorf

PEOPLE AND TECHNOLOGY

Der IT-Dienstleister Sapient fördert das persönliches Wachstum der Mitarbeiter, die sich in hohem Maße für das Unternehmen engagieren.

Die Sapient GmbH mit Hauptsitz in München ist eine deutsche Tochter des amerikanischen Beratungs- und Technologiedienstleisters Sapient Corporation. Die Management- und Technologieberatung betreut ihre Kunden bei der Planung, Entwicklung, Implementierung und dem Betrieb von Informationstechnologien zur Optimierung von Geschäftsprozessen.

Die an der Technologiebörse Nasdaq notierte Sapient Corp. wurde 1991 in Cambridge/Massachusetts (USA) gegründet und unterhält heute zwölf Standorte in Nordamerika, Asien und Europa. In Deutschland ist Sapient seit 2000 mit Büros in München und Düsseldorf vertreten. Im Rahmen des Markteintritts übernahm Sapient im Oktober 2000 die Beratungsgesellschaft The Launch Group AG, ein Spin-off renommierter Top-Management-Beratungen.

Standen zu den Boomzeiten der New Economy reine Technologieprojekte noch stärker im Vordergrund, hat sich Sapient heute mehr in Richtung klassischer Beratungshäuser entwickelt und räumt der strategischen Komponente mehr Raum ein. Dabei stehen speziell die Geschäftsziele der Kunden im Vordergrund. Sapient wickelt seine Projekte zu einem großen Teil auf Basis von Festpreisen und festen Projektlaufzeiten ab.

Sapient beschäftigte 2004 in Deutschland 107 Mitarbeiter, weltweit sind rund 2.600 Beschäftigte für das IT-Beratungshaus tätig. Der Gesamtumsatz lag 2004 weltweit bei rund 254 Millionen US-Dollar, 26 Millionen wurden von der deutschen Tochter erwirtschaftet.

Im Wettbewerb *Deutschlands Beste Arbeitgeber 2005* belegt die Sapient GmbH Gesamtrang 22 unter den Top 50-Arbeitgebern und Platz 9 in der Kategorie der Unternehmen von 100 bis 500 Mitarbeitern in Deutschland.

Unternehmensergebnisse aus dem Wettbewerb 2005
7-8 Punkte: ausgezeichnet, 5-6 Punkte: sehr gut, 3-4 Punkte: gut.

Glaubwürdigkeit

„We have no employees – We have people!" Kaum ein Unternehmen des Wettbewerbsfeldes bringt seine Mitarbeiter- oder besser Menschenorientierung im Rahmen der Unternehmensvision prägnanter auf eine Formel. So genannte Roadshows der Führungskräfte dienen dazu, allen Mitarbeitern Unternehmensmission, Vision, Ziele und Werte zu vermitteln. Zudem lässt diese Veranstaltung an wechselnden Standorten auch Raum, um sich im Dialog mit dem Top-Management über diese Aspekte auszutauschen. Auch die Antworten auf die offenen Fragen der Untersuchung bestätigen dies: „Ich denke, in unserem Unternehmen ist insbesondere die sehr offene Kommunikationskultur hervorzuheben. Auch wir sind von der allgemeinen IT-Krise betroffen gewesen, und unser Management hat in dem für uns sehr wichtigen Jahr 2003 mit sehr offenen Karten gespielt. Die Marschroute wurde in einem Treffen aller Angestellten besprochen und auch klar dargelegt, wie viel Einsatz von jedem erwartet wurde." Im betrieblichen Alltag erlaubt das Prinzip des offenen Büros, dass Führungskräfte mit Mitarbeitern unkompliziert in Kontakt treten. Geschäftsführer und andere Führungskräfte sitzen in der Regel inmitten der Großraumbüros und sorgen für einen offenen Austausch. Weit überdurchschnittliche 92 Prozent der Befragten finden dementsprechend, ihr Management sei gut erreichbar und unkompliziert anzusprechen. Da Teile der Belegschaft geographisch sehr weit verstreut arbeiten, sind, neben der elektronischen Kommunikation via E-Mail, Telefonkonferenzen ein häufig eingesetztes Instrument. In regelmäßigen Abständen erhalten zudem alle Mitarbeiter eine Voicemail des Geschäftsführers. Die umfassende Kommunikation ist die Grundlage, die die Mitarbeiter erst in die Lage versetzt, eigenverantwortlich agieren zu können. Konsequenterweise geben 95 Prozent der Befragten an, sie erhielten viel Verantwortung.

Respekt

Am Orientierungstag wird neuen Mitarbeitern ein *Buddy* zugewiesen, um sie bei allen Fragen zu unterstützen. Zusätzlich bekommt jeder neue Mitarbeiter einen *Career Manager* an die Seite gestellt. Er übernimmt die Verantwortung für die langfristige Entwicklung des Mitarbeiters und ist in alle formelle Mitarbeiterentwicklungsprozesse, wie die jährliche Leistungsevaluation, involviert. Ein konsistentes, klar formuliertes *People-Growth-Modell* beschreibt die Kompetenzanforderungen für den internen Karriereweg. Projektarbeit ist so angelegt, dass sie für die beteiligten Mitarbeiter Lernchancen beinhaltet. Das *Shadow-Program*, bei dem neu eingestellte Mitarbeiter erfahrene Kollegen begleiten, unterstützt die Einarbeitung und den Ausbau von Expertenwissen. Job-Rotationen und externe Trainings ergänzen die Maßnahmen zur Unterstützung der beruflichen Entwicklung. Besonderer Einsatz wird nicht nur durch informelle E-Mails gewürdigt, in denen sich der Geschäftsführer bedankt, oder durch lobende Darstellungen im globalen Intranet, sondern vor allem auch durch die firmeninternen Auszeichnungen. Diese quartalsweise vergebenen Prämierungen belohnen beispielsweise vorbildliches Verhalten am Arbeitsplatz oder die gelungene Umsetzung der Firmenvision. In der Befragung bestätigten die Mitarbeiter mit 92 Prozent Zustimmung: Jeder hat hier die Möglichkeit, Aufmerksamkeit und Anerkennung zu bekommen. Auch die jeweilige Lebenssituation findet Berücksichtigung. Vor allem der so genannte *Leave of Absence* fällt positiv auf. Er ermöglicht es langjährigen Mitarbeitern, Auszeiten für Ausbildung, Studium oder aus persönlichen Gründen zu nehmen.

Fairness

Bei der Bezahlung seiner Mitarbeiter stellt das Unternehmen über Vergleichsdaten des Marktes ein hohes Maß an Ausgewogenheit, Leistungsgerechtigkeit und Objektivität bei der Festsetzung sicher. Alle Mitarbeiter erhalten darüber hinaus die Möglichkeit, sich am Aktien-Sparprogramm, dem *Employee Stock Purchase* Plan, zu beteiligen, das den Erwerb von preisreduzierten Firmenaktien ermöglicht Darüber hinaus bietet Sapient jedem Mitarbeiter an, eine Direktversicherung durch Gehaltsumwandlung abzuschließen, bezahlt für die Mitarbeiter die Pauschalversteuerung und ermöglicht Interessenten die Mitgliedschaft in Fitnessstudios zu Sonderkonditionen. Zu den Aspekten Neutralität und Gerechtigkeit im Hinblick auf Minderheiten gilt die wesentliche Grundhaltung des Unternehmens, kulturelle Verschiedenheit zu akzeptieren und die Vorteile einer multikulturellen Belegschaft wertzuschätzen. Durch spezielle Trainings wird das Bewusstsein für die interkulturelle Zusammenarbeit geschärft und durch grenzüberschreitende, global agierende interne Teams nicht nur Wissen ausgetauscht, sondern stets die Förderung der kulturellen Vielfalt unterstützt. Im Hinblick auf eine faire Behandlung unabhängig von der sexuellen Orientierung des Einzelnen, erreicht das Befragungsergebnis sogar den Spitzenwert von 100 Prozent Zustimmung.

Stolz

Die Identifikation der Mitarbeiter mit ihrem Unternehmen wird in der Befragung überdurchschnittlich hoch bewertet. So erleben beispielsweise 97 Prozent der Befragten, dass die Mitarbeiter bei Sapient bereit sind, zusätzlichen Einsatz zu leisten, um die Arbeit zu erledigen. Dabei stellt der gemeinsam geschaffte Turnaround nach einigen wenigen erfolgreichen Jahren einen Grund für den ausgeprägten Stolz der Belegschaft dar. Des Weiteren loben die Mitarbeiter die wertebasierte Kultur bei Sapient, die sie mit Stolz erfüllt und die sogar im Rahmen einer Harvard Business Case Study internationale Beachtung fand. Werte wie Offenheit und Eigenverantwortung stiften Identifikationspotenzial und werden gelebt. 95 Prozent aller Befragten erleben beispielsweise, dass die Mitarbeiter bereit sind, zusätzlichen Einsatz zu leisten, um die Arbeit zu erledigen.

Teamorientierung

Weihnachtsfeier, Ostern und Sommerfest bilden den Dreiklang der Gelegenheiten, zu dem regelmäßig im großen Stil gemeinsam gefeiert wird. So wird zum Beispiel das Sommerfest außerhalb des Firmengeländes veranstaltet – etwa in Form einer Floßfahrt unter dem Motto „Going with the flow". Erfolgreiche Projekte müssen gefeiert werden! Teamdinners oder Events wie Go-Karting können den Rahmen für gemeinsam erlebten Spaß bilden. Zudem werden einmal im Monat Mitarbeiter-Lunches veranstaltet, um das Zusammengehörigkeitsgefühl zu fördern. Dieses Engagement schlägt auch bei der Befragung zu Buche: 95 Prozent der Mitarbeiter wissen: Besondere Ereignisse werden bei uns gefeiert. Letztlich versteht man all diese Ereignisse und Veranstaltungen als Mittel, die den Spaß an der Zusammenarbeit zusätzlich unterstützen. Als wesentlich erachten die Mitarbeiter „ihre lebendige Kultur, die mit Humor verbunden ist".

Drei Fragen an ...

Julia von Winterfeldt , Director, General Management, 34 Jahre

Was muss Ihnen ein Unternehmen persönlich bieten, damit Ihnen die Arbeit Freude macht?

Einiges! Aber Hauptsache ist: Die Aufgabe und das Umfeld, in der die Arbeit verrichtet wird, stimmen für mich persönlich. Damit meine Aufgabe Spaß macht, benötige ich ein klares Ziel vor Augen, ein gemeinsam getragenes Unternehmensziel, aber auch eigene, persönliche Ziele. Mit einem klaren Unternehmenszweck und einer gemeinsamen Vision richtet sich das Unternehmen auf eine Richtung aus, und wenn ich das großartig und spannend finde und mich damit identifizieren kann, dann arbeite ich umso freudiger an diesen Aufgaben, weil ich das Erstrebte wahr machen will. Allerdings ist für die Freude an der Arbeit nicht nur der künftige äußere Erfolg wichtig, ein entscheidender Bestandteil ist auch das Umfeld, in dem wir den Arbeitsalltag verbringen. Eine offene und positive Arbeitsumgebung macht es möglich, dass sich die Kollegen gegenseitig als Menschen wahrnehmen, und begünstigt den konstruktiven und produktiven Austausch. Dies fördert meine eigene innere Zufriedenheit und letztlich mein Glück.

Welche Empfehlung für die Karriereentwicklung können Sie aufgrund Ihrer Erfahrung jungen Fach- und Führungskräften mit auf den Weg geben?

Jeder, der tatsächlich beruflich an die Spitze kommen will, sollte klar darüber nachdenken, ob er Karriere machen will, denn dazu gehören eine klare Willensentscheidung, das nötige Selbstbewusstsein und eine entsprechende Organisation im persönlichen Lebensstil. Im Verlauf der beruflichen Entwicklung sollte sich jeder – wenn möglich im Unternehmen – einen Mentor, eine echte Persönlichkeit, zu der man Vertrauen hat, suchen und ihn oder sie gelegentlich um Rat fragen. Ein Mentor ist in der Lage, den Karrierepfad inhaltlich aufzuzeigen und vor allem die eigene Persönlichkeit bewusster zu machen. Auf meinem Weg habe ich durch den zusätzlichen Blickwinkel von außen mich mehr und mehr kennen lernen dürfen. Auch wenn manche Erfahrungen und Kenntnisse schwer zu akzeptieren waren, bin ich für diesen „inneren Weg" dankbar. Die Kenntnisse über meine eigene Person und darüber, wie ich mich selbst ins Arbeitsleben einbringe, haben mir in vielen Situationen weitergeholfen. Erst sie machen es mir heute möglich, Situationen besser einzuschätzen, andere Menschen und ihre Bedürfnisse wichtig zu nehmen und ihnen die richtige Unterstützung zu bieten. Und erst durch sie habe ich gelernt, dem standzuhalten, was meine Bereitschaft zur Verantwortung tagtäglich mit sich bringt.

Wie lautet Ihr persönlicher Leitsatz für erfolgreiches Management?

Erfolgreiches Management bedeutet für mich, eine Reihe von Eigenschaften nach außen sichtbar zu machen: Ein erfolgreicher Manager sollte bereit sein, Verantwortung zu übernehmen, sich involvieren und integrieren. Er oder sie sollte seine Mitmenschen wahrnehmen und differenziert unterstützen oder fördern, er sollte ihnen offen und vertrauensvoll begegnen und vermitteln. Und schließlich sollte er fähig sein, den Weg zu weisen, der zum gemeinsamen Ziel führt. Zudem ist für erfolgreiches Management die innere Arbeit an sich selbst nötig: Dazu gehört es, die eigene Berufs- und Privatarbeit kontinuierlich und bewusst zu reflektieren, die eigenen Fähigkeiten und Grenzen stets zu überprüfen und die eigene Motivation, die eigene Freude und innere Zufriedenheit lebendig zu halten. Beide Bestandteile, die äußere wie die innere Arbeit, werden sich positiv auf die Organisation auswirken!

Bewerberanforderungen

Jeder Bewerber sollte ähnliche Werte tragen, die wir im Unternehmen pflegen. Das heißt, ein Bewerber, der offen, verantwortungsbewusst, kundenorientiert und an der eigenen Weiterentwicklung interessiert ist, wird im Bewerberprozess auf Zustimmung stoßen. Neben den hervorragenden fachlichen Kenntnissen wünschen wir uns passionierte, kreative, offene, wissbegierige Persönlichkeiten, die es verstehen, in multikulturellen Teams zu arbeiten, und stets das Ziel im Auge haben.

Unternehmensfakten

Unternehmensname	Sapient GmbH
Branche	IT
Zahl der Mitarbeiter in 2004 in Deutschland	107
Gesamtmitarbeiter in 2004 (international/konzernweit)	circa 2.600

Umsatz im Jahr 2004 national	25,8 Millionen Euro
Umsatz im Jahr 2004 international	253,9 Millionen US-Dollar
Firmensitz	Speditionstraße 5 D-40221 Düsseldorf
Homepage	www.sapient.de www.sapient.com
Beschäftigte Berufsgruppen (nach ihrer Häufigkeit)	1. Technology: Software-Ingenieur, Software-Architekt 2. Program Management: Projektleiter, Projektmanager 3. Creative Design: Information Architect, Content Designer, Site Developer, User Researcher, Visual Designer 4. Business Consulting: für die Bereiche Telekommunikation, Energie, Travel & Transport 5. Business Development: für die Bereiche Telekommunikation, Energie, Travel & Transport
Bewerberinformationen	www.sapient.de (Karriere)
Weiterbildungsstunden pro Jahr für die größte Berufsgruppe	zwölf Stunden
Anteil der Mitarbeiter unter 35 in Prozent	68,2 Prozent
Frauenanteil in Prozent	23,4 Prozent

science + computing ag, Tübingen

INFORMATION MIT SCHLAUEN KÖPFEN

Das Management des IT-Unternehmens science + computing gewährt seinen Mitarbeitern viel „akademische Freiheit" und beteiligt sie konsequent am Unternehmenserfolg.

Das Tübinger IT-Unternehmen science + computing ag ist ein herstellerunabhängiger Anbieter von IT-Services und Software mit Konzentration auf den Markt des „Technical Computings". Kerngeschäft des Unternehmens ist die Gestaltung und der Betrieb von Rechnerumgebungen im CAD, CAE und CAT. Zudem entwickelt und vertreibt science + computing auch Software für die intelligente Nutzung und Verwaltung von komplexen Rechnernetzen. Zum Kundenkreis des 1989 von Doktoranden der Theoretischen Astrophysik der Universität Tübingen gegründeten Unternehmens zählen insbesondere namhafte Autobauer wie beispielsweise Audi, BMW, DaimlerChrysler oder Porsche, Automobilzulieferer wie Bosch oder Mikroelektronikhersteller wie Infineon. science + computing kooperiert mit Vertriebspartnern in Italien, Japan und USA.

Neben dem Hauptsitz in Tübingen ist science + computing auch an weiteren Standorten in München, Berlin und Duisburg aktiv. Das nicht-börsennotierte Unternehmen beschäftigt derzeit 193 Mitarbeiter und erwirtschaftete im Geschäftsjahr 2003/2004 einen Umsatz von rund 19 Millionen Euro. Im Wettbewerb *Deutschlands Beste Arbeitgeber 2005* belegt die science + computing ag Gesamtrang 36 unter den Top 50-Arbeitgebern und Platz 14 in der Kategorie der Unternehmen von 100 bis 500 Mitarbeitern in Deutschland.

Unternehmensergebnisse
aus dem Wettbewerb 2005
7-8 Punkte: ausgezeichnet, 5-6 Punkte: sehr gut, 3-4 Punkte: gut.

Glaubwürdigkeit

Transparenz und Offenheit sind tragende Elemente der Führungskultur bei science + computing. Sie finden ihren Ausdruck unter anderem im architektonischen Konzept der Firmengebäude, die mit ihren vielen öffentlichen Flächen den spontanen informellen Wissens- und Informationsaustausch hierarchie- und abteilungsübergreifend fördern soll. Virtuelle „Freiräume" in Form offener Diskussionsforen zu aktuellen Entwicklungen sowie zu fachlichen Themen ergänzen standortübergreifend diese Form des Informationstransfers. Im Rahmen des Quartalstreffens und im Intranet werden die Unternehmenszahlen veröffentlicht und erläutert. Neben der Politik der „offenen Tür", die das Management praktiziert, erlauben weitere Instrumente den direkten Austausch mit dem Vorstand. Wöchentlich bietet dieser zum Beispiel Sprechstunden an. 93 Prozent der Befragten äußern, ihr Management sei gut erreichbar und unkompliziert anzusprechen. Auch die Integrität des Vorstands wird von den Befragten herausragend gut beurteilt. So glauben 98 Prozent, dass das Management Kündigungen nur als letzten Ausweg wählt. Ein Wert, der 16 Prozentpunkte über dem Mittel der Top 50-Unternehmen liegt.

Respekt

Als wissensintensiver Dienstleister weist das Unternehmen eine stark akademische Qualifikationsstruktur auf. Mehr als 80 Prozent der Beschäftigten sind Hochschulabsolventen, gut ein Viertel der Mitarbeiter ist überdies promoviert. Den akademischen Standards folgend, ist es jedem Mitarbeiter gestattet, im Rahmen seiner Arbeitszeit einen Anteil für persönliche Weiterbildung zu nutzen. Zudem erhalten die Mitarbeiter im Schnitt 80 Weiterbildungsstunden pro Jahr. Finanziell vom Unternehmen getragen werden auch

Schulungen zu Soft Skills wie Sprachen oder Zeitmanagement. Ein intranet-basiertes Wissensmanagement-System und eine umfangreiche Bibliothek mit Fachbüchern und Fachzeitschriften runden das Bildungsangebot ab. In puncto innerbetrieblicher Zusammenarbeit und Mitarbeiterpartizipation kümmert sich ein vierköpfiges Moderatorenteam um die Vertretung der Belegschaftsinteressen. Zusätzlich findet einmal jährlich ein gemeinsames Wochenende der einzelnen Bereiche bzw. der ganzen Belegschaft in Form der Open-Space-Konferenz statt. Im Rahmen dieser Veranstaltung haben alle Mitarbeiter die Möglichkeit, ihre Ideen und Anregungen mit Interessierten zu diskutieren und Vorschläge zu erarbeiten. 81 Prozent – im Vergleich zu durchschnittlich 60 Prozent Zustimmung im Feld der Top 50-Unternehmen – bescheinigen ihrem Management, dass es die Mitarbeiter in Entscheidungen, die ihre Arbeit oder das Arbeitsumfeld betreffen, mit einbezieht. Viel Lob erfährt auch die flexible Arbeitzeitgestaltung zur verbesserten Vereinbarkeit von Familien- und Berufsleben. Ein Mutter schwärmt: „Ich kann meine Arbeitszeit absolut frei einteilen, das ist wichtig für mich, da ich zwei kleine Kinder habe. Oft arbeite ich spät abends, wenn z. B. ein Kind krank ist." Dass dies kein Einzelfall ist, bestätigt die Mitarbeiterbefragung: 93 Prozent aller Befragten schätzen den Umstand, dass sie sich Zeit frei nehmen können, wenn sie es für notwendig halten.

Fairness

Die besondere Stärke des Unternehmen im Verhältnis zum Wettbewerbsfeld zeigt sich in der Partizipation der Mitarbeiter am wirtschaftlichen Erfolg des Unternehmens. 95 Prozent – durchschnittlich 33 Prozentpunkte mehr als in den übrigen Unternehmen des Top-50-Feldes – finden, dass sie bei science + computing angemessen an den Gewinnen der Organisation beteiligt werden. Allein 90 Prozent der Aktien sind in den Händen der Mitarbeiter, und wiederum 65 Prozent der Belegschaft sind im Besitz von Aktien. Jährlich werden mindestens 25 Prozent des Unternehmensgewinns an die Mitarbeiter ausgeschüttet. Im Jahr 2004 waren das insgesamt 1.884.601 Euro. Darüber hinaus unterstützt das Unternehmen verschiedene Formen der betrieblichen Altersvorsorge wie Entgeltumwandlung, bezuschusst die monatlichen Aufwendung für Fahrkarten im öffentlichen Nahverkehr und übernimmt die Hallengebühren und Trainerkosten für gemeinsame Fitnessaktivitäten. Auf den fairen Umgang miteinander vertraut man bei science + computing auch ohne Code of Conduct. Weit überdurchschnittliche 92 Prozent der Befragten sind überzeugt, dass fair damit umgegangen wird, wenn sie sich ungerecht behandelt fühlen und sich darüber beschweren.

Stolz

„Unglaublich finde ich, dass wir trotz Wirtschaftsflaute jährlich zweistellige Zuwachsraten haben", konstatiert ein Mitarbeiter. Trotz Branchenkrise und ungünstigen wirtschaftlichen Rahmenbedingungen ist die science + computing ag seit ihrer Firmengründung ein kontinuierlich erfolgreiches Unternehmen. Die Firma genießt bei ihren Kunden, zu denen Unternehmen wie Audi, DaimlerChrysler, Bosch, BMW und Porsche gehören, einen ausgezeichneten Ruf. 92 Prozent der Befragten äußern in der Untersuchung, dass sie stolz darauf sind, anderen erzählen zu können, wo sie arbeiten. Weitere Befragungsergebnisse belegen, dass Loyalität und Engagement bei der Belegschaft stimmen. 93 Prozent von ihnen erleben, dass die Mitarbeiter bereit sind, einen zusätzlichen Einsatz zu leisten, um die Arbeit zu erledigen.

Teamorientierung

86 Prozent der Befragten fühlen sich eigenen Angaben zufolge bei science + computing wie eine „Familie" bzw. bestätigen den guten Teamgeist. So lobt ein Mitarbeiter: „s + c fördert das Miteinander. Ich kann zum Beispiel Gespräche mit anderen Kollegen führen, ohne über den Inhalt oder die Dauer Rechenschaft abzulegen. Ich kann hier vollkommen ich selbst sein!" Beeindruckende 94 Prozent der Befragten geben dementsprechend an, sich nicht verstellen zu brauchen. Das Unternehmen fördert zudem durch günstige Rahmenbedingungen den kollegialen Umgang miteinander: Installierte Duschen beispielsweise ermöglichen gemeinsame Sportaktivitäten während der Mittagspause. Des Weiteren gibt es monatliche Teamfrühstücke und Stammtische, die gerne genutzt werden, um sich auch über Privates auszutauschen. Für die Teilnahme an den Geburtstagsfeiern kann jeder Mitarbeiter bis zu 30 Minuten Arbeitszeit gutschreiben. 96 Prozent aller Befragten sind sich darüber einig, dass eine freundliche Arbeitsatmosphäre herrscht.

Drei Fragen an ...

Dr. Ingrid Zech, Vorstand, 47 Jahre

Was muss Ihnen ein Unternehmen persönlich bieten, damit Ihnen die Arbeit Freude macht?
Herausfordernde und abwechslungsreiche Aufgaben sind für mich ein maßgeblicher Impuls, um Freude an der Arbeit zu entwickeln. Dazu gehört auch, dass ich die Chance bekomme, mich ständig weiterentwickeln zu können. Nur so kann ich mir ja die Fähigkeiten erarbeiten, die ich für die Bewältigung der neuen Herausforderungen benötige. Selbstredend trägt auch ein

gutes Betriebsklima, in dem jeder offen sprechen und in dem ein intuitives Verständnis für die Notwendigkeiten einer Situation entstehen kann, viel dazu bei, dass Arbeit nicht nur als Pflichterfüllung wahrgenommen wird.

Welche Empfehlung für die Karriereentwicklung können Sie aufgrund Ihrer Erfahrung jungen Fach- und Führungskräften mit auf den Weg geben?

Auf dem Weg zu einer guten Führungspersönlichkeit muss man sich vor allem über die eigenen Stärken und Schwächen klar werden. Nicht nur, um an den eigenen Schwächen arbeiten und sie vielleicht mildern zu können, sondern vor allem, um zu erkennen, welcher Platz mir mit meinen individuellen Stärken und Fähigkeiten entspricht. Zudem: Führungsarbeit ist primär Kommunikationsarbeit. Das muss man trainieren. Und nicht zuletzt ist es bei aller Begeisterung für die Arbeit wichtig, den Ausgleich von Berufs- und Privatleben im Blick zu behalten.

Wie lautet Ihr persönlicher Leitsatz für erfolgreiches Management?

Versuche stets, die Balance zu halten und einen Ausgleich zwischen den verschiedenen Interessen anzustreben.

Bewerberanforderungen

Was muss ein Bewerber mitbringen, damit er zu science + computing passt?

Wir suchen vor allem Hochschulabsolventen aus naturwissenschaftlichen Studiengängen. Wir arbeiten bei unseren Kunden auf hohem fachlichem Niveau und übernehmen dabei viel Verantwortung. Bewerber sollten mitbringen: eine positive, motivierte Grundeinstellung, Begeisterungsfähigkeit, hohe fachliche und persönliche Lernfähigkeit, Freude an Teamwork und Kommunikation, Selbstständigkeit, Verantwortungsbewusstsein, Stresstoleranz und nicht zuletzt eine ausgeprägte Kundenorientierung.

Unternehmensfakten

Unternehmensname	science + computing ag
Branche	IT

Zahl der Mitarbeiter in 2004 in Deutschland	193
Gesamtmitarbeiter in 2004 (international/konzernweit)	193
Umsatz im Jahr 2004 national	18,5 Millionen Euro
Umsatz im Jahr 2004 international	0,5 Millionen Euro
Firmensitz	Hagellocher Weg 71–75 72070 Tübingen
Homepage	www.science-computing.de
Beschäftigte Berufsgruppen (nach ihrer Häufigkeit)	Systemadministratoren, Softwareentwickler
Anfangsgehalt für Einsteiger (nach Berufsgruppen gereiht)	40.000 Euro (gleich für beide Gruppen)
Durchschnittliches Jahresgehalt nach fünf Jahren (gereiht nach Berufsgruppen)	65.000 Euro (gleich für beide Gruppen)
Bewerberinformationen	www.science-computing.de
Weiterbildungsstunden pro Jahr für die größte Berufsgruppe	80 bis 160 Stunden/Jahr
Anteil der Mitarbeiter unter 35 in Prozent	42,5 Prozent
Frauenanteil in Prozent	21,2 Prozent

sd&m AG, München

MENSCHEN MACHEN IT

Der IT-Dienstleister sd&m zeichnet sich durch besonderen Teamspirit und eine freundliche Arbeitsatmosphäre aus.

Der IT-Dienstleister sd&m mit Sitz in München entwickelt und integriert unternehmensspezifische Informationssysteme und technische Anwendungen. Spezialisiert hat sich das Unternehmen auf die IT-gestützte Reorganisation unternehmenskritischer Geschäftsprozesse. Zum Leistungsspektrum zählen das Software-Engineering, dessen Einbindung in bestehende IT-Landschaften sowie die Ablösung von Altsystemen. Darüber hinaus berät sd&m seine zahlreichen Großkunden in zentralen Fragen der Informationstechnik und ihrer Anwendungen.

Die 1982 gegründete sd&m AG agiert heute innerhalb der Capgemini Gruppe, einem globalen Player im Feld der Management- und IT-Beratungshäuser. Alleiniger Aktionär der nicht-börsennotierten sd&m AG ist somit Capgemini Deutschland. Der Firmenname „sd&m" steht als Kürzel für „software design & management".

Die sd&m AG unterhält Niederlassungen in Hamburg, Berlin, Düsseldorf, Köln/Bonn, Frankfurt, Stuttgart und München. Im Jahr 2000 wurde zudem eine Schweizer Tochtergesellschaft mit Standort Zürich gegründet. 2004 beschäftigte das Unternehmen in Deutschland 950 Mitarbeiter und konnte einen Umsatz von 125 Millionen Euro erzielen.

Im Wettbewerb *Deutschlands Beste Arbeitgeber 2005* belegt die sd&m AG Gesamtrang 29 unter den Top 50-Arbeitgebern und Platz 15 in der Kategorie der Unternehmen von 501 bis 5.000 Mitarbeitern in Deutschland.

Unternehmensergebnisse
aus dem Wettbewerb 2005
7-8 Punkte: ausgezeichnet, 5-6 Punkte: sehr gut, 3-4 Punkte: gut.

Glaubwürdigkeit

Gemäß der Firmenphilosophie „Nicht Methoden und Werkzeuge, sondern Menschen machen die Projekte" legt das Management sehr viel Wert darauf, den Mitarbeitern – über alle Hierarchiestufen hindurch – mit Offenheit und Wertschätzung zu begegnen. Das Management lebt konsequent eine Politik der offenen Türen und des gegenseitigen Kommunikationsaustauschs. Auch der Vorstand kann direkt und ohne vorherige Terminvereinbarung angesprochen werden. Kennzeichnend für diese Führungskultur ist auch das hohe Maß an Eigenverantwortlichkeit, das die Führung ihrer Belegschaft einräumt. Ebenso herrscht ein Klima des Vertrauens vor, was sich beispielsweise darin zeigt, dass auf Stempeluhren gänzlich verzichtet wird. 93 Prozent der Belegschaft bestätigen folglich auch, dass das Management auf die gute Arbeit der Mitarbeiter vertraut, ohne sie ständig zu kontrollieren. Beachtliche 87 Prozent der Befragten bestätigen, dass sie viel Verantwortung erhalten.

Respekt

Nahezu alle Mitarbeiter rekrutieren sich aus diplomierten Informatikern, Mathematikern, Ingenieuren, Naturwissenschaftler oder Betriebswirten. So ist es wenig verwunderlich, dass das Unternehmen großen Wert auf die fachliche und persönliche Unterstützung seiner Mitarbeiter legt. 50 bis 60 Weiterbildungsstunden pro Jahr erhalten die Mitglieder dieser Berufsgruppen im Durchschnitt. Neben technisch und fachlich orientierten Weiterbildungsangeboten werden Seminare zu Themen wie Kommunikation, Konfliktmanagement oder „Sicherheit im persönlichen Auftreten" angeboten. Externe Angebote, die engagierte und interessierte Mitarbeiter in ihrer Freizeit nutzen, werden nach Absprache mit dem Vorgesetzten finanziell bezuschusst. Zur Anerkennung von besonderem Einsatz und herausragenden Leistungen bietet sd&m seinen Mitarbeitern mit dem Festgehalt jährlich eine einmalige Sonderzahlung. Mitarbeiter mit variablem Einkommen werden am Unternehmenserfolg beteiligt und erhalten eine Tantiemenzahlung, die auf individuellen Zielvereinbarungen beruht. Herausragendes Merkmal des Unternehmens ist jedoch seine stark ausgeprägte Familienfreundlichkeit. So verfügt die zentrale Niederlassung in München bereits seit 1998 über eine Kindertagesstätte für Kinder zwischen einem und sechs Jahren, die aus einer Initiative von sd&m-Mitarbeitern hervorgegangen ist. Seitdem unterstützt das Unternehmen die betriebsnahe Elterninitiative durch Übernahme der Mietkosten und Sonderausgaben. Des Weiteren bietet das Unternehmen eine Vielzahl anpassungsfähiger Teilzeitmodelle. Hinsichtlich des Aspekts *Caring* gibt es bei sd&m eine weitere Besonderheit: Räumlichkeiten und Arbeitsplätze sind sehr zum Gefallen der Belegschaft nach dem Feng-Shui-Prinzip gestaltet. Entsprechend loben auch 85 Prozent der Befragten den positiven Beitrag, den die Gebäude und Einrichtungen zu einer guten Arbeitsumgebung leisten.

Fairness

Neben dem Gehalt bietet das Unternehmen Sonderleistungen, die allen Mitarbeitergruppen zu Gute kommen. Bei Bedarf erstattet sd&m zum Beispiel Umzugskosten bis zur Höhe eines Bruttomonatsgehalts. Des Weiteren profitiert die Belegschaft von vergünstigten Versicherungen und exklusiven Weihnachtsgeschenken. Hinsichtlich der Aspekte Neutralität und Gerechtigkeit zeichnet sich das Unternehmen besonders durch seine vielfältigen Aktivitäten aus, Frauen für Informatikberufe zu gewinnen. sd&m beteiligt sich in vielen Städten Deutschlands am „Girls Day" sowie an der Veranstaltung „Girls go Informatic": Insgesamt wird der Umgang miteinander als sehr fair eingeschätzt. 91 Prozent – und das bedeutet 17 Prozentpunkte über dem Mittel der Top 50-Unternehmen – bestätigen in der Befragung, dass die Mitarbeiter verdeckte Machenschaften und Intrigen unterlassen, um etwas zu erreichen. Ein Wert mit Benchmark-Qualität.

Stolz

Der wirtschaftliche Erfolg, die persönlichen Entwicklungsmöglichkeiten sowie der ausgezeichnete Ruf, den das Unternehmen bei Hochschulen und in der IT-Branche genießt, sind wichtige Faktoren, die zur hohen Identifikation der Mitarbeiter bei sd&m beitragen. Da das Unternehmen sehr hohe Maßstäbe an die Qualität seiner Bewerber legt, sind viele Mitarbeiter stolz darauf, den strengen Auswahlkriterien entsprochen zu haben. Die vielfältigen persönlichen Entfaltungsmöglichkeiten zeigen sich unter anderem an den zahlreichen Buchveröffentlichungen, die unter Mitwirkung der Mitarbeiter von sd&m entstanden sind, und an den vielfältigen Auszeichnungen, die das Unternehmen bereits erhalten hat. Überdurchschnittliche 93 Prozent der Befragten geben an, dass die Mitarbeiter bereit sind, zusätzlichen Einsatz zu leisten, um die Arbeit zu erledigen.

Teamorientierung

„There are quite a few points that I can think of that make this company unique and hence a great place to work. The one that strikes the most and stands out is the way in which the company and the employees work together as a family", lobt ein Mitarbeiter den „Teamspirit", der in der Belegschaft herrscht. In dem Bewusstsein, dass die Mitarbeiter sehr engagiert und motiviert arbeiten, würdigt das Management regelmäßig diesen Einsatz und bezieht dabei auch die Partner und Kinder mit ein. Dies spiegelt sich auch in den Befragungsergebnissen wider. Herausragende 97 Prozent der Mitarbeiter loben die freundliche Arbeitsatmosphäre. Weitere 96 Prozent der Befragten urteilen, dass sich neue Mitarbeiter willkommen fühlen.

Drei Fragen an ...

Christoph Reuther, Personalleiter, 40 Jahre

Was muss Ihnen ein Unternehmen persönlich bieten, damit Ihnen die Arbeit Freude macht?
In erster Linie Vertrauen, Eigenverantwortung und Gestaltungsspielräume. Ebenso wichtig ist jedoch auch ein vernünftiges Maß zwischen Arbeit und Freizeit sowie ein angemessenes Vergütungspaket.

Welche Empfehlung für die Karriereentwicklung können Sie aufgrund Ihrer Erfahrung jungen Fach- und Führungskräften mit auf den Weg geben?
Es ist wichtig, seine persönlichen Stärken und Schwächen zu kennen, um sich auf seine Stärken konzentrieren zu können. Fachlich darf man seine Neigungen nicht aus den Augen verlieren, und das Ziel sollte man stets mit Ausdauer und Beharrlichkeit verfolgen. Sehr bereichernd ist eine Zusammenarbeit mit einem Mentor.

Wie lautet Ihr persönlicher Leitsatz für erfolgreiches Management?
Genauso wichtig wie das „was" – die Ergebnisse – ist uns das „wie" – die Art der Zusammenarbeit mit unseren Kunden und innerhalb des sd&m-Teams.

Bewerberanforderungen

Was muss ein Bewerber mitbringen, damit er zu sd&m passt?

Wir erwarten ein Gleichgewicht von Fachlichkeit und Persönlichkeit. Neben einer sehr gut abgeschlossenen (Fach-)Hochschulausbildung bringt der ideale Bewerber auch ein hohes Maß an sozialen Kompetenzen mit. Wir wünschen uns kommunikationsstarke, kreative und entscheidungsfreudige Mitarbeiter.

Unternehmensfakten

Unternehmensname	sd&m AG
Branche	IT
Zahl der Mitarbeiter in 2004 in Deutschland	950
Umsatz im Jahr 2004 national	125 Millionen Euro
Firmensitz	Carl-Wery-Str. 42 81739 München
Homepage	www.sdm.de
Beschäftigte Berufsgruppen (nach ihrer Häufigkeit)	(Senior) Software-Ingenieur
Anfangsgehalt für Einsteiger (nach Berufsgruppen gereiht)	keine Angaben
Durchschnittliches Jahresgehalt nach fünf Jahren (gereiht nach Berufsgruppen)	keine Angaben

Bewerberinformationen	www.sdm.de/jobs/
Weiterbildungsstunden pro Jahr für die größte Berufsgruppe	Jeder Mitarbeiter besucht in der Regel jeweils eine Veranstaltung zur persönlichen und eine zur fachlichen Weiterbildung. In Schnitt sind das circa 50 bis 60 Stunden je Mitarbeiter. Soll oder möchte der Mitarbeiter darüber hinaus Ausbildung genießen, übernimmt sd&m in der Regel die Kosten, der Mitarbeiter spendiert seine Freizeit.
Anteil der Mitarbeiter unter 35 in Prozent	43,7 Prozent
Frauenanteil in Prozent	20,2 Prozent

SICK AG, Waldkirch

SENSIBILITÄT NACH AUSSEN UND INNEN

Der Sensortechnik-Spezialist SICK schafft Innovation durch lebenslanges Lernen und das Vertrauen in die Kreativität seiner Mitarbeiter.

Der Sensortechnik-Spezialist SICK AG mit Stammsitz in Waldkirch im Schwarzwald ist einer der bedeutendsten Hersteller von Sensoren und Sensorsystemen für industrielle Anwendungen. Zentrale Einsatzfelder liegen vor allem im Bereich der Automatisierungstechnik, Sicherheitstechnik, Messtechnik und Autoidentifikation. Zum Produktspektrum des Unternehmens zählen beispielsweise Abstandssensoren, Farbsensoren, Ultraschallsensoren, Lichtsensoren und Laserscanner. Eine global dominierende Rolle spielt die SICK AG insbesondere bei optisch-elektronischen Sensoren wie Lichtschranken, Lichtgittern und Barcodescannern.

Zu dem 1946 vom Ingenieur Dr. e. h. Erwin Sick in Vaterstetten bei München gegründeten Familienunternehmen gehören heute zahlreiche nationale wie internationale Tochtergesellschaften, Vertretungen sowie Beteiligungen.

In Deutschland ist SICK derzeit an neun Standorten mit Werken und administrativen Einheiten vertreten. Die Vertriebszentrale befindet sich in Düsseldorf.

Für die Zukunft plant das Unternehmen einen Börsengang, derzeit liegen noch mehr als drei Viertel der Unternehmensanteile in den Händen der Gründerfamilie SICK.

Die SICK AG beschäftigte 2004 insgesamt rund 2.700 Mitarbeiter, wovon circa 1.800 in Deutschland tätig waren. Die weltweit agierende SICK-Gruppe beschäftigte im Jahr 2004 eine Mitarbeiterschaft von rund 4.000 und erwirtschaftete einen Umsatz in Höhe von über 500 Millionen Euro.

Im Wettbewerb *Deutschlands Beste Arbeitgeber 2005* belegt die SICK AG Gesamtrang 10 unter den Top 50-Arbeitgebern und Platz 6 in der Kategorie der Unternehmen von 501 bis 5.000 Mitarbeitern in Deutschland. Das Unternehmen nahm bereits zum dritten Mal am Wettbewerb teil und ist in diesem Jahr Träger des Sonderpreises „Lebenslanges Lernen".

Zusätzlich konnte sich das Unternehmen auf der europäischen Liste „100 Beste Arbeitgeber in Europa 2005" platzieren.

Unternehmensergebnisse aus dem Wettbewerb 2005

7-8 Punkte: ausgezeichnet, 5-6 Punkte: sehr gut, 3-4 Punkte: gut.

Glaubwürdigkeit

Die SICK AG setzt gemäß ihrer Führungsphilosophie „Vorbild sein und vertrauen können, Ziele gemeinsam vereinbaren, rechtzeitig und umfassend informieren, und dabei klare und verbindliche Entscheidungen treffen" hohe Ansprüche an das Management. Dies ist insoweit verständlich, als ein reichhaltiges Weiterbildungsangebot sowie ein hohes Maß an Vertrauen, das von Beginn an in die Führungskräfte gesetzt wird, den Grundstein dafür legen, die notwendigen sozialen Kompetenzen auszubilden. Das Management wird den hohen Ansprüchen auch gerecht: 89 Prozent der Mitarbeiter bringen zum Ausdruck, dass man ihrer guten Arbeit vertraut, ohne sie dabei ständig zu kontrollieren. Weitere 88 Prozent der Befragten bekunden, dass ihre Führungsmannschaft das Unternehmen kompetent führt.

Respekt

Bei der SICK AG – dem diesjährigen Sonderpreisträger für Lebenslanges Lernen – ist jeder Mitarbeiter gefordert, sich kontinuierlich fortzubilden und sich persönlich einzubringen. Der Unternehmensgrundsatz lautet entsprechend: „Freiräume für Selbstständigkeit, Kreativität und Eigenverantwortlichkeit schaffen und ständig neue Möglichkeiten zur individuellen Weiterentwicklung eröffnen". Ausreichend Chancen bieten sich ungeachtet der Hierarchieebene für den Auszubildenden wie für den erfahrenen Mitarbeiter. Dieser Eindruck spiegelt sich auch in den Befragungsergebnissen wider: 83 Prozent der Befragten bestätigen, dass ihnen Maßnahmen zu ihrer beruflichen Weiterbildung und Entwicklung angeboten werden. Die SICK AG setzt vorwiegend auf die Weiterbildung der Mitarbeiter in der eigenen Akademie. Vom Projektmanagement-Seminar über IT-Schulungen bis zu Sprachkursen wird hier alles für die berufliche wie für die persönliche Weiterentwicklung angeboten. Der Mitarbeiter verabredet mit seiner Führungskraft, welches Training er besuchen möchte. „Zudem kann jeder Mitarbeiter gegen einen kleinen Betrag Sprach- und IT-Kurse besuchen, die seiner eigenen Fortbildung dienen", erklärt Personalleiter Kast. Diese Angebote können gänzlich unabhängig von einem unmittelbar bestehenden betrieblichen Nutzen in Anspruch genommen werden. Positiv bewertet wurde neben dem Weiterbildungsangebot auch das Engagement des Unternehmens hinsichtlich einer ausgewogenen Work-Life-Balance. Das Management versucht konsequent, mit flexiblen Arbeitszeitmodellen auf die Bedürfnisse der Mitarbeiter einzugehen. So können beispielsweise Alleinerziehende ihre Arbeitsstunden in Absprache mit ihrem Team vereinbaren. Junge Eltern können bei Bedarf von zu Hause aus arbeiten. Auch der Ausstieg auf Zeit ist nach einigen Berufsjahren möglich. Es gibt ein Lebensarbeitszeitkonto, auf das jeder Mitarbeiter bis zu 90 Stunden im Jahr buchen kann. Durch dieses Zeitwertpapier können SICK-Mitarbeiter beispielsweise früher in Rente gehen, Angehörige pflegen oder eine Weltreise machen.

Fairness

Flexible Arbeitszeitsysteme sind kein Privileg der Angestellten, sondern gelten auch im Produktionsbereich. Berufliche Weiterentwicklung während der Elternzeit, Home-Office und Telearbeit setzen Zeichen in puncto moderne Arbeitszeitgestaltung und Chancengleichheit. Gegen Mobbing und Diskriminierung gehen bei der SICK AG Geschäftsleitung, Betriebsrat und Mitarbeiter gemeinsam vor. Klare Verfahrensweisen zu Verstößen sind schriftlich fixiert. In schweren Fällen droht die fristlose Kündigung. Ein weiteres Prinzip lautet: „Leitende und Mitarbeiter begegnen sich auf gleicher Augenhöhe". Das Konzept überzeugt: 90 Prozent der Mitarbeiter bestätigen, unabhängig von ihrer Position als vollwertiges Mitglied behandelt zu werden.

Stolz

Wer den hohen Anforderungen beim Firmeneintritt entsprechen kann, hat bereits allen Grund, stolz auf sich zu sein. Innovative Produkte und das positive Image des weltweit tätigen Unternehmens mit außergewöhnlichen Wachstumsraten bieten den Mitarbeitern ein hohes Identifikationspotenzial. Dieses Potenzial spiegelt sich auch in den Wettbewerbsergebnissen wider: Überdurchschnittliche 92 Prozent geben an, stolz auf die gemeinsam erbrachten Leistungen zu sein. Ein weiteres auffallend positives Merkmal der SICK AG: Auf die Auszubildenden des Unternehmens, die regelmäßig nationale und internationale Wettbewerbe gewinnen, ist die gesamte Belegschaft stolz. Ein Befragter lobt beispielhaft: „In dieser Gegend hier kennt jeder die Firma SICK als Vorzeigeunternehmen."

Teamorientierung

Ein besonderes Verdienst der SICK AG liegt darin, das familiäre Miteinander und das offene Betriebsklima trotz des rasanten Wachstums und der nunmehr 4.000 Mitarbeiter zu erhalten. Ein Befragter bekräftigt diesen Eindruck: „Es herrscht ein offener und sehr freundlicher Umgang miteinander." Durch Einführungsseminare und ein Paten-System fühlen sich neue Mitarbeiter im Unternehmen willkommen, was 96 Prozent der Mitarbeiter bestätigen. Um den Teamgeist zu fördern, investiert das Unternehmen in die soziale Kompetenz seiner Mitarbeiter: Persönlichkeitstrainings stehen bereits im ersten Lehrjahr auf dem Stundenplan, für die sportlichen Aktivitäten der Belegschaft stellt SICK ein Finanzbudget bereit, es gibt regelmäßige Tanzveranstaltungen mit Unterricht, und Mitarbeiter mit Skilehrerausbildung bringen den Wintersportfans unter den SICK-Mitarbeitern das Wedeln bei. Insgesamt gibt es 17 Betriebssportgruppen.

Drei Fragen an ...

Rudolf Kast, Geschäftsleitung Human Resources, 51 Jahre

Was muss Ihnen ein Unternehmen persönlich bieten, damit Ihnen die Arbeit Freude macht?
Die Unternehmenskultur muss darauf ausgerichtet sein, dass ein möglichst breiter Entscheidungsspielraum gegeben ist, Verantwortung delegiert wird und von Führungskräften auch vorgelebt wird sowie das Vertrauen der Mitarbeiter in die Verlässlichkeit der Führung nicht enttäuscht wird.

Welche Empfehlung für die Karriereentwicklung können Sie aufgrund Ihrer Erfahrung jungen Fach- und Führungskräften mit auf den Weg geben?

Junge Fach- und Führungskräfte sollten sich zunächst darauf konzentrieren, durch gute Arbeitsergebnisse aufzufallen und zu überzeugen. Für die weiteren Entwicklungsschritte ist es wichtig, einen Förderer zu finden, möglichst den eigenen Vorgesetzten, und mit diesem auch eine gezielte Qualifikationsplanung für die nächsten beruflichen Schritte festzulegen.

Wie lautet Ihr persönlicher Leitsatz für erfolgreiches Management?

Du bist nur erfolgreich, wenn du gute Mitarbeiter hast und dich auf sie verlassen kannst.

Bewerberanforderungen

Was muss ein Bewerber mitbringen, damit er zur SICK AG passt?

Hervorragende Ausbildung; soziale Kompetenz; Freude an interdisziplinären Projekten; Internationalität; Begeisterungsfähigkeit.

Unternehmensfakten

Unternehmensname	SICK AG
Branche	Sensortechnik
Zahl der Mitarbeiter in 2004 in Deutschland	1.800 SICK AG 2.700 konzernweit
Gesamtmitarbeiter in 2004 (international/konzernweit)	4.000
Umsatz im Jahr 2004 national	keine Angaben

Umsatz im Jahr 2004 international	über 500 Millionen Euro
Firmensitz	Sebastian-Kneipp-Straße 1 79183 Waldkirch
Homepage	www.sick.com
Beschäftigte Berufsgruppen (nach ihrer Häufigkeit)	Die größte Berufsgruppe sind Ingenieure.
Anfangsgehalt für Einsteiger (nach Berufsgruppen gereiht)	35.000 bis 40.000 Euro für FH-/Hochschulabsolventen
Durchschnittliches Jahresgehalt nach fünf Jahren (gereiht nach Berufsgruppen)	keine Angaben
Bewerberinformationen	www.sick.com
Weiterbildungsstunden pro Jahr für die größte Berufsgruppe	40 Stunden pro Mitarbeiter
Anteil der Mitarbeiter unter 35 in Prozent	30 Prozent
Frauenanteil in Prozent	37 Prozent

SKYTEC AG, Oberhaching

IT MIT VERTRAUEN

Der IT-Berater SKYTEC schreibt Eigeninitiative und Team-

orientierung groß. Grundprinzip des Unternehmens: Kontrolle

ist gut, Vertrauen ist besser.

Der unabhängige mittelständische IT-Berater SKYTEC aus Oberhaching bei München unterstützt zahlreiche Groß- und Konzernkunden beim Einsatz moderner Informationstechnologien. Das Leistungsspektrum umfasst die Entwicklung, Integration und den Betrieb individueller Soft- und Hardware-Lösungen. Zentrale Anwendungsfelder liegen in den Bereichen, IT-Management, Business Intelligence, Web Solutions und Network-Infrastructure and Operations. Darüber hinaus bietet das Unternehmen eine Reihe eigens entwickelter Software-Produkte wie beispielsweise das Personalentwicklungssystem TopLevelTeam-Explorer oder ein webbasiertes Event-Management-System an. Ergänzt wird das Angebotsportfolio durch ein Schulungscenter.

SKYTECunterhält eine Vielzahl von Vertriebs- und Kompetenzpartnerschaften mit namhaften großen und kleineren IT-Unternehmen wie beispielsweise Microsoft, Oracle, Symantec, Hyperion, enteo und ON Technology.

1997 zunächst unter dem Namen Intec GmbH gegründet, firmiert SKYTEC seit 1999 als nicht börsennotierte Aktiengesellschaft. Neben dem Hauptsitz bei München ist das Unternehmen mit einer Zweigstelle in Stuttgart und seit 2004 einer Niederlassung in Wien vertreten.

Im Geschäftsjahr 2004 arbeiteten insgesamt circa 130 Mitarbeiter für das IT-Haus, der erzielte Umsatz lag bei 10,5 Millionen Euro.

Im Wettbewerb *Deutschlands Beste Arbeitgeber 2005* belegt die SKYTEC AG Gesamtrang 3 unter den Top 50-Arbeitgebern und Platz 2 in der Kategorie der Unternehmen von 100 bis 500 Mitarbeitern in Deutschland. Das Unternehmen nahm bereits zum dritten Mal am Wettbewerb teil.

Zusätzlich konnte sich das Unternehmen auf der europäischen Liste „100 Beste Arbeitgeber in Europa 2005" platzieren.

Unternehmensergebnisse aus dem Wettbewerb 2005

7-8 Punkte: ausgezeichnet, 5-6 Punkte: sehr gut, 3-4 Punkte: gut.

Glaubwürdigkeit   ■ ■ ■ ■ ■ ■ ■ ■

„Wir sind die Firma für die Mitarbeiter" ist der Kernsatz der Unternehmensphilosophie. Die Firma definiert sich als Dienstleister für die Mitarbeiter, um diese in die Lage zu versetzen, ihre Kundenaufträge optimal zu erfüllen. Die wichtigste Führungsmaxime des Vorstandes lautet: „Wir bringen jedem Mitarbeiter vom ersten Tag an 100 Prozent Vertrauen entgegen. Dafür verlangen wir 100 Prozent Verantwortung." Die gewährten Freiräume und das Vertrauen, das seitens des Managements in die Kompetenz der Mitarbeiter gelegt wird, zieht sich wie ein roter Faden durch das Unternehmen. Den Mitarbeitern wird viel Verantwortung übertragen, bestätigen 95 Prozent aller befragten Mitarbeiter. Herausragende 98 Prozent erleben, dass ihr Management auf die gute Arbeit der Mitarbeiter vertraut, ohne sie ständig zu kontrollieren. Wichtigstes Element der Kommunikation sind persönliche Gespräche. Es gilt die Devise: Jeder, Führungskräfte und Vorstand im Besonderen, ist für jeden zumindest telefonisch erreichbar. Die Mitarbeiter wissen den guten Kontakt zum Management zu schätzen und loben außerdem dessen Verlässlichkeit. 93 Prozent bestätigen, dass das Management seinen Worten Taten folgen lässt.

Respekt   ■ ■ ■ ■ ■ ■ ■ ■

91 Prozent der Belegschaft erleben, dass ihr Management ernsthaft Vorschläge und Ideen der Mitarbeiter sucht und beantwortet. Selbst wesentliche Entscheidungen, die die interne Unternehmensorganisation betreffen, werden im Team durch demokratische Abstimmung legitimiert und umgesetzt. Die Mitwirkungsmöglichkeiten der Belegschaft beruhen nicht zuletzt

auf deren hohen fachlichen Qualifikationen. Grund sind die sehr guten Fortbildungsmöglichkeiten. Auch hier setzt das Management auf das Prinzip Geben und Nehmen: An den Wochenenden geben einzelne Mitarbeiter Schulungen in ihrem Spezialgebiet und ermöglichen es so allen Mitarbeitern, sich ein breites Spektrum an Know-how anzueigen. Bei einer vereinbarten Gesamtjahresarbeitszeit ist unter Berücksichtigung der Kundenbedürfnisse seitens der Mitarbeiter eine komplett freie Arbeitszeiteinteilung möglich. 95 Prozent der Befragten wissen, dass sie sich Zeit frei nehmen können, wenn sie es für notwendig halten.

Fairness

Werte wie Neutralität und Gerechtigkeit genießen bei SKYTEC eine hohe Verbindlichkeit, auch unangenehme Maßnahmen werden gemeinsam getragen. 92 Prozent fühlen sich als vollwertiges Mitglied, unabhängig von ihrer Position. Vergütungsbasis ist ein erfolgsabhängiges Gehaltssystem mit Beteiligung am Unternehmensgewinn. Zudem können die Mitarbeiter über den Erwerb von Aktien zum Miteigentümer werden. Daneben gibt es eine Reihe von Lohnnebenleistungen wie günstige Versicherungen, Einkaufsrabatte und eine kostenlose Rechts-, Finanz- und Versicherungsberatung durch die Partner von SKYTEC.

Stolz

SKYTEC-Mitarbeiter identifizieren sich stark mit der ungewöhnlichen Kultur des Unternehmens: 95 Prozent der Belegschaft sind stolz auf das, was sie gemeinsam leisten. Die Mitarbeiter schätzen die ihnen gewährten Freiräume und danken es ihrem Arbeitgeber mit herausragender Loyalität: 93 Prozent kommen gerne zur Arbeit, und ebenso viele erklären sich bereit, einen zusätzlichen Einsatz zu leisten, um Arbeiten fertig zu stellen.

Teamorientierung

Laut der Aussage eines Mitarbeiters ist „jeder Arbeitstag eine Bereicherung fürs Leben. Es macht immer wieder aufs Neue Spaß, bei SKYTEC zu arbeiten." Neun von zehn befragten Mitarbeitern konstatieren: „Wir sind hier wie eine Familie." Ein Befrager äußert: „Was mir in der kurzen Zeit, die ich hier sein darf, aufgefallen ist, ist das Zusammengehörigkeitsgefühl. Das Management und die Mitarbeiter sind ein Team. Es wird gut zusammengearbeitet, aber auch schön zusammen gefeiert. Privatleben und Arbeit werden hier sehr gut vereint!" Ein anderer ist überzeugt: „Es gibt nichts, was das Team nicht schaffen kann." Dieser außerordentlich gute Zusammenhalt wird durch Aktivitäten wie Fußball, Volleyball oder regelmäßige Kneipen-Touren gefördert. Hierbei intensivieren die SKYTEC-Mitarbeiter ihre Beziehungen untereinander. Bei den vierteljährlichen Mottopartys, wie zuletzt der „Underground-Party" in der Tiefgarage von SKYTEC, zeigen sich Kreativität und Teamgeist der Belegschaft in gleicher Weise.

Drei Fragen an ...

Thomas Geyer, Vorstand, 36 Jahre

Was muss Ihnen ein Unternehmen persönlich bieten, damit Ihnen die Arbeit Freude macht?

Das Unternehmen muss mir bei angemessener Entlohnung ein Maximum an Kompetenz und Verantwortung übertragen. Idealerweise fordert meine Tätigkeit meine gesamten kreativen und fachlichen Fähigkeiten innerhalb eines durchgängig kooperativen und unbürokratischen Arbeitsklimas. Daraus resultiert, dass mein Arbeitsspektrum sehr breit sein sollte. Das Arbeitsklima sollte „angstfrei" sein, um mir Mut zu machen, die notwendigen unternehmerischen Entscheidungen schnell zu treffen.

Welche Empfehlung für die Karriereentwicklung können Sie aufgrund Ihrer Erfahrung jungen Fach- und Führungskräften mit auf den Weg geben?

Fordern Sie aktiv Verantwortung und Kompetenz für das Schicksal des Unternehmens ein. Erkennen Sie die Kooperation und positive Grundeinstellung gegenüber den Menschen in Ihrem Arbeitsalltag als wichtigstes langfristiges Erfolgsrezept. Versuchen Sie, gerade die so genannten „Soft Skills" konsequent weiterzuentwickeln. Sie gewinnen in Zeiten sich immer schneller ändernder Rahmenbedingungen immer mehr an Bedeutung.

Wie lautet Ihr persönlicher Leitsatz für erfolgreiches Management?

Erkennen Sie Ihre wichtigste Aufgabe in der Optimierung der Arbeitsbedingungen, der Pflege der Arbeitskultur und der Entwicklung der Ihnen anvertrauten Mitarbeiter. Und erst wenn Sie danach noch Zeit übrig haben sollten, beteiligen Sie sich an fachlichen Problemstellungen Ihrer Mitarbeiter. Seien Sie ein Vorbild in Authentizität und Integrität, dann wird man Ihnen jeden Fehler verzeihen. Führen Sie kollegial, gerecht und vertrauensvoll. „Ferrum tuetur principem, melius fides! – Das Schwert schützt den Fürsten zwar, doch besser schützt ihn das Vertrauen!"

Bewerberanforderungen

Was muss ein Bewerber mitbringen, damit er zu SKYTEC passt?

Unser Bewerber zeigt Begeisterungsfähigkeit für moderne Informationstechnologien. Er ist offen für unkonventionelle Organisationsformen und erwartet die Übernahme von Kompetenz und Verantwortung für sich und das Unternehmen. Er verfügt über ein hohes Maß an kommunikativen Fähigkeiten, ist flexibel und durchsetzungsstark.

Unternehmensfakten

Unternehmensname	SKYTEC AG
Branche	IT
Zahl der Mitarbeiter in 2004 in Deutschland	132
Umsatz im Jahr 2004 national	10,5 Millionen Euro
Firmensitz	Keltenring 11 82041 Oberhaching
Homepage	www.skytecag.com
Beschäftigte Berufsgruppen (nach ihrer Häufigkeit)	Consultants
Anfangsgehalt für Einsteiger (nach Berufsgruppen gereiht)	keine Angaben
Durchschnittliches Jahresgehalt nach fünf Jahren (gereiht nach Berufsgruppen)	keine Angaben

Bewerberinformationen	www.skytecag.com
Weiterbildungsstunden pro Jahr für die größte Berufs- gruppe	beliebig, je nach persönlichem Engagement.
Anteil der Mitarbeiter unter 35 in Prozent	68,2 Prozent
Frauenanteil in Prozent	9,1 Prozent

smart gmbh, Böblingen

Automobile Zukunft als Herausforderung

Der Autobauer smart steht vor großen Herausforderungen in der noch jungen Firmengeschichte. Die Mitarbeiter vertrauen ihren Führungskräften und einem starken Teamgeist.

Der Kleinwagenhersteller smart mit Verwaltungszentrale in Böblingen bei Stuttgart ist eine 100-prozentige Tochter des DaimlerChrysler-Konzerns und Teil der Mercedes Car Group, zu der neben smart die Marken Mercedes-Benz und Maybach zählen.

Gegründet wurde smart 1994 als Joint Venture von Mercedes-Benz und dem Schweizer Uhrenhersteller Swatch (damals SMH-Konzern). Ursprung des Joint Venture war eine Machbarkeitsstudie über einen Kleinwagen bei Mercedes-Benz. 1997 feierte das Unternehmen auf der Automobilausstellung IAA in Frankfurt Weltpremiere mit dem im lothringischen Hambach produzierten Kompaktauto smart City-Coupé, der 1998 auf den europäischen Markt kam. Heute existiert eine Vielzahl von smart-Modellvarianten wie das smart fortwo coupé, das smart fortwo cabrio, der smart forfour, der smart roadster, das smart roadster-coupé oder auch die exklusiven und stärker motorisierten Varianten des Joint Ventures smart-Brabus GmbH. Die zweite Generation des Kleinstwagens fortwo soll 2007 in Europa auf den Markt kommen. Ein Markteintritt mit der Marke smart in den USA wird derzeit bei DaimlerChrysler überdacht.

Im Geschäftsjahr 2004 erwirtschaftete die smart gmbh einen Umsatz von 1,7 Milliarden Euro und beschäftigte in Deutschland 1.380 Mitarbeiter. Am Produktionsstandort in Frankreich arbeiten rund 850 Mitarbeiter. Im April 2005 veröffentlichte die DaimlerChrysler AG die Grundzüge eines neuen Geschäftsmodells für die Marke smart. Im Zuge dieser strategischen Neuausrichtung wird das Unternehmen smart gmbh stärker in die Mercedes Car Group eingebunden. Damit werden sich die Kennzahlen wie Umsatz und Mitarbeiterzahlen der smart gmbh verändern. Dieses Programm wird auch einen Stellenabbau bei der smart gmbh zur Folge haben, unter anderem durch Eingliederungen von Funktionen in die Mercedes Car Group.

Im Wettbewerb *Deutschlands Beste Arbeitgeber 2005* belegt die smart gmbh Gesamtrang 30 unter den Top 50-Arbeitgebern und Platz 16 in der Kategorie der Unternehmen von 501 bis 5000 Mitarbeitern in Deutschland.

Unternehmensergebnisse
aus dem Wettbewerb 2005
7-8 Punkte: ausgezeichnet, 5-6 Punkte: sehr gut, 3-4 Punkte: gut.

Glaubwürdigkeit ■ ■ ■ ■ ■ ■ ■ ■

„Herausfordernde Aufgaben und Förderung der Mitarbeiter sind die Basis für unseren Erfolg", heißt es in der Unternehmensvision. Das Management zeigt den Untersuchungsergebnissen zufolge besondere Kompetenz in der Umsetzung der formulierten Mitarbeiterorientierung. Führungskräfte und Angestellte arbeiten ohne Türen und Vorzimmer gemeinsam in Großraumbüros. Das Top-Management nutzt beispielsweise Kamingespräche zum offenen Austausch, an denen jeweils einige, durch das Management zufällig ausgewählte Mitarbeiter teilnehmen. Allgemein kommt direkter und barrierefreier Information bei smart eine hohe Bedeutung zu, wie die Mitarbeiterbefragungsergebnisse bestätigten: Überdurchschnittliche 81 Prozent fühlen sich zufrieden stellend durch ihr Management über wichtige Themen und Veränderungen auf dem Laufenden gehalten.

Respekt

„smart bietet mir sehr hohe Eigenverantwortung, große Gestaltungsspielräume und freie Entfaltungsmöglichkeiten, daher kann ich mir keine bessere Firma vorstellen", beschreibt ein Mitarbeiter den Entwicklungshorizont, den er in seinem Unternehmen erlebt. Individuelle Einarbeitungspläne für die ersten drei Monate erleichtern den fachlichen und überfachlichen Einstieg ins Unternehmen. Der Qualifikationsbedarf der Mitarbeiter wird jährlich systematisch erhoben und an die individuelle Zielvereinbarung gekoppelt. Variable Vergütung und Incentives wie Reisegutscheine, Theaterkarten oder Geldprämien honorieren herausragende Leistungen. Die Vertrauensarbeitszeit gilt für alle Mitarbeiter und unterstreicht die Eigenverantwortlichkeit jedes Einzelnen. Überdurchschnittliche 84 Prozent der befragten Mitarbeiter können sich Zeit frei nehmen, wenn sie es für notwendig halten.

Fairness

Die Karriereentwicklung auf Grundlage der Potenzialerfassung, Qualifizierung und Personalentwicklung erfolgt für alle Belegschaftsgruppen nach einheitlichen Instrumenten und Maßstäben und ebnet den Weg für eine neutrale Beförderungspraxis nach Leistung und Qualifikation. Demgemäß sagen 85 Prozent, dass sie bei smart unabhängig von ihrer Position als vollwertiges Mitglied behandelt werden. Um den Erwerb interkultureller Kompetenz zu fördern, werden smart-Mitarbeiter in internationalen Projekten mit ihren japanischen, französischen und holländischen Kollegen eingesetzt. Eine Befragter meint hierzu: „Der Umgang zwischen den Kollegen ist bereichsübergreifend außergewöhnlich gut und fair. Man hat hier die Möglichkeit (im Inland wie auch im Ausland), mit Menschen aus unterschiedlichen Nationen und Kulturen zu arbeiten und so seinen Horizont zu erweitern." Im Rahmen der Befragung bestätigten 98 Prozent der Befragten, dass die Mitarbeiter unabhängig von Nationalität oder ethnischer Herkunft fair behandelt werden.

Stolz

Die Identifikation mit den innovativen Produkten des Hauses ist bei smart stark ausgeprägt. Dazu tragen die hohe Arbeitsqualität und das breite Aufgabenspektrum mit hoher Eigenverantwortung bei. „smart ist ein junges Unternehmen und eine junge Marke. Der positive Spirit und die Einsatzbereitschaft aller Mitarbeiter und des Managements stecken auch neue Mitarbeiter sofort an. Es herrscht eine unkomplizierte „Du"-Kultur, und ich empfinde das Unternehmen als positiv dynamisch. Es herrscht eine sehr hohe Identifikation der Mitarbeiter mit ihren Aufgaben und Projekten", beschreibt ein Mitarbeiter. 90 Prozent der Beschäftigten sagen aus, dass die Mitarbeiter bereit sind, einen zusätzlichen Einsatz zu leisten, um Arbeiten fertig zu stellen. Zudem tritt das junge, wachsende Unternehmen positiv aus dem Gros der Branche hervor. „smart baut und plant einzigartige Autos", schwärmt ein Befragter. Insgesamt sind 91 Prozent der befragten Mitarbeiter stolz, anderen erzählen zu können, dass sie bei smart arbeiten.

Teamorientierung

Die Mitarbeiter kommentieren ihr Unternehmen vor allem in Bezug auf den als ausgezeichnet erlebten Teamgeist. Der Umgang wird als familiär und persönlich beschrieben. „Teamgeist und das Engagement der Mitarbeiter und Führungskräfte sind außergewöhnlich", lobt ein Mitarbeiter. Auch die Befragungsergebnisse unterstreichen dies: 93 Prozent stimmen der Aussage zu, in einem freundlichen Unternehmen zu arbeiten. Weitere 87 Prozent aller smart-Mitarbeiter bekunden, dass sie im Unternehmen „sie selbst sein können" und sich nicht zu verstellen brauchen. Mittels so genannter *Networking Days* erreicht smart, dass Mitarbeiter unterschiedlicher Geschäftsbereiche im Rahmen von Halb- und Ganztagesveranstaltungen das Arbeitsumfeld der Kollegen aus anderen Bereichen kennen lernen können. Veranstaltungen wie Weihnachtsfeiern, „Formel 1 meets smart Mitarbeiter" und „Mitarbeiter fahren smart forfour" fördern zusätzlich das Zusammengehörigkeitsgefühl.

Drei Fragen an ...

Ulrich Walker, Vorsitzender der Geschäftsführung smart gmbh, 53 Jahre

Was muss Ihnen ein Unternehmen persönlich bieten, damit Ihnen die Arbeit Freude macht?

Herausforderungen, die Einsatz verlangen, von mir und meinem Team. Wobei auch der Teamgeist nicht zu kurz kommen darf. Gemeinsam Erfolg zu haben ist in meinen Augen eine echte Belohnung. Bei smart haben wir beides – eine herausfordernde Aufgabe für eine tolle Mannschaft und beste Chancen auf Erfolg.

Welche Empfehlung für die Karriereentwicklung können Sie aufgrund Ihrer Erfahrung jungen Fach- und Führungskräften mit auf den Weg geben?

Ellenbogen helfen vielleicht bei Liegestützen, nicht im Job. Gemeinsam hat man mehr Erfolg, als wenn man nur alleine kämpft. Verantwortung teilen heißt, neben Arbeit auch Erfolge teilen, gemeinsam weiterkommen und das Ziel nie aus den Augen verlieren. Bodenhaftung oder Grip behalten nennt man das treffend in der Automobilindustrie.

Wie lautet Ihr persönlicher Leitsatz für erfolgreiches Management?

Eine alte Weisheit sagt: Die Kunst zu führen liegt darin, der Menge voranzugehen und sie lehren zu arbeiten! Ich ergänze: Dabei auch zuzulassen und zu akzeptieren, dass andere etwas richtig machen und selbst denken können. Neudeutsch heißen die Schlagworte: Management by Facts, Teamwork und gesundes Realitätsbewusstsein.

Bewerberanforderungen

Was muss ein Bewerber mitbringen, damit er zu smart passt?

Zu smart passen Menschen, die bereit sind, Verantwortung zu übernehmen. Dafür braucht man neben einer Portion Mut einen guten Abschluss, dazu noch Berufserfahrung. Wir erwarten offenes Denken, die Bereitschaft, motivierend zu führen, Handlungsfähigkeit auch unter erschwerten Bedingungen zu bewahren, hohes, auch zeitliches Engagement, sensibles Einfühlungsvermögen und eine realistische Einstellung zum Leben. Mit einem leistungsbezogenen Gehalt stehen den Mitarbeitern bei smart viele Türen offen, ihren eigenen Karriereweg zu gestalten.

Unternehmensfakten

Unternehmensname	smart gmbh
Branche	Automobil
Zahl der Mitarbeiter in 2004 in Deutschland	1.380
Firmensitz	Leibnizstraße 2, 71032 Böblingen
Homepage	www.smart.com

Beschäftigte Berufsgruppen (nach ihrer Häufigkeit)	Ingenieure, Wirtschaftswissenschaftler, Informatiker
Anfangsgehalt für Einsteiger (nach Berufsgruppen gereiht)	keine Angaben
Durchschnittliches Jahresgehalt nach fünf Jahren (gereiht nach Berufsgruppen)	keine Angaben
Bewerberinformationen	www.smart.com > smart im Detail > Jobs
Weiterbildungsstunden pro Jahr für die größte Berufsgruppe	Qualifizierungsbedarfe werden im Rahmen der jährlichen Zielvereinbarung zwischen Führungskraft und Mitarbeiter geplant, vereinbart und realisiert; abhängig von aktuellen Projekten
Anteil der Mitarbeiter unter 35 in Prozent	51 Prozent
Frauenanteil in Prozent	24 Prozent

Tchibo GmbH, Hamburg

HANDELN OHNE BARRIEREN

Der Hamburger Einzelhandelskonzern Tchibo schafft durch flache Hierarchien „offene Türen" und sorgt für ein barriere-freies Miteinander.

Tchibo ist der fünftgrößte Kaffeeproduzent der Welt und Marktführer für Röstkaffee in Deutschland. Das Unternehmen aus Hamburg hat sich im Laufe von über 55 Jahren Firmengeschichte zu einem der größten deutschen international tätigen Konsumgüter- und Handelskonzerne entwickelt.

Zum heutigen Tchibo-Systemgeschäft aus den drei zentralen Sparten Food, Coffee Bar und Non Food gehören neben dem traditionellen Vertrieb von Kaffee eine Vielzahl wöchentlich wechselnder Gebrauchsgüter-Artikel sowie Dienstleistungen im Bereich Reisen, Mobilfunk, Versicherungen und Kredite. Dabei arbeitet der Konzern mit Partnern wie Berge und Meer, O_2, Asstel und der Bank of Scotland zusammen.

Exklusiv unter dem eigenem Label TCM für das Unternehmen gefertigte Produkte vertreibt Tchibo über ein Multi-Channel-Verkaufssystem. Das Vertriebsnetz umfasst bundesweit rund 950 Filialen, 54.000 Outlets im Lebensmittel- und Facheinzelhandel im In- und Ausland sowie den Direktvertrieb über Internet und Versand.

Das 1946 von Max Herz und Carl Tchilling-Hiryan als Postversand für Kaffee gegründete Unternehmen befindet sich im Besitz der Familie Herz und gehört zu 100 Prozent zur Tchibo Holding AG, die auch eine Beteiligung an der Beiersdorf AG hält.

Der Tchibo-Konzern erwirtschaftete im Geschäftsjahr 2003 einen Gesamtumsatz von 3,31 Milliarden Euro. Tchibo hat insgesamt knapp 10.700 Mitarbeiter, davon rund 7.600 in Deutschland.

Im Wettbewerb *Deutschlands Beste Arbeitgeber 2005* belegt die Tchibo GmbH Gesamtrang 28 unter den Top 50-Arbeitgebern und Platz 3 in der Kategorie der Unternehmen über 5.000 Mitarbeiter in Deutschland.

Unternehmensergebnisse aus dem Wettbewerb 2005

7-8 Punkte: ausgezeichnet, 5-6 Punkte: sehr gut, 3-4 Punkte: gut.

Glaubwürdigkeit

„Unser Umgang miteinander ist geprägt von Vertrauen, Respekt und Ehrlichkeit", legt das Leitbild des Unternehmen fest. Die Mitarbeiter spüren das ihnen entgegengebrachte Vertrauen; so bestätigen beispielsweise 86 Prozent der Befragten, viel Verantwortung zu erhalten. Die Hamburger Zentrale ist geprägt von flachen Hierarchien und einem gemeinsamen Arbeiten in Großraumbüros, was einen guten Kommunikationsfluss über die Hierarchieebenen hinweg ermöglicht. Projektgruppen setzen sich aus Nachwuchskräften, Bereichsleitern und Vorständen zusammen. Filial- und Bezirksleiter werden regelmäßig in die Zentrale zu diversen Veranstaltung eingeladen, um die kommunikative Einbindung der Filialgeschäfte sicherzustellen. Die regelmäßig erscheinende Mitarbeiterzeitung mit Vorstandsinterviews trägt dazu bei, dass sich die Belegschaft gut über die Ziele und die strategische Ausrichtung des Unternehmens informiert fühlt. 84 Prozent geben in der Befragung an, das Management habe klare Vorstellungen von den Zielen der Organisation und davon, wie diese erreicht werden können. Ebenso positiv wird die Kompetenz des Managements in der Vermittlung dieser Ziele bewertet. 82 Prozent stimmen der Aussage zu: Das Management macht seine Erwartungen klar und deutlich.

Respekt

Tchibo bietet Aus- und Weiterbildungsprogramme, die angemessen und bedarfsgerecht auf die unterschiedlichen Anforderungen der Mitarbeiter zugeschnitten sind. Jährlich überarbeitet wird der interne Weiterbildungskatalog *Bohn'Aparte* mit Trainings und Seminaren zur Entwicklung methodischer, sozialer, persönlicher und Führungskompetenzen sowie EDV-Trainings und Sprachkursen. Jeder Mitarbeiter der Hamburger Zentrale kann, in Absprache mit seinem Vorgesetzten, an diesen Trainings teilnehmen. 83 Prozent bekunden, dass ihnen Weiterbildung und Unterstützung für ihre berufliche Entwicklung angeboten wird. Unter dem Motto: „Umwege erhöhen die Ortskenntnisse" bekennt sich Tchibo offen zu seiner Fehlerkultur. 74 Prozent der Befragten bestätigen, das Management erkenne an, dass bei der Arbeit auch Fehler auftreten können. Über das dezentrale Vorschlagswesen *Kolibri* („Kollegen liefern brillante Ideen") können die Mitarbeiter ihre Ideen einbringen und die Geschicke des Unternehmens selbst mitgestalten. Realisierte Verbesserungsvorschläge werden mit monetären Prämien belohnt. Vorschläge mit besonders hohem Potenzial werden darüber hinaus einer quartalsweise tagenden Kommission, die sich paritätisch aus Bereichsleitern und Betriebsräten zusammensetzt, vorgestellt und bewertet. Die ausgelobten Wettbewerbe, die Umsatzstärke honorieren und mittels mehrtägiger Reisen incentivieren, sind vor allem bei den Mitarbeitern im Filialbereich hoch angesehen. Im Hinblick auf die Berücksichtigung besonderer Lebensumstände fallen die speziellen Arbeitszeitmodelle für Erkrankte positiv auf. Ein Jahresarbeitszeitmodell und Teilzeitarbeit sind im Filialbereich – insbesondere für Mitarbeiterinnen – flächendeckend eingeführt.

Fairness

Auf die offene Frage des Befragungsbogens, was das Unternehmen zu einem außergewöhnlichen Arbeitgeber mache, nennen viele Befragte aus der Hamburger Zentrale begeistert das firmeneigene Freizeitzentrum, das Einrichtungen für eine Vielzahl von Sportarten bereitstellt. Des Weiteren finden das von einem Sternekoch geführte Mitarbeiterrestaurant und die zahlreichen Mitarbeitervergünstigungen wie Deputatkaffee und Personaleinkauf positive Erwähnung. In puncto Gleichbehandlung garantiert das Gehaltssystem die geschlechtsneutrale Bezahlung, da alle Tätigkeiten und Stellen im Unternehmen nach einer objektiven Systematik bewertet werden. Ein expliziter Code of Conduct fördert den unvoreingenommen und neutralen Umgang miteinander. 87 Prozent erleben, dass sie unabhängig von ihrer Position als vollwertiges Mitglied behandelt werden.

Stolz

Mit einer Markenbekanntheit von annährend 100 Prozent genießt Tchibo mit seinen Produkten und Dienstleistungen einen ausgezeichneten Ruf im Markt und bei den Konsumenten. 91 Prozent der Befragten, die stolz auf das sind, was sie gemeinsam bei Tchibo leisten, tragen die durch Innovationsfreude und Dynamik gekennzeichnete Geschäftsentwicklung des Unternehmens, die sich nicht zuletzt in der kontinuierlichen Besetzung neuer Geschäftsfelder wie Mobilfunk, Finanzdienstleistungen oder Reisen zeigt. Tchibo setzt auf ein loyales Verhältnis zur Belegschaft, das seitens der Mitarbeiter erwidert wird. 84 Prozent – 14 Prozentpunkte über dem Mittel der Top 50-Unternehmen – ziehen in Betracht, bis zu ihrem Ruhestand bei Tchibo zu arbeiten.

Teamorientierung

Bei Tchibo arbeitet man „unter Freunden". Viele Mitarbeiter sind privat miteinander befreundet, neue Mitarbeiter fühlen sich willkommen – wie 92 Prozent der Befragten bestätigen. Trotz Altersunterschied pflegen die Mitarbeiter einen lockeren Umgang. Flache Hierarchien, der Verzicht auf Statussymbole wie beispielsweise ein Führungskräftecasino schaffen in der Hamburger Zentrale die Voraussetzung für ein barrierefreies Miteinander. 88 Prozent der Befragten loben die freundliche Arbeitsatmosphäre. Zur Teamentwicklung wird für alle Auszubildenden, Trainees und Vorstände regelmäßig ein gemeinsames Segeln organisiert. Wörtlich wie im übertragenen Sinne „ziehen somit bei Tchibo alle an einem Strang". Diese Aussage bejahen 81 Prozent der befragten Belegschaftsangehörigen.

Drei Fragen an ...

Annika Farin, Leitung Corporate Human Resources, 33 Jahre

Was muss Ihnen ein Unternehmen persönlich bieten, damit Ihnen die Arbeit Freude macht?

Die Möglichkeit, gestaltend tätig sein zu können. Dabei finde ich wichtig, dass Mitarbeitern auf allen Hierarchieebenen die Möglichkeit gegeben wird, „out of the box" zu denken – Ideen ernst zu nehmen. Unternehmen sollten – wie Tchibo das tut – übergreifende Wissens- und Lernplattformen bieten, die Innovationsgeist und Unternehmertum stimulieren. Unsere Academy z. B. führt Mitarbeiter verschiedenster Ebenen im Dialog zusammen. Wir diskutieren und gestalten hierarchie- und bereichsübergreifend.

Wesentlich für mich sind darüber hinaus natürlich die gelebten Werte der Unternehmenskultur. Bei Tchibo bekennen wir uns zu sechs Unternehmenswerten: Trust, Customer, Head&Heart, Ideas, Balance und One Company.

Welche Empfehlung für die Karriereentwicklung können Sie aufgrund Ihrer Erfahrung jungen Fach- und Führungskräften mit auf den Weg geben?

Tun Sie die Dinge mit Leidenschaft und Spaß. Laufen Sie nicht dem Traum eines „obligatorisch richtigen Karriereplans" hinterher. Nutzen Sie die Zeit, immer wieder über sich selbst nachzudenken und dabei auch sehr intensiv das Feedback Ihrer Kolleginnen und Kollegen miteinzubeziehen. Sind Sie glücklich bei dem, was Sie gerade tun? Ich bin der Überzeugung, dass sehr viele Menschen aufgrund bestimmter externer Wertvorstellungen gar nicht den Weg zu einem Beruf oder einer Aufgabe finden, der ihren eigentlichen Talenten und Neigungen entgegen kommt, sondern häufig diesen Vorstellungen über lange Strecken „hinterherlaufen". Mein Rat kann nur heißen: Erlauben Sie sich den Raum, außerhalb des Arbeitsalltags diesen Fragen auch nachzugehen.Und: Haben Sie ein gesundes Selbstbewusstsein!

Wie lautet Ihr persönlicher Leitsatz für erfolgreiches Management?

„Imagination is at least as important as intelligence" – das sollte man bei der Mitarbeitermotivation beherzt berücksichtigen!

Bewerberanforderungen

Da Tchibo ein dynamisches Unternehmen mit einem einmaligen Geschäftsmodell ist, sind wir offen für unterschiedlichste Qualifikationsprofile. Neben einem überdurchschnittlichem Hochschulabschluss, qualifizierten praktischen Erfahrungen, Auslandserfahrungen und außeruniversitärem Engagement für Einsteiger sind wir besonders an der Persönlichkeit des Bewerbers und seiner Passung zur Tchibo-Kultur interessiert. Diese ist besonders durch Unternehmertum, Selbstständigkeit, Schnelligkeit und Unkonventionalität geprägt. Vor dem Hintergrund unserer internationalen Präsenz suchen wir aber auch vermehrt Bewerber mit profunden Fremdsprachen- und Kulturkenntnissen der jeweiligen Länder sowie hoher Mobilität.

Unternehmensfakten

Unternehmensname	Tchibo GmbH
Branche	Konsumgüter und Handel
Zahl der Mitarbeiter in 2004 in Deutschland	circa 10.000
Gesamtmitarbeiter in 2004 (international/konzernweit)	circa 10.000
Umsatz im Jahr 2004 national	inländischer Konzernumsatz: 2.743,5 Milliarden Euro
Umsatz im Jahr 2004 international	weltweiter Konzernumsatz: 3.301,2 Milliarden Euro
Firmensitz	Überseering 18 22297 Hamburg
Homepage	www.tchibo.com
Beschäftigte Berufsgruppen (nach ihrer Häufigkeit)	Filialverkäuferinnen, Filialleiterinnen, Außendienst-Mitarbeiter, Fach- und Führungskräfte Zentrale
Anfangsgehalt für Einsteiger (nach Berufsgruppen gereiht)	Filialverkäuferinnen/Filialleiterinnen: abhängig vom Einzelhandelstarif des jeweiligen Bundeslandes
Bewerberinformationen	www.tchibo.com, Ansprechpartnerin (Trainees): Anne-Sophie Schafmayer

Weiterbildungsstunden pro Jahr für die größte Berufs-gruppe	40 Stunden
Anteil der Mitarbeiter unter 35 in Prozent	27,8 Prozent
Frauenanteil in Prozent	76,5 Prozent (inkl. Filialmitarbeiterinnen)

Texas Instruments Deutschland GmbH, Freising

FÜHREN MIT KLAREN SIGNALEN

Das Management des Chipherstellers Texas Instruments ist unkompliziert anzusprechen und bezieht seine Mitarbeiter in seine Entscheidungen ein.

Die europäische Geschäftszentrale des US-amerikanischen Chipherstellers Texas Instruments Inc. hat ihren Sitz in Freising in der Nähe von München. Texas Instruments (TI) ist derzeit der weltgrößte Handy-Chip-Hersteller. Als ein führendes Unternehmen in der Halbleiterindustrie stellt TI darüber hinaus digitale Signalprozessoren und analoge Technologien für Fernsehgeräte, digitale Kameras, Autoelektronik, Internet-Breitbandmodems und andere elektronische Produkte her. Vielen ist Texas Instruments aus Schulzeiten auch für seine elektronischen Taschenrechner bekannt, die erstmals vor über 30 Jahren auf den Markt gebracht wurden.

Fertigproduktlösungen von TI im Bildungs- und Produktivitätssegment machen im Vergleich zum Business-to-Business-Geschäft mit Halbleitern jedoch nur einen geringen Teil des Gesamtumsatzes aus.

Gegründet wurde Texas Instruments 1930 in Dallas im amerikanischen Bundesstaat Texas und ist seit 1966 in Deutschland vertreten. Texas Instruments unterhält in Deutschland insgesamt fünf Standorte, darunter Forschungs- und Entwicklungszentren für Halbleitertechnologien in Berlin, Erlangen und Hannover.

Texas Instruments Deutschland beschäftigte 2004 rund 1.350 Mitarbeiter und realisierte einen Umsatz von etwa 900 Millionen Euro; der Konzernumsatz lag bei rund 12,6 Milliarden US-Dollar. Etwa 35.500 Beschäftigte arbeiten derzeit weltweit für das Unternehmen, rund 3.300 davon in Europa.

Im Wettbewerb *Deutschlands Beste Arbeitgeber 2005* belegt Texas Instruments Deutschland Gesamtrang 16 unter den Top 50-Arbeitgebern und Platz 8 in der Kategorie der Unternehmen von 501 bis 5.000 Mitarbeitern in Deutschland.

Zusätzlich konnte sich das Unternehmen auf der europäischen Liste „100 Beste Arbeitgeber in Europa 2005" platzieren.

Unternehmensergebnisse aus dem Wettbewerb 2005

7-8 Punkte: ausgezeichnet, 5-6 Punkte: sehr gut, 3-4 Punkte: gut.

Glaubwürdigkeit

Das Management von Texas Instruments forciert die umfassende Informationsweitergabe und wechselseitige Kommunikation mit den Mitarbeitern über alle regionalen und hierarchischen Ebenen des Unternehmens. Vierteljährliche Echtzeitkonferenzen, die so genannten *Quarterly Broadcasts*, an denen neben zahlreichen Gastrednern der CEO von TI teilnimmt, bieten den Mitarbeitern Freiraum für Feedback und Anregungen. Mit Ausnahmen der Produktionsstätten wird an den meisten Standorten vorwiegend in Großraumbüros gearbeitet. Lediglich das Top-Management sitzt in abgetrennten Büros, deren Türen allerdings meist offen stehen. Im Vergleich zum Feld der Top 50-Unternehmen bestätigen überdurchschnittliche 82 Prozent der Befragten, dass das Management gut erreichbar und unkompliziert anzusprechen ist.

Respekt

Für alle Mitarbeiter werden individuelle Entwicklungspläne auf der Basis des jährlichen Mitarbeitergesprächs erstellt. Diese Pläne umfassen im Wesentlichen Zielvereinbarungen, Schulungsvorbereitungen sowie Kursanmeldungen zu sowohl internen als auch externen Weiterbildungsangeboten. Im Rahmen der Befragung bestätigen drei Viertel der Belegschaft, dass das

Unternehmen ausreichend Weiterbildungsmöglichkeiten und Unterstützung für die berufliche Entwicklung anbietet. Texas Instruments verfügt über ein professionelles Ideenmanagement-System und legt viel Wert auf Eigenverantwortlichkeit. Auf diese Weise können die Mitarbeiter eingebunden werden und auf operative Prozesse einwirken. Die folgende Aussage eines Mitarbeiters bestätigt den Erfolg: „Ich erachte es als sehr positiv, dass man selbst in einem großen Unternehmen wie Texas Instruments die Möglichkeit hat mitzugestalten, wenn man dazu bereit ist. Ein einzelner Mitarbeiter kann durch entsprechende Eigeninitiative eine Veränderung bewirken und somit das Arbeitsumfeld mitgestalten." Die Einflussmöglichkeiten betreffen dabei insbesondere den Arbeitsschutz und die körperliche Sicherheit in den Produktionsbereichen. Fachübergreifende *Emergency Response Teams* tragen hier eine große Verantwortung. Außergewöhnlich hohe 98 Prozent der befragten Mitarbeiter geben dementsprechend an, dass die körperliche Sicherheit am Arbeitsplatz gewährleistet ist.

Fairness

Bereits im ersten Berufsjahr bei TI werden übertarifliche Gehälter und Löhne bezahlt. Neben dem attraktiven Grundgehalt bietet das Unternehmen einen sehr flexibel gestalteten Entgeltumwandlungsplan an, der alle Spielarten der Umwandlung umfasst. Darüber hinaus werden Unfall- und Lebensversicherungen sowie eine Nettogehaltsabsicherung im Krankheitsfall angeboten. Dies schlägt sich auch in den Befragungsergebnisse nieder. In Bezug auf das Feld der Top 50-Unternehmen bejahen überdurchschnittliche 68 Prozent die Aussage: „Ich denke, ich werde angemessen an den Gewinnen der Organisation beteiligt." Des Weiteren lobt beispielsweise eine Mitarbeiterin „die Toleranz seitens der Firma hinsichtlich des Umgangs mit Firmenressourcen, wie dem Internet, dem Notebook und dem Telefonieren zu Privatzwecken. Es gibt Regeln dazu, aber die sind sehr mitarbeiterfreundlich gehalten." Eine weitere Stärke weist das Unternehmen in puncto Fairness im Umgang mit den Mitarbeitern auf. Herausragende 87 Prozent der Befragten stimmen der Aussage zu, unabhängig von der Position im Unternehmen als vollwertiges Mitglied behandelt zu werden. Zur gezielten Förderung des Diversity-Gedankens unterhält das Unternehmen einen *Ethics Director*, der sich um die kulturelle Vielfalt und das gleichberechtigte Miteinander der einzelnen Mitarbeitergruppen einsetzt.

Stolz

85 Prozent der Mitarbeiter sind stolz darauf, anderen erzählen zu können, dass sie bei Texas Instruments arbeiten. Diese hohe Identifikation der Belegschaft mit dem Unternehmen ist eng mit dessen Erfolgsgeschichte verknüpft. TI spielte und spielt eine industriehistorisch herausragende Rolle bei der Entwicklung von Halbleiter-Chips, die heute das Alltagsleben sehr vieler Menschen prägen. Besondere Errungenschaften und Meilensteine der Firmenhistorie werden entsprechend über Ausstellungen, Plakate und das Web der Belegschaft vermittelt. Weiterhin tragen die dominierende Marktstellung des Unternehmens und seine globale Präsenz wesentlich zum Stolz der TI-Mitarbeiter bei. Hinzu kommt, dass sich TI in besonderer Weise beim Umweltschutz und in sozialen Belangen engagiert. So wurde es beispielsweise als einer der ersten Halbleiterhersteller der Welt im Jahr 1996 nach dem EU-Öko-Audit (EMAS) zertifiziert, und soziale Institutionen wie die Lebenshilfe e.V. oder das Technische Hilfswerk sowie diverse kulturelle und sportliche Institutionen der Region werden durch regelmäßige Geldspenden seitens des Unternehmens unterstützt. Dieses beispielhafte Engagement trägt Früchte. 90 Prozent der Mitarbeiter bekunden in der Befragung: „Meine Arbeit hat eine besondere Bedeutung für mich und ist nicht einfach nur ein ‚Job'."

Teamorientierung

Das Unternehmen bringt seine hohe Wertschätzung des Teamgedankens auf vielfältige Weise zum Ausdruck. Beginnend mit den Stellenanzeigen des Unternehmens, die mit Fotos von Mitarbeitern versehen sind, über das fortschrittliche Einarbeitungsprogramm, das jedem Neueinsteiger durch Seminare und technische Vorkehrungen Starthilfe leistet, bis hin zur Vorstellung aller neuen Mitarbeiter in der quartalsweise erscheinenden *TI-Dabei* sorgt das Unternehmen dafür, dass man sich als neuer Mitarbeiter im Unternehmen willkommen fühlt, was auch überdurchschnittliche 88 Prozent der Befragten bejahen. Das „Wir-Gefühl" wird darüber hinaus durch Teambuilding-Seminare, Betriebsfeste sowie durch unternehmenszugehörige Sportvereine und Musikgruppen gestärkt.

Drei Fragen an ...

Wolfram Tietscher, Vice President Europe und Geschäftsführer Deutschland, 55 Jahre

Was muss Ihnen ein Unternehmen persönlich bieten, damit Ihnen die Arbeit Freude macht?

Eine Firmenkultur, die Freiräume für Kreativität zulässt und wo Entscheidungsfreiheit und Fehlertoleranz gelebt werden.

Welche Empfehlung für die Karriereentwicklung können Sie aufgrund Ihrer Erfahrung jungen Fach- und Führungskräften mit auf den Weg geben?

Kundenorientierung zum zentralen Fokus machen; Freude an eigener Leistung umsetzen in die Motivation von Mitarbeitern; multikulturelles Verständnis und Kommunikationsfähigkeit entwickeln; Netzwerke aufbauen als Basis für nachhaltige Erfolge.

Wie lautet Ihr persönlicher Leitsatz für erfolgreiches Management?

Mitarbeiter fordern, Mitarbeiter fördern, Mitarbeiter anerkennen.

Bewerberanforderungen

Was muss ein Bewerber mitbringen, damit er zu Texas Instruments passt?

Einen Idealkandidaten für Texas Instruments erkennt man an seinen Einstellungen. Vermittelt er uns: „Ich will die Welt bewegen!" oder „Ich will die Zukunft mitgestalten!", dann passt er zu uns und unserem Motto: „Make it come true!" Menschen, die solch einen Spirit ausstrahlen, sind in der Regel sehr kreativ und offen für Neues. Solche Leute brauchen wir. Denn um als Hightech-Unternehmen führend zu sein, müssen wir uns kontinuierlich weiterentwickeln – jeder einzelne Mitarbeiter und damit Texas Instruments als Ganzes. Innovationen entstehen nur dort, wo Menschen eine Aufgabe aus unterschiedlichen Blickwinkeln beleuchten. Vielfalt ist also das, was wir brauchen: individuelle Persönlichkeiten mit eigenem Kopf und fundiertem Fachwissen. Zuhören können, sich in andere Menschen hineinversetzen – das ist eine weitere Stärke, die unsere Bewerber mitbringen müssen. Wir sind zwar ein Technologie-Unternehmen, doch letztlich arbeiten wir für Menschen – für unsere Kunden.

Unternehmensfakten

Unternehmensname	Texas Instruments Deutschland GmbH
Branche	Elektronik
Zahl der Mitarbeiter in 2004 in Deutschland	circa 1.350
Gesamtmitarbeiter in 2004 (international/konzernweit)	35.500
Umsatz im Jahr 2004 national	circa 900 Millionen Euro (Jahr 2004)
Umsatz im Jahr 2004 international	12,6 Milliarden US-Dollar
Firmensitz	Haggertystraße 1 85356 Freising
Homepage	www.ti.com
Beschäftigte Berufsgruppen (nach ihrer Häufigkeit)	Ingenieure
Anfangsgehalt für Einsteiger (nach Berufsgruppen gereiht)	Ingenieure 45.900 Euro
Durchschnittliches Jahresgehalt nach fünf Jahren (gereiht nach Berufsgruppen)	Ingenieure circa 57.000 Euro abhängig von individueller Leistung
Bewerberinformationen	www.jobs.ti.com

Weiterbildungsstunden pro Jahr für die größte Berufsgruppe	abhängig vom individuellen Ausbildungsplan und von den betrieblichen Erfordernissen; im Schnitt etwa 40 Stunden
Anteil der Mitarbeiter unter 35 in Prozent	35,0 Prozent
Frauenanteil in Prozent	15,8 Prozent

Vector Informatik GmbH, Stuttgart

GLAUBWÜRDIG STEUERN

Die Mitarbeiter des Spezialisten für Automotive Electronics
bescheinigen ihrem Management eine hohe Glaubwürdigkeit
und Kompetenz.

Die Stuttgarter Vector Informatik GmbH ist der weltweit führende Spezialist für die Vernetzung elektronischer Steuergeräte mit Schwerpunkt im Bereich Automotive Electronics. Vector-Produkte gewährleisten auf Basis der Nachrichtenprotokolle CAN (Controller Area Network), LIN (Local Interconnect Network), und FlexRay beispielsweise die Kommunikation verschiedener elektronischer Komponenten in modernen Kraftfahrzeugen. Das Unternehmen bietet seinen Kunden aus der Automobilindustrie sowie der Transport-, Steuerungs- und Automatisierungstechnik eine umfangreiche Palette an Software- und Hardware-Produkten und begleitender Beratungsleistungen. Darüber hinaus bietet Vector Trainingsseminare und Workshops zu den Vector-Software-Werkzeugen sowie zu aktuellen Bus-Technologien und Protokollen an.

Die Vector Informatik GmbH wurde 1988 von drei Ingenieuren gegründet. Zur unabhängigen Vector-Gruppe zählen heute internationale Standorte in Detroit, Paris, Göteborg, Tokio und Nagoya. In Deutschland unterhält das Unternehmen neben der Zentrale zwei Kundencenter, die in Braunschweig und im bayrischen Aschheim angesiedelt sind.

Bundesweit beschäftigte die Vector Informatik GmbH 2004 insgesamt 350 Mitarbeiter und erzielte einen Umsatz von 50 Millionen Euro. Weltweit arbeiten 460 Mitarbeiter für Vector, der Gruppenumsatz lag bei 78 Millionen Euro.

Im Wettbewerb *Deutschlands Beste Arbeitgeber 2005* belegt die Vector Informatik GmbH Gesamtrang 6 unter den Top 50-Arbeitgebern und Platz 4 in der Kategorie der Unternehmen von 100 bis 500 Mitarbeitern in Deutschland.

Zusätzlich konnte sich das Unternehmen auf der europäischen Liste „100 Beste Arbeitgeber in Europa 2005" platzieren.

Unternehmensergebnisse aus dem Wettbewerb 2005

7-8 Punkte: ausgezeichnet, 5-6 Punkte: sehr gut, 3-4 Punkte: gut.

Glaubwürdigkeit

„Vertrauen schaffen, fair und aufrichtig sein und Offenheit als Prinzip" – das sind die zentralen Führungsgrundsätze bei Vector. Die Mitarbeiter bei Vector bescheinigen ihrer Geschäftsführung eine hohe Konsistenz bei der Umsetzung dieser Grundsätze. Herausragende 98 Prozent der Belegschaft erleben die Geschäftspraktiken des Managements als ehrlich und ethisch vertretbar. Weitere 95 Prozent glauben, dass das Management Kündigungen nur als letzten Ausweg wählt, und belegen damit die hohe Mitarbeiterorientierung der Geschäftspolitik. Da man bei Vector um die Wichtigkeit offener Kommunikation bei der Bildung und Aufrechterhaltung von Vertrauen weiß, werden bei Vector neben der Open-Door-Policy eine Reihe von Programmen umgesetzt, die den zweiseitigen Informationsaustausch unterstützen. So findet jeden Freitag auf Einladung der Geschäftsführung in zwangloser Atmosphäre eine „Plausch-Runde" statt, zu der jeder Mitarbeiter kommen und relevante Themen auf die Agenda setzen kann. Des Weiteren findet alle sechs Wochen eine Firmenversammlung mit allen Mitarbeitern statt, bei der in der Regel alle vier Geschäftsführer anwesend sind und über aktuelle Themen, Trends und die Umsatzentwicklung der Firma berichten. Diese Maßnahmen verfehlen nicht ihre Wirkung: 91 Prozent der Befragten bestätigen, dass das Management gut erreichbar und unkompliziert anzusprechen ist.

Respekt

Den Mitarbeitern „Kopfarbeit mit Spaßfaktor" zu bieten, ist erklärtes Ziel des Unternehmens, da über 50 Prozent der Mitarbeiterschaft in der Software-Entwicklung tätig ist und es sich hierbei in der Regel um Software-Entwicklungsingenieure mit Hochschulstudium handelt. Das bedeutet, dass Vector seinen Mitarbeitern herausfordernde Aufgaben stellt, die sowohl ein hohes Maß an Qualifikation und Kreativität erfordern als auch Selbstständigkeit und Eigenverantwortung ermöglichen. Die hier mit angesprochene Fehlerkultur wird im Unternehmen gelebt. 94 Prozent der Befragten bestätigen, dass das Management anerkennt, dass bei der Arbeit auch Fehler passieren können. Des Weiteren unterstützt Vector seine Mitarbeiter durch individuelle Entwicklungspläne, durchschnittlich 40 Weiterbildungsstunden pro Jahr und durch die Bereitstellung erstklassiger Arbeitsmittel und -bedingungen. 98 Prozent der Mitarbeiter stimmen in der Befragung der Aussage zu, dass Gebäude und Einrichtungen zu der guten Arbeitsumgebung beitragen. Weitere 95 Prozent sind der Meinung, die notwendigen Mittel und die Ausstattung zu erhalten, um ihre Arbeit gut erledigen zu können.

Fairness

Das Unternehmen bietet all seinen Mitarbeitern umfangreiche Sozial- und Lohnnebenleistungen. Dazu gehören unter anderem Zuschüsse zur betrieblichen Altersvorsorge, ein Jobticket oder eine ermäßigte Fitnessstudio-Mitgliedschaft. Hinzu kommen einige kleinere Aufmerksamkeiten wie subventioniertes Essen im eigenen Betriebsrestaurant und kostenlose Getränke für alle Abteilungen. Besonders hervorzuheben ist außerdem das vergleichsweise hohe Grundgehalt, das um einen variablen Gehaltsbestandteil in Form einer jährlichen Erfolgsprämie ergänzt wird. In den vergangenen Jahren lag diese Prämie jeweils bei zwei Monatsgehältern. Dementsprechend bestätigen 91 Prozent der Mitarbeiter in der Befragung, angemessen für die geleistete Arbeit bezahlt zu werden. Ebenso viele 91 Prozent fühlen sich angemessen an den Gewinnen der Organisation beteiligt – ein Wert, der 29 Prozentpunkte über dem Durchschnitt der Top 50-Unternehmen liegt. Doch auch in Sachen Neutralität und Gerechtigkeit ist der Umgang rangübergreifend von Fairness geprägt. 86 Prozent der Belegschaft sind der Meinung: „Wenn ich ungerecht behandelt werde und mich beschwere, bin ich überzeugt, dass damit fair umgegangen wird."

Stolz

Der weltweite Marktführer bietet mit seiner sehr erfolgreichen Geschäftsentwicklung seinen Mitarbeitern ein Identifikationspotenzial im Spitzenbereich. Die Mitarbeiter von Vector schätzen es, für eine Firma zu arbeiten, die mit hochwertigen Produkten und Dienstleistungen weltweite Marktführerschaft erreicht hat. Dementsprechend ist es 87 Prozent der Mitarbeiter bewusst, dass dieser Erfolg auf der gemeinsamen Anstrengung aller im Unternehmen gründet, und äußern daher ihren Stolz „auf das, was sie bei Vector gemeinsam leisten". Die Mitarbeiter schätzen die Verbindung von High-Tech-Produkten und bodenständiger Firmenpolitik. So sagen 90 Prozent der Befragten, dass die Mitarbeiter bei Vector bereit sind, einen zusätzlichen Einsatz zu leisten, um die Arbeit zu erledigen. Weitere 91 Prozent kommen gerne zur Arbeit.

Teamorientierung

Die Mitarbeiter loben den zwanglosen Umgang untereinander und das rangübergreifende Du, das vor allem das unkomplizierte Verhältnis zwischen Führungspersonen und „normalen" Angestellten hervorhebt. Die Atmosphäre ist freundlich, und man hat keine Hemmungen, auch mal den Geschäftsführer nach Privatem, wie etwa dem Urlaub, zu fragen. Das Zusammengehörigkeitsgefühl zeigt sich auch bei der freundlichen Aufnahme neuer Mitarbeiter. Beeindruckende 94 Prozent der Befragten bestätigen in der Untersuchung, dass man sich als neuer Mitarbeiter willkommen fühlt. Erwähnenswert sind außerdem der Betriebsausflug, der stets über zwei Tage geht, und die zahlreichen großen und kleinen Feierlichkeiten. Überdurchschnittliche 89 Prozent sind sich einig: „Besondere Ereignisse werden bei uns gefeiert."

Drei Fragen an ...

Eberhard Hinderer, Geschäftsführer, 51 Jahre

Was muss Ihnen ein Unternehmen persönlich bieten, damit Ihnen die Arbeit Freude macht?

Eine interessante Aufgabe, bei der ich meine Fähigkeiten einbringen kann. Gestaltungsspielraum für die Ausführung der Aufgabe und ein angenehmes, motivierendes Umfeld (Arbeitsbedingungen, Kollegen).

Welche Empfehlung für die Karriereentwicklung können Sie aufgrund Ihrer Erfahrung jungen Fach- und Führungskräften mit auf den Weg geben?

Die Aufgabe mit Begeisterung angehen. Ideen einbringen. Sich in den Vorgesetzten und die Firma als Ganzes hineinversetzen und Nutzen bringen.

Wie lautet Ihr persönlicher Leitsatz für erfolgreiches Management?

Gegenüber allen Mitarbeitern fair und offen sein. Ziele vorgeben und kontinuierlich nach Verbesserung streben. Den Mitarbeitern Vorbild sein.

Bewerberanforderungen

Was muss ein Bewerber mitbringen, damit er zu Vector passt?

Vector-Mitarbeiter zeichnet vor allem eine hohe Teamorientierung aus. Einzelkämpfer passen demzufolge weniger zu Vector. Fachliche Qualifikation auf höchstem Niveau ist für uns sehr wichtig. Aber Aufgeschlossenheit und ständige Lernbereitschaft bieten die Grundlage für die Weiterentwicklung bei Vector. Neben diesen Eigenschaften sind uns aber der Spaß an der Arbeit und das kollegiale Miteinander – auch über die Arbeit hinaus – sehr wichtig.

Unternehmensfakten

Unternehmensname	Vector Informatik GmbH
Branche	IT/Software/Automotive
Zahl der Mitarbeiter in 2004 in Deutschland	350
Gesamtmitarbeiter in 2004 (international/konzernweit)	460
Umsatz im Jahr 2004 national	50 Millionen Euro

Umsatz im Jahr 2004 international	78 Millionen Euro
Firmensitz	Ingersheimer Str. 24, 70499 Stuttgart
Homepage	www.vector-informatik.com
Beschäftigte Berufsgruppen (nach ihrer Häufigkeit)	1. Ingenieure (Software-Entwicklungs- ingenieure, Vertriebsingenieure, Support- Ingenieure, Product Management Engineers, Process Manager, Marketing- Koordinatoren) 2. Teamleader 3. Sachbearbeiter, Assistenten 4. Business Development Manager
Anfangsgehalt für Einsteiger (nach Berufsgruppen gereiht)	1. 38.400 Euro 2. 50.400 Euro 3. 30.000 Euro 4. keine Angaben
Durchschnittliches Jahresge- halt nach fünf Jahren (gereiht nach Berufsgruppen)	1. 60.000 Euro 2. 75.000 bis 80.000 Euro 3. 48.000 Euro 4. 60.000 Euro
Bewerberinformationen	Informationen zu Vector als Arbeitgeber und zu Karrieremöglichkeiten bei Vector: www.vector-informatik.com/jobs
Weiterbildungsstunden pro Jahr für die größte Berufs- gruppe	65 Stunden
Anteil der Mitarbeiter unter 35 in Prozent	53,6 Prozent
Frauenanteil in Prozent	16,9 Prozent

W. L. Gore & Associates GmbH, Putzbrunn

Creative Technologies
Worldwide

GEWEBE MIT ENGER BINDUNG

Der Kunststoff-Spezialist W. L. Gore pflegt eine Kultur schlanker Hierarchien und macht aus allen Mitarbeitern Partner.

Das Unternehmen W. L. Gore & Associates mit Hauptsitz in Newark im amerikanischen Bundesstaat Delaware ist weltweit führender Spezialist in der Verarbeitung von Fluorkunststoffen (Fluorpolymeren) und darauf basierender Produkt- und Technologieanwendungen. Das Unternehmen, das 1958 von dem Forscher Bill Gore und seiner Frau Vieve gegründet wurde, wird in der Öffentlichkeit in erster Linie mit der Marke „Gore-Tex" aus dem Bereich der Funktionstextilien in Verbindung gebracht. Weitere Anwendungsbereiche finden sich in der Elektronik- und Medizinbranche sowie im industriellen Sektor.

In Deutschland ist W. L. Gore mit Werken in Putzbrunn und Feldkirchen-Westerham bei München sowie Pleinfeld bei Nürnberg angesiedelt. Im Standort Pleinfeld stehen Produkte zur elektronischen Signalübertragung im Vordergrund. In Putzbrunn und im benachbarten Feldkirchen-Westerham werden Gewebematerialien, Membranen, industrielle Dichtungen, Filterprodukte und Belüftungselemente produziert und vermarktet. Medizinische Produkte werden ebenfalls von Putzbrunn aus vertrieben. Die W. L. Gore & Associates GmbH unterstützt zudem die internationale Marktentwicklung im Nahen Osten, in Mitteleuropa, Osteuropa und in Afrika.

W. L. Gore beschäftigt heute weltweit 6.500 Mitarbeiter an 45 Standorten, wovon circa 1.200 Mitarbeiter in Deutschland tätig sind. Der Gesamtkonzernumsatz betrug im Jahr 2004 1,6 Milliarden US-Dollar, W. L. Gore Deutschland erwirtschaftete davon 340 Millionen Euro.

Im Wettbewerb *Deutschlands Beste Arbeitgeber 2005* belegt die W. L. Gore & Associates GmbH Gesamtrang 9 unter den Top 50-Arbeitgebern und Platz 5 in der Kategorie der Unternehmen von 501 bis 5.000 Mitarbeitern in Deutschland. Das Unternehmen hat bereits zum dritten Mal am Wettbewerb teilgenommen.

Zusätzlich konnte sich das Unternehmen auf der europäischen Liste „100 Beste Arbeitgeber in Europa 2005" platzieren.

Unternehmensergebnisse aus dem Wettbewerb 2005
7-8 Punkte: ausgezeichnet, 5-6 Punkte: sehr gut, 3-4 Punkte: gut.

Glaubwürdigkeit

„Small is beautiful" beschreibt das Strukturprinzip des Unternehmens. Unternehmenseinheiten sind so konzipiert, dass „das menschliche Maß gewahrt bleibt" und der Einzelne seinen Anteil am Gesamtergebnis erleben kann – keine Unternehmenseinheit hat in der Regel mehr als 200 Mitarbeiter. Mit diesem Gewebe aus kleinen operativen Einheiten unterstreicht W. L. Gore die auf „Networking" und „Sponsoring" beruhende Arbeitskultur. „Keine Ränge – keine Titel" lautet ein weiteres Prinzip des Unternehmens, Statussymbole wie große Vorstandsbüros und Chefparkplätze gibt es bei Gore nicht. 82 Prozent aller befragten Mitarbeiter sind der Meinung, dass bei W. L. Gore auch das Management gut erreichbar und unkompliziert anzusprechen ist. Mit dem jährlichen *Culture Survey* unterhält das Management einen Seismographen des aktuellen Betriebsklimas.

Respekt

Im Sinne des Leitsatzes „no ranks – no titles" heißen die Gore-Mitarbeiter Associates, wodurch W. L. Gore die Bedeutung des „Unternehmers im Unternehmen" hervorhebt. W. L. Gore folgt der Auffassung, dass Innovationen nicht im herkömmlichen Sinne planbar sind. Daher bemüht man sich bei

W. L. Gore, ein Klima frei von bürokratischen Hindernissen zu schaffen, in dem jeder Mitarbeiter ausreichend Freiraum zum persönlichen Wachstum erlebt und gerne Verantwortung übernimmt. Hierzu gehört auch die gelebte Fehlerkultur. Überdurchschnittliche 84 Prozent bestätigen, dass das Management anerkennt, dass bei der Arbeit auch Fehler passieren können. Vielfältige Weiterbildungsmaßnahmen bieten überdies die notwendige Unterstützung zum Ausbau der erforderlichen Kompetenzen. Für das 360°-Feedback schlägt jeder Mitarbeiter die so genannten „Inputter" vor, welche entsprechende Evaluation vornehmen.

Fairness

Ein weiterer Beleg für die auf Gerechtigkeit, Gleichwertigkeit und Fairness basierende Unternehmenskultur bei W. L. Gore ist dem folgenden Ergebnis abzuleiten: 91 Prozent der Befragten geben an, dass sie unabhängig von ihrer Position als vollwertiges Mitglied des Unternehmens behandelt werden. Im Hinblick auf die Chancengleichheit der Geschlechter hat W. L. Gore Programme aufgelegt, um den Anteil von Frauen in Führungspositionen deutlich zu erhöhen. Zu einem werden derzeit gezielt Frauen mit Führungspotenzial rekrutiert, zum anderen werden sämtliche Mitarbeiter mittels Workshops für die Thematik geschlechtsspezifischer Unterschiede in Wahrnehmung und Verhalten sensibilisiert.

Stolz

Das Konzept des Mitarbeiters als Partner und Mitunternehmer legt die Basis für eine starke Verbundenheit mit dem Unternehmen. Demgemäß erleben herausragende 95 Prozent aller befragten Mitarbeiter, dass sie im Unternehmen einen wichtigen Beitrag leisten können. Doch nicht nur das Mitunternehmertum, sondern auch der gemeinsame Weg, die Produkte zu entwickeln, zu produzieren und zu vermarkten, birgt ein starkes Identifikationspotenzial für die Belegschaft in sich. Besonders stolz ist man bei W. L. Gore, wenn die Ziele im Team erreicht werden konnten. Überdurchschnittliche 93 Prozent bejahen in der Untersuchung die Aussage: „Ich bin stolz auf das, was wir gemeinsam leisten."

Teamorientierung

Die Teamorientierung ist über die Unternehmensstruktur und -kultur fest in den tagtäglichen Umgang eingeschrieben. „Wir haben kein Vorgesetztenverhältnis, wir arbeiten nach dem Sponsor- und Sponsee-Prinzip", so ein Partner. Ein Associate wird nicht per Beförderung oder Dauer der Firmenzugehörigkeit zum Sponsor, es zählt einzig die Leistung, zum Beispiel wenn ein Projekt erfolgreich abgeschlossen oder ein neuer Associate sehr gut betreut und schnell in ein Team integriert wird. Nähe und Kollegialität zeigen sich ebenfalls darin, dass jeder jeden durch die geringe Größe der Arbeitseinheiten persönlich kennt und schätzen lernt. Der Teamgeist unter den Mitarbeitern wird auch besonders intensiv wahrgenommen und gelebt. Überdurchschnittliche 85 Prozent der Mitarbeiter sagen aus, dass man darauf zählen kann, dass die Mitarbeiter kooperieren. Ein Befragter lobt die „sehr freundschaftlichen, kollegialen Beziehungen innerhalb der Teams und zu anderen Teams weltweit".

Drei Fragen an ...

Eduard Klein, Mitglied der Geschäftsführung, 49 Jahre

Was muss Ihnen ein Unternehmen persönlich bieten, damit Ihnen die Arbeit Freude macht?

Das Unternehmen hat ein Wertesystem, das meinem eigenen entspricht. Darüber hinaus wird die erfolgsorientierte Zusammenarbeit in Teams groß geschrieben. Wenn dann noch Raum für Spaß bei der Arbeit bleibt, ist es optimal.

Welche Empfehlung für die Karriereentwicklung können Sie aufgrund Ihrer Erfahrung jungen Fach- und Führungskräften mit auf den Weg geben?

Karriere ist das Ergebnis von guter Arbeit und sollte nicht Selbstzweck sein. Kontinuierliches und bewusstes Lernen von Teammitgliedern und erfahrenen Kollegen ist die Grundlage für gute Arbeit. Meiner eigenen Weiterentwicklung haben auch Aufgaben in unterschiedlichen Funktionsbereichen geholfen. Grundsätzlich geht es immer darum, fachliche und soziale Kompetenzen zu entwickeln.

Wie lautet Ihr persönlicher Leitsatz für erfolgreiches Management?

Vertrauen in die Leistungsbereitschaft und Lernfähigkeit von Einzelnen und von Teams ist die Basis für erfolgreiches Arbeiten.

Bewerberanforderungen

Was muss ein Bewerber mitbringen, damit er zu W. L. Gore passt?

Selbständigkeit, Eigenverantwortung, Interesse an der eigenen Entwicklung, hohe Flexibilität, Offenheit für Veränderungen, unternehmerisches Denken und Handeln, hohes Engagement für und Identifikation mit der Aufgabe und dem Umfeld, Teamfähigkeit, soziale Kompetenz, interkulturelle Kompetenz, gute Kommunikationsfähigkeiten, gute Englischkenntnisse und Idealerweise internationale Erfahrung (internationales Umfeld, Projekt, Praktika, Auslandsaufenthalt).

Unternehmensfakten

Unternehmensname	W. L. Gore & Associates GmbH
Branche	Kunststofftechnologie
Zahl der Mitarbeiter in 2004 in Deutschland	1.200
Umsatz im Jahr 2004 national	340 Millionen Euro
Umsatz im Jahr 2004 international	1,6 Milliarden US-Dollar (konzernweit)
Firmensitz	Hermann-Oberth-Straße 22 85640 Putzbrunn
Homepage	www.gore.com www.gore-careers.eu.com
Beschäftigte Berufsgruppen (nach ihrer Häufigkeit)	diverse

Anfangsgehalt für Einsteiger (nach Berufsgruppen gereiht)	abhängig von der Aufgabe
Durchschnittliches Jahresgehalt nach fünf Jahren (gereiht nach Berufsgruppen)	keine Angaben
Bewerberinformationen	www.gore.com www.gore-careers.eu.com
Weiterbildungsstunden pro Jahr für die größte Berufsgruppe	In der Regel zwischen 30 und 35 Stunden
Anteil der Mitarbeiter unter 35 in Prozent	27 Prozent
Frauenanteil in Prozent	38 Prozent

WABCO Deutschland, Hannover

WABCO

MIT SICHERHEIT ANKOMMEN

Die Bremssysteme von WABCO sorgen für Sicherheit im Straßenverkehr. Sicherheit und Gesundheit spielen auch im Unternehmen eine besondere Rolle.

WABCO ist weltweit führender Hersteller von elektronischen Brems- und Fahrzeugregelsystemen sowie von Federungs- und Antriebssytemen für Nutzfahrzeuge. Zu den bedeutendsten Entwicklungen des Unternehmens zählen Antiblockiersysteme (ABS), elektronische Bremssysteme (EBS), elektronische Getriebeschaltsysteme sowie Reifendrucküberwachungssysteme für Lastkraftwagen, Anhänger und Busse. Heute werden WABCO-Produkte zunehmend auch in Automobilen der Luxusklasse eingesetzt. Zu den aktuelleren Entwicklungen zählen auch Lkw-Abstandsregeltempomaten, die kontinuierlich den vorausfahrenden Verkehr beobachten und automatisch die Geschwindigkeit und den Abstand anpassen.

Das Unternehmen wurde 1869 von dem Fabrikantensohn George Westinghouse, einem Pionier der Wechselstromtechnologie, als „Westinghouse Air Brake Company" – kurz WABCO – in Pittsburgh in den USA gegründet. Die deutsche Niederlassung entstand 1884 in Hannover. WABCO mit Zentrale in Brüssel ist seit 1968 als Geschäftsbereich Vehicle Control Systems Teil der American Standard Companies, Inc.

WABCO beschäftigte 2004 an den Entwicklungs- und Produktionsstandor-
ten in Hannover, Gronau und Mannheim rund 3.400 Mitarbeiter, weltweit
sind es mehr als 6.700 Beschäftigte in 30 Niederlassungen und Produktionsstätten. Der weltweite Umsatz belief sich im Geschäftsjahr 2004 auf über
1,72 Milliarden US-Dollar.

Im Wettbewerb *Deutschlands Beste Arbeitgeber 2005* belegt WABCO
Gesamtrang 44 unter den Top 50-Arbeitgebern und Platz 21 in der Kategorie der Unternehmen mit 500 bis 5.000 Mitarbeitern in Deutschland.

Unternehmensergebnisse aus dem Wettbewerb 2005

7-8 Punkte: ausgezeichnet, 5-6 Punkte: sehr gut, 3-4 Punkte: gut.

Glaubwürdigkeit

„People make it happen" ist der Slogan, der den Führungsstil des Unternehmens charakterisiert. Die Mitarbeiter machen das Unternehmen zu dem,
was es ist! Unter diesem Motto geht an alle Mitarbeitergruppen der Aufruf,
„eigenverantwortlich zu arbeiten und das Unternehmen mitzugestalten".
Daher gehören das Delegieren von Verantwortung und kurze Wege zum
Management zur Führungskultur. Dies zeigt sich unter anderem daran, dass
sich auch die Arbeitsplätze der Geschäftsführung in einem Großraumbüro
befinden und somit für jeden Mitarbeiter zugänglich sind. Ein klare Stärke
der Unternehmensführung liegt in der Vermittlung von Zielen und den zu
erledigenden Aufgaben. 86 Prozent bescheinigen ihrem Management, es
habe klare Vorstellungen von den Zielen der Organisation und davon, wie
diese erreicht werden können. Hierzu setzt das Management auf eine breite
Auswahl an Kommunikationsmedien. Regelmäßige Open-Space-Veranstaltungen räumen den Mitarbeitern die Möglichkeit ein, ihre Ideen und Anliegen „vom Werker bis zum Geschäftsführer" vorzubringen. Fernsehgeräte,
die *WABCO View Points*, liefern fortlaufend aktuelle Informationen, „Schwar-
ze Bretter" informieren in den Produktionsstätten über Betriebsvereinba-
rungen und Personalveränderungen. Zudem erhalten die Mitarbeiter des
weltweiten Standortnetzes monatlich „A message from Fred", in der der
Chairman und CEO der American Standard Companies seine Ideen und
Anregungen sowie neueste Informationen mitteilt. Zudem erfolgt ein vier-
teljährliches Update durch den WABCO President.

Respekt

„Kreativen Mitarbeitern immer eine Chance einzuräumen, Ideen und Persönlichkeit zu verwirklichen" ist selbst formuliertes Ziel von WABCO. Das Personalentwicklungsprogramm (PEP) sowie Entwicklungsprogramme für Facharbeiter (EFA) dienen der besonderen Qualifizierung von Leistungsträgern im Unternehmen. Sie beinhalten fachliche wie überfachliche Trainings sowie Einblicke in andere Unternehmensbereiche. Des Weiteren unterhält WABCO das firmeneigene Rudi-Lind-Bildungswerk – eine Art Volkshochschule. Hier können neben der Belegschaft auch deren Angehörige sowie Pensionäre in ihrer Freizeit Kurse besuchen. Das breit gefächerte Angebot umfasst Sprachkurse, EDV-Kurse, Sport- und Gesundheitsprogramme sowie Tanz-, Freizeit- und Kulturveranstaltungen. Auf der Wissensbörse – ein Forum, das von den Mitarbeitern selbstständig organisiert wird – vermitteln Mitarbeiter ihren Kollegen fachspezifisches Know-how während der Arbeitszeit. Für Mitarbeiter aus dem Produktionsbereich werden regelmäßig Qualitäts- und Arbeitssicherheitstrainings ebenso wie produktionsspezifische Workshops angeboten. So konnte nicht zuletzt die Zahl der Arbeitsunfälle erfolgreich verringert werden. 98 Prozent der Befragten bestätigen, dass die körperliche Sicherheit am Arbeitsplatz gewährleistet ist. Im Rahmen des betrieblichen Verbesserungsvorschlagwesens kann jeder Mitarbeiter Ideen und Verbesserungsvorschläge ein- und vorbringen. Realisierbare und rechenbare Vorschläge werden dann durch Prämienzahlungen belohnt. Bei persönlichen und privaten Problemen der Mitarbeiter bietet der Sozialberater des Unternehmens Unterstützung. So half der Sozialdienst beispielsweise in jüngster Vergangenheit, einen Knochenmarkspendenaufruf für einen an Leukämie erkrankten Kollegen zu organisieren.

Fairness

Neben einem übertariflichen Gehalt für die größte Berufsgruppe der Ingenieure bietet das Unternehmen eine arbeitgeberfinanzierte Altersvorsorge sowie die Förderung von Altersrücklagen durch Pensionskasse und Direktversicherung. Zusätzlich bestehen Rahmenverträge mit diversen Handels- und Dienstleistungsunternehmen, die dem WABCO-Mitarbeiter beim Kauf einen Rabatt garantieren. Weitere freiwillige Sozialleistungen sind die Sonderzahlungen bei Eheschließungen und bezuschusstes Kantinenessen. Um Neutralität und Gerechtigkeit im Unternehmen zu gewährleisten, bestehen Gremien wie beispielsweise der Frauenarbeitskreis. Er hat es sich zur Aufgabe gemacht, die Arbeitsbedingungen insoweit zu verbessern, dass Beruf und Familie besser vereinbar werden und Frauen bessere Chancen bekommen. Ethikbeauftragte kümmern sich darüber hinaus um die Umsetzung des Code of Conduct. Er soll dazu beitragen, den fairen Umgang innerhalb des Unternehmens durch global aufgestellte einheitliche Richtlinien zu gewährleisten. Überdurchschnittliche 89 Prozenten fühlen sich demgemäß unabhängig von der jeweiligen Position als vollwertiges Mitglied behandelt.

Stolz

Der weltweit führende Anbieter von elektronischen Brems- und Fahrzeugregelsystemen sowie von Federungs- und Antriebssystemen bietet seinen Mitarbeitern attraktive Arbeitsbedingungen und fördert damit die Identifikation und Verbundenheit seiner Mitarbeiter. Dies belegen nicht nur die sehr hohe durchschnittliche Betriebszugehörigkeit und der niedrige Krankenstand, sondern insbesondere die überdurchschnittlichen 87 Prozent der Befragten, die für sich in Betracht ziehen, bis zu ihrem Ruhestand bei WABCO zu arbeiten. Das Unternehmen genießt jedoch nicht nur wegen seiner technologischen Kompetenz, sondern auch wegen seines gesellschaftlichen Engagements einen sehr guten Ruf; bei den eigenen Mitarbeitern ebenso wie in den jeweiligen Regionen um die Standorte. Für sein vorbildliches Engagement bei der Zusammenarbeit mit Werkstätten für Behinderte erhielt das Unternehmen bereits eine Auszeichnung vom Sozialministerium des Landes Niedersachsen. Demgemäß geben 86 Prozent der Befragten an, sie seien zufrieden mit der Art und Weise, wie sie zusammen einen Beitrag für die Gesellschaft leisten.

Teamorientierung

Die Personalabteilung des Unternehmens legt großen Wert darauf, dass an den Standorten des Unternehmen alle Mitarbeiter die Gelegenheit erhalten, ihre Kollegen aus anderen Unternehmensbereichen kennen zu lernen. Im Intranet und auf den *WABCO-View-Points*, die sich an exponierten Stellen im Unternehmen befinden, werden im Laufe eines Jahres alle Mitarbeiter sämtlicher Teams mit Foto und Verantwortlichkeit vorgestellt. Zusätzlich widmet die Mitarbeiterzeitung viele Seiten der Vorstellung von Jubilaren. Mitarbeiter, die beispielsweise einem außergewöhnlichen Hobby nachgehen, bekommen ebenfalls die Möglichkeit, sich durch die Mitarbeiterzeitung vorzustellen. Standortspezifisch werden unterschiedliche Sportgruppen, wie Lauftreffs und deren Marathon-Aktivitäten, seitens des Unternehmens unterstützt. Mittels zahlreicher Veranstaltungen des firmeneigenen Bildungswerks, wie etwa dem „Rendezvous mit der Geschichte", trägt WABCO diverse Aktivitäten mit, die das Miteinander im Unternehmen fördern.

Drei Fragen an ...

Jörg Baerbock, Leader Human Resources Germany, 47 Jahre

Was muss Ihnen ein Unternehmen persönlich bieten, damit Ihnen die Arbeit Freude macht?

Ich möchte gefordert und gefördert werden. Meine Arbeit macht mir vor allem dann Freude, wenn ich meine Ziele erreichen kann. Voraussetzung dafür ist natürlich, dass klare Ziele erkennbar sind, sowohl in meinem eigenen Verantwortungsbereich als auch im übergreifenden Unternehmenszusammenhang. Beides ist bei WABCO der Fall. Ein großer persönlicher Handlungsspielraum und Eigenverantwortung sorgen ebenso dafür, dass mir meine Arbeit Freude bereitet wie die konstruktive Zusammenarbeit im Team.

Welche Empfehlung für die Karriereentwicklung können Sie aufgrund Ihrer Erfahrung jungen Fach- und Führungskräften mit auf den Weg geben?

Glauben Sie an die eigenen Stärken. Lassen Sie keine Gelegenheit aus, diese Stärken weiterzuentwickeln. Suchen Sie sich einen Mentor und führen Sie mit ihm regelmäßig Feedback-Gespräche. Schornsteinkarrieren sind unzeitgemäß: Schauen Sie deshalb nicht nur nach oben und unten, sondern auch nach links und nach rechts. Wechseln Sie auch einmal in ein anderes Tätigkeitsfeld. Nur so lernen Sie übergeordnete Zusammenhänge in Unternehmen und Branchen aus vielen verschiedenen Blickwinkeln kennen.

Wie lautet Ihr persönlicher Leitsatz für erfolgreiches Management?

Ein Unternehmen ist nur so gut wie seine Mitarbeiter. Bei WABCO haben Auswahl und Weiterentwicklung der Fähigkeiten und Qualifikationen des einzelnen Mitarbeiters hohe Priorität. Ganz entscheidend für erfolgreiches Management ist bei uns aber auch das Schaffen einer Kultur der Zusammenarbeit im Team. Denn die Leistung eines gut funktionierenden Teams ist wesentlich besser als die Summe der Einzelleistungen seiner Teammitglieder.

Bewerberanforderungen

Was muss ein Bewerber mitbringen, damit er zu WABCO passt?

Angesichts unserer Position als international führendes Unternehmen und der zunehmenden globalen Ausrichtung unserer Branche und unserer Kunden schätzen wir, wie viele andere Unternehmen auch, Mitarbeiter, die offen für Neues sind und Begeisterung für Veränderung und lebenslanges Lernen mitbringen. Grundvoraussetzung ist selbstredend das Vorhandensein einer sehr guten fachlichen Qualifikation. Darüber hinaus ist es uns sehr wichtig, dass der oder die Bewerber/-in in der Lage ist, eigene Handlungsspielräume sinnvoll und angemessen zu nutzen und seine Arbeitsleistung gleichzeitig in das Gesamtgeschehen zu integrieren. Dies ist eine nicht ganz einfache, aber elementare Balance und setzt eine gewisse persönliche Reife voraus.

Unternehmensfakten

Unternehmensname	WABCO Deutschland
Branche	Automobilzulieferindustrie
Zahl der Mitarbeiter in 2004 in Deutschland	circa 3.400 (Standorte Hannover, Gronau, Mannheim)
Gesamtmitarbeiter in 2004 (international/konzernweit)	circa 6.700
Umsatz im Jahr 2004 national	keine Angaben
Umsatz im Jahr 2004 international	WABCO: 1,72 Milliarden US-Dollar (Gesamtumsatz der American Standard Companies Inc.: mehr als 9,50 Milliarden US-Dollar)
Firmensitz	Hauptsitz: Brüssel; deutsche Standorte: Hannover, Gronau, Mannheim
Homepage	www.wabco-auto.com

Beschäftigte Berufsgruppen (nach ihrer Häufigkeit)	Produktion (Meister, Facharbeiter, Angelernte) Entwicklungsingenieure Produktionsingenieure Wirtschaftsingenieure Vertriebsingenieure Industriekaufleute
Anfangsgehalt für Einsteiger (nach Berufsgruppen gereiht)	Ingenieure: 40.000 bis 45.000 Euro
Durchschnittliches Jahresgehalt nach fünf Jahren (gereiht nach Berufsgruppen)	Ingenieure: 44.000 bis 50.000 Euro
Bewerberinformationen	www.wabco-auto.com
Weiterbildungsstunden pro Jahr für die größte Berufsgruppe	Alle Mitarbeiter erhalten im Durchschnitt 14 Stunden berufliche Weiterbildung
Anteil der Mitarbeiter unter 35 in Prozent	34,4 Prozent
Frauenanteil in Prozent	23,6 Prozent

Webasto AG, Stockdorf

UNTERNEHMEN MIT BESONDEREM DRIVE

Abteilungsübergreifende Brainstrom-Meetings und das betriebliche Vorschlagswesen sorgen für ständige Innovation beim Automobilzulieferer Webasto.

Der in Stockdorf bei München beheimatete Automobilzulieferer Webasto hat sich in den vergangenen 100 Jahren vom Metallteile-Produzenten zu einem der führenden globalen Partner der Automobilindustrie im Bereich Dach- und Thermosysteme entwickelt. Gegründet 1901 als „Eßlinger Draht- und Eisenwarenfabrik Wilhelm Baier, Eßlingen/Neckar", umfasst das heutige Produktspektrum Standheizungen und Klimaanlagen, vor allem jedoch innovative Dachsysteme für Pkw, Nutzfahrzeuge und Busse. 1932 wurde das erste Auto-Faltdach konstruiert, 1956 wurde das Stahlschiebedach eingeführt, 1961 die erste Standheizung für Pkw; eine weitere wichtige Neuerung ist das seit 1996 produzierte Lamellendach. Seit dem Jahr 2000 ist Webasto zudem fester Partner der Automobilindustrie in Sachen innovative Cabrio-Dächer. Seinen heutigen Namen erhielt das Familienunternehmen 1908 nach dem Umzug von Eßlingen nach Stockdorf aus den Buchstaben „Wilhelm Baier Stockdorf" – kurz „Webasto". Werner Baier, der Urenkel des Unternehmensgründers, wechselte 1996 in den Aufsichtsrat des inzwischen zur AG umfirmierten Unternehmens. Seit 1999 wird das Unternehmen von einem externen Vorstand mit Franz-Josef Kortüm als Vorsitzendem geführt.

In Deutschland ist Webasto an vier Standorten vertreten: Neben dem Hauptsitz befinden sich Produktionsstätten in Utting am Ammersee, Schierling bei Regensburg und Neubrandenburg in Mecklenburg-Vorpommern. 2004 erwirtschafteten die weltweit rund 6.200 Mitarbeiter einen Umsatz von 1,45 Milliarden Euro.

Im Jahre 2004 beschäftigte Webasto in Deutschland über 2.500 Mitarbeiter bei einem Umsatz von 667 Millionen Euro.

Im Wettbewerb *Deutschlands Beste Arbeitgeber 2005*, belegt die Webasto AG Gesamtrang 47 unter den Top 50-Arbeitgebern und Platz 23 in der Kategorie der Unternehmen von 501 bis 5.000 Mitarbeitern.

Unternehmensergebnisse aus dem Wettbewerb 2005

7-8 Punkte: ausgezeichnet, 5-6 Punkte: sehr gut, 3-4 Punkte: gut.

Glaubwürdigkeit

„We feel the drive" – so beschreibt das Unternehmen den Kern des „Webasto-Weges". Ihn zu beschreiten bedeutet für die Führungskräfte unter anderem, die Mitarbeiter zu ermutigen, Verantwortung zu übernehmen. Mit der Einführung der Vertrauensarbeitszeit und der Abschaffung der elektronischen Zeiterfassung in allen Nicht-Produktionsbereichen wurde der Wandel von einer „Anwesenheitskultur" zu einer Kultur der ausgeprägten Ergebnis- und Zielorientierung bereits vollzogen. Ein umfassender Informationsfluss ist die Grundvoraussetzung des Vertrauensverhältnisses, das selbstverantwortliches Arbeiten erst möglich macht. Um diesen Informationsfluss sicherzustellen, bedient sich die Webasto AG des gesamten Spektrums analoger und elektronischer Kommunikationsmedien. Damit der Kontakt der Führungskräfte zur Basis erhalten bleibt, lädt der Vorstand zu regelmäßigen Dialogforen ein, bei denen er die Mitarbeiter aus erster Hand informiert und ihnen gleichzeitig Rede und Antwort steht. Die Mitarbeiter schätzen das ihnen entgegengebrachte Vertrauen, wie an den Befragungsergebnissen zu sehen ist. Demnach bestätigen 84 Prozent der Befragten, viel Verantwortung zu erhalten, und 85 Prozent geben an, dass das Management auf die gute Arbeit der Mitarbeiter vertraut, ohne sie ständig zu kontrollieren.

Respekt

Das Unternehmen bietet allen Mitarbeitern nach Bedarf Möglichkeiten zur Weiterbildung und Kompetenzentwicklung an. Auf der Grundlage der im jährlichen Beturteilungsgespräch erstellten Entwicklungspläne wendet das Unternehmen durchschnittlich fünf Weiterbildungstage für die größte Berufsgruppe der Mitarbeiter in den Entwicklungsbereichen wie den Ingenieuren auf. Auch im Bereich der Lehrlingsausbildung zeigt das Unternehmen ein großes Engagement. Mit seiner Ausbildungsinitiative „Wolke 7" will Webasto die Anzahl der Auszubildende innerhalb von zwei Jahren von 70 auf 210 verdreifachen und damit eine Ausbildungsquote von über sieben Prozent erreichen. Im Rahmen dieser Initiative bietet Webasto lernschwächeren Jugendlichen ein einjähriges Orientierungspraktikum an, das die Geförderten auf die spätere Ausbildung vorbereitet. Was das Ideenmanagement betrifft, greift das Unternehmen auf sein bewährtes Vorschlagswesen zurück, dessen Organisation und Prämierung vom Betriebsrat geleitet wird. Außerdem tragen so genannte „Brainstorm"-Meetings, denen man auf freiwilliger Basis beiwohnen kann, dazu bei, auf schnellem Wege zu Problemlösungen und Verbesserungen zu kommen. In puncto *Caring* werden Sport, vergünstigte Massagen und Kurse zur Verbesserung der individuellen Stressbewältigung und gesunden Ernährung angeboten.

Fairness

Bereits ab einer Betriebszugehörigkeit von zwei Jahren kann jeder in den Anspruch der jährlichen Gewinnbeteiligung kommen, die bis zu 100 Prozent eines Monatseinkommens betragen kann. Hinzu kommen der Zuschuss zu den vermögensbildenden Leistungen, die Weihnachts- und Urlaubsgratifikation, vergünstigte Einkaufsmöglichkeiten für Mitarbeiter sowie vergünstigte Versicherungsangebote. Des Weiteren wird die betriebliche Altersvorsorge in Form von Pensionskasse, Unterstützungskasse und Direktversicherungen vom Arbeitgeber aktiv gefördert. Explizit formulierteVerhaltensmaßstäbe und Verfahren sensibilisieren für die Gleichbehandlungsthematik. Nachdrücklich wird die *Equal-Opportunity-Policy* umgesetzt. Sie spiegelt sich auch in der Belegschaftszusammensetzung wider. Alleine an seinen deutschen Standorten beschäftigt das Unternehmen eine Belegschaft, die sich aus 40 verschiedenen Nationalitäten rekrutiert. Diese Politik findet sich auch in den Befragungsergebnissen wieder. Herausragende 98 Prozent der Befragten sagen, dass die Mitarbeiter unabhängig von Nationalität oder ethnischer Herkunft fair behandelt werden.

Stolz

Das modern geführte Unternehmen hat sich trotz Konzernstruktur den Charakter eines Familienunternehmens bewahrt und genießt den Ruf eines *Hidden Champions*. Hinzu kommt der kontinuierliche wirtschaftliche Erfolg. In vielen Segmenten ist Webasto Weltmarktführer, und seine Produkte sind in der Vergangenheit bereits mehrfach für ihre herausragende Qualität ausgezeichnet worden. Webasto wurde daher bereits mehrfach mit zahlreichen Qualitätspreisen prämiert, wobei das Unternehmen es dabei nicht versäumt, seinen Mitarbeitern ihren Anteil am Erfolg zu verdeutlichen. In der Befragung äußern 86 Prozent der Belegschaft: „Ich bin stolz auf das, was wir hier gemeinsam leisten." Und für genauso viele 86 Prozent hat die Arbeit eine besondere Bedeutung und ist nicht einfach nur ein „Job".

Teamorientierung

Eine spezifische Stärke weist das Unternehmen bei der Einarbeitung und Begrüßung neuer Mitarbeiter auf. 88 Prozent der Befragten sagen, dass man sich als neuer Mitarbeiter willkommen fühlt. Die firmeneigene Cafeteria lädt zu ungezwungenem Miteinander während der Pausen ein, was besonders die bereichsübergreifende Kommunikation fördert. Teamorientierung kommt bei Webasto außerdem durch die zahlreichen Festlichkeiten zum Ausdruck, zu denen häufig auch die Angehörigen der Mitarbeiter eingeladen werden. Darüber hinaus unterstützt das Unternehmen zahlreiche Sportinitiativen. Besonderer Beliebtheit erfreuen sich die standortübergreifenden Volleyball- und Fußballturniere.

Drei Fragen an ...

Edgar Marmitt, Konzernleiter Personal, 49 Jahre

Was muss Ihnen ein Unternehmen persönlich bieten, damit Ihnen die Arbeit Freude macht?
Freiräume; offene Kommunikation; internationale Entwicklungsmöglichkeiten.

Welche Empfehlung für die Karriereentwicklung können Sie aufgrund Ihrer Erfahrung jungen Fach- und Führungskräften mit auf den Weg geben?
Aktiv im Unternehmen Themen identifizieren, aufgreifen und dazu Lösungen erarbeiten. Sich einbringen und einen Nutzen anbieten. Flexibel und mobil sein.

Wie lautet Ihr persönlicher Leitsatz für erfolgreiches Management?

„Die größte Gefahr für die meisten von uns ist nicht, dass unsere Ziele zu hoch sind und wir sie nicht erreichen, sondern dass sie zu niedrig sind und wir sie erreichen." (Michelangelo)

Bewerberanforderungen

Was muss ein Bewerber mitbringen, damit er zu Webasto passt?

Prozessorientierung und Pragmatismus im Handeln; Umsetzungsorientierung; strukturiertes Denken und Handeln; Dynamik („Feel the Drive"); Interesse an interdisziplinärer Arbeit; sattelfestes Englisch!

Unternehmensfakten

Unternehmensname	Webasto AG
Branche	Automobilzulieferer
Zahl der Mitarbeiter in 2004 in Deutschland	2.523
Gesamtmitarbeiter in 2004 (international/konzernweit)	6.202
Umsatz im Jahr 2004 national	667 Millionen Euro
Umsatz im Jahr 2004 international	1.445 Millionen Euro
Firmensitz	Kraillinger Str. 5 82131 Stockdorf (bei München)

Homepage	www.webasto.de
Beschäftigte Berufsgruppen (nach ihrer Häufigkeit)	circa 65 Prozent (Wi-)Ingenieure (Entwicklung, Qualität, Logistik, Vertrieb, Einkauf, Projektmanagement), circa 20 Prozent Kaufleute (insbes. Controlling, Vertrieb, Projektmanagement), circa zehn Prozent IT- und Systemexperten
Anfangsgehalt für Einsteiger (nach Berufsgruppen gereiht)	Akademischer Nachwuchs: Jungingenieure: circa 41.000 Euro per annum Kaufmännische Funktionen: circa 39.000 Euro per annum
Durchschnittliches Jahresgehalt nach fünf Jahren (gereiht nach Berufsgruppen)	circa 60.000 bis 65.000 Euro per annum
Bewerberinformationen	www.webasto.de/career
Weiterbildungsstunden pro Jahr für die größte Berufsgruppe	circa fünf Tage per annum
Anteil der Mitarbeiter unter 35 in Prozent	35 Prozent
Frauenanteil in Prozent	19,2 Prozent

Deutschlands Beste Arbeitgeber 2005

		Unternehmen mit mehr als 5.000 Mitarbeiter		
Rang (Kategorie)	Rang (Gesamt)	Unternehmen	Branche	Mitarbeiter- zahl 2004
1	12	SAP Deutschland	IT	13.500
2	15	Boehringer Ingelheim Pharma GmbH & Co. KG	Pharma	9.026
3	28	Tchibo GmbH	Konsumgüter und Handel	circa 7.600
4	31	Pfizer Gruppe Deutschland	Pharma	5.200
5	39	DOUGLAS-Gruppe	Facheinzelhandel	12.333
6	48	Peek & Cloppenburg KG, Düsseldorf	Handel	circa 9.800

		Unternehmen mit 501 bis 5.000 Mitarbeiter		
Rang (Kategorie)	Rang (Gesamt)	Unternehmen	Branche	Mitarbeiter- zahl 2004
1	1	Microsoft Deutschland GmbH	IT	1.618
2	5	HEXAL AG	Pharma	1.238
3	7	E.ON Ruhrgas AG	Energiewirtschaft	circa 2.500
4	8	Procter & Gamble Service GmbH (Vertriebsgesellschaft Deutschland), Schwalbach	Konsumgüter	circa 850
5	9	W. L. Gore & Associates Gmbh	Kunststoff-Technologie	1.200
6	10	SICK AG	Sensortechnik	1.800
7	14	DIS Deutscher Industrie Service AG	Zeitarbeit	631
8	16	Texas Instruments Deutschland GmbH	Elektronik	circa 1.350
9	17	Lilly Deutschland	Pharma	circa 1.400
10	19	INGRAM MICRO Distribution GmbH	Handel	1.197
11	21	O_2 (Germany) GmbH & Co. OHG	Telekommunikation	circa 3.800
12	24	Innovex GmbH	Gesundheitswesen	520
13	26	3M Deutschland GmbH	Mischkonzern	2.827
14	27	CBT Caritas Betriebsführungs- und Trägergesellschaft mbH	Gesundheitswesen	1.952
15	29	sd&m AG	IT	950
16	30	smart gmbh	Automobil	1.380

17	33	Federal Express Europe, Inc.	Transport/Logistik/ Luftfracht	1.221
18	34	Janssen-Cilag GmbH	Pharma	1.095
19	38	Rohde & Schwarz GmbH & Co. KG	Elektrotechnik/Elektronik	4.554
20	41	Brose Fahrzeugteile GmbH & Co. KG	Automobilzulieferer	2.988
21	44	WABCO Deutschland	Automobilzuliefer- industrie	circa 3.400
22	45	Novartis Pharma GmbH	Pharma	1.730
23	47	Webasto AG	Automobilzulieferer	2.523
24	49	norisbank AG	Finanzdienstleistungen	1.126
25	50	Ford Financial Deutschland	Finanzdienstleistungen	975

Unternehmen mit 100 bis 500 Mitarbeiter				
Rang (Kategorie)	Rang (Gesamt)	Unternehmen	Branche	Mitarbeiter- zahl 2004
1	2	Land's End GmbH	Bekleidungsversandhandel	353
2	3	SKYTEC AG	IT	132
3	4	Johnson Wax GmbH	Konsumgüter	103
4	6	Vector Informatik GmbH	IT/Software/Automotive	350
5	11	Grundfos GmbH	Maschinenbau/ Vertrieb von Pumpen	335
6	13	ConSol* Software GmbH	IT	110
7	18	Guidant GmbH & Co. Medizintechnik KG	Medizintechnik	210
8	20	Borealis Polymere GmbH	Chemie	123
9	22	Sapient GmbH	IT	107
10	23	Diageo Deutschland GmbH	Nahrungs-/Genussmittel	157
11	25	adesso AG	IT Services, Beratung, Softwareentwicklung	172
12	32	MetaDesign AG	Werbung	135
13	35	Morgan Stanley Bank AG	Finanzdienstleistungen	260
14	36	science + computing ag	IT	193
15	37	DePuy Orthopädie GmbH	Medizintechnik	174
16	40	GSD Gesellschaft für Systemforschung und Dienstleistungen im Gesundheitswesen mbH	IT im Gesundheitswesen	165
17	42	NATIONAL INSTRUMENTS Germany GmbH	Elektrotechnik/Elektronik	114
18	43	AIDA Crusis	Tourismus-Kreuzfahrtbranche	301
19	46	Booz Allen Hamilton GmbH	Beratung	430

Deutschlands Beste Arbeitgeber 2004

Unternehmen mit mehr als 5.000 Mitarbeiter				
Rang (Kategorie)	Rang (Gesamt)	Unternehmen	Branche	Mitarbeiter-zahl 2004
1	18	Boehringer Ingelheim Pharma GmbH & Co. KG	Pharma	8.398
2	19	Ford-Werke AG	Automobilindustrie	28.509
3	26	H & M Hennes & Mauritz GmbH	Textil-Einzelhandel	9.661
4	29	Pfizer GmbH	Pharma	6.000
5	40	Dow Chemical GmbH	Chemie	5.422
6	41	Heinrich-Deichmann-Schuhe GmbH & Co. KG	Schuhfachhandel/ Einzelhandel	11.000

Unternehmen mit 501 bis 5.000 Mitarbeiter				
Rang (Kategorie)	Rang (Gesamt)	Unternehmen	Branche	Mitarbeiter-zahl 2004
1	1	Microsoft Deutschland GmbH	IT	1.555
2	4	HEXAL AG	Pharma	1.300
3	6	Kraft Foods Deutschland GmbH & Co. KG	Nahrungs- und Genussmittelbranche	1.516
4	8	SICK AG	Sensortechnik	1.702
5	10	Federal Express Europe, Inc.	Transport/Logistik/ Luftfracht	1.166
6	13	Ruhrgas AG	Energiewirtschaft	2.595
7	14	Office Depot International GmbH	Großversandhandel und Vertrieb von Büroartikeln	613
8	15	CA Computer Associates GmbH	Software/Information Technology	532
9	16	Brose Fahrzeugteile GmbH & Co. KG Coburg	Automobilzulieferer	2.651
10	20	Olympus Optical Co. (Europa) GmbH	Handel (Groß- und Außenhandel)	circa 1.450
11	22	Sauer-Danfoss (Neumünster) GmbH & Co. OHG	Maschinenbau	546
12	23	Volkswagen Bank GmbH	Automobil-Leasing/ Finanzdienstleister	3.389
13	25	W. L. Gore & Associates GmbH	Kunststoff-Technologie	1.087
14	27	Lilly Deutschland GmbH	Pharma	1.037
15	28	smart GmbH	Automobil	1.283
16	32	Hakle-Kimberly Deutschland GmbH	Herstellung und Vertrieb von Hygieneprodukten	1.336

17	34	INGRAM MICRO Distribution GmbH	Handel	1.173
18	35	Hugo Boss AG	Bekleidungsindustrie	1.622
19	36	L'Oréal Cosmetic Brands Deutschland	Kosmetik	1.617
20	37	Rohde & Schwarz	Elektrotechnik/Elektronik	4.932
21	39	LEONI AG	Metallverarbeitung, Automobilzulieferung	2.542
22	42	GfK AG	Dienstleistung/ Marktforschung	1.508
23	47	Hannover Rückversicherung AG	Rückversicherung	777
24	49	3M Deutschland GmbH	Mischkonzern	2.939

Unternehmen mit 100 bis 500 Mitarbeiter				
Rang (Kategorie)	Rang (Gesamt)	Unternehmen	Branche	Mitarbeiter- zahl 2004
1	2	SKYTEC AG	IT	100
2	3	Diageo Deutschland GmbH	Nahrungs-/Genussmittel	179
3	5	Endress+Hauser Wetzer GmbH & Co. KG	Industrielle Messtechnik und Automation	218
4	7	J. Schmalz GmbH	Förder- & Handhabungs- technik/Vakuumtechnik	261
5	9	Guidant GmbH & Co. Medizintechnik KG	Medizintechnik	202
6	11	ConSol* Software GmbH	IT	106
7	12	Johnson Wax GmbH	Konsumgüter	100
8	17	Soft Imaging System GmbH	Softwareentwicklung	circa 110
9	21	Fachklinik Heiligenfeld	Gesundheitswesen, Kliniken mit Akut- u. Reha-Betten	175
10	24	Johnson & Johnson GmbH	Konsumgüterindustrie	270
11	30	ELECTRONIC ARTS AG	Softwarebranche, Entertainment	130
12	31	GSD mbH	IT im Gesundheitswesen	163
13	33	DePuy Orthopädie GmbH	Medizintechnik	167
14	38	NATIONAL INSTRUMENTS Germany GmbH	Elektrotechnik/Elektronik	107
15	43	Weinmann Geräte für Medizin GmbH & Co. KG	Medizintechnik	275
16	44	KYOCERA MITA Deutschland GmbH	Handel mit Computer- peripherie	204
17	45	Schreiner Group GmbH & Co. KG	Etiketten und Selbstklebetechnik	453
18	46	SAS Institute GmbH	Software	420
19	48	burster präzisionsmesstechnik GmbH & Co. KG	Mess- Regel- und Steuerungstechnik	104
20	50	Epigenomics AG	Biotechnologie	109

Wenn Sie **Interesse** an
unseren Büchern für z.B.

 Ihre Kundenbindungsprojekte als
Geschenk haben, fordern Sie unsere
attraktiven Sonderkonditionen an.

 Weitere Informationen erhalten Sie bei
Stefan Schörner unter 089 / 651285-0

 oder schreiben Sie uns per e-mail an:
sschoerner@finanzbuchverlag.de